国家社会科学基金西部项目"混合所有制企业协同治理研究"
（项目编号：15XGL008）

基于协同理论的
混合所有制企业公司治理问题研究

马　胜◎著

西南财经大学出版社
Southwestern University of Finance & Economics Press
中国·成都

图书在版编目(CIP)数据

基于协同理论的混合所有制企业公司治理问题研究/马胜著.—成都:西南财经大学出版社,2021.12
ISBN 978-7-5504-5114-8

Ⅰ.①基… Ⅱ.①马… Ⅲ.①国有企业—混合所有制—企业管理—研究—中国 Ⅳ.①F279.241

中国版本图书馆 CIP 数据核字(2021)第 209604 号

基于协同理论的混合所有制企业公司治理问题研究
JIYU XIETONG LILUN DE HUNHE SUOYOUZHI QIYE GONGSI ZHILI WENTI YANJIU

马胜 著

责任编辑:廖术涵
责任校对:张博
封面设计:墨创文化
责任印制:朱曼丽

出版发行	西南财经大学出版社(四川省成都市光华村街55号)
网 址	http://cbs.swufe.edu.cn
电子邮件	bookcj@swufe.edu.cn
邮政编码	610074
电 话	028-87353785
照 排	四川胜翔数码印务设计有限公司
印 刷	四川煤田地质制图印刷厂
成品尺寸	170mm×240mm
印 张	16
字 数	305 千字
版 次	2021 年 12 月第 1 版
印 次	2021 年 12 月第 1 次印刷
书 号	ISBN 978-7-5504-5114-8
定 价	78.00 元

前　言

　　混合所有制是指同一经济组织中，不同产权主体通过多元投资、相互融合而形成的新的产权配置结构和经济组织形式。宏观混合所有制经济，是指一个国家或地区既有国有、集体等公有制经济，又有私营、外资等非公有制经济，即宏观所有制结构具有多样性；微观混合所有制经济，是指国有资本与非国有资本在企业范围内"交叉持股"的股权结构，即不同所有制资本相互参股的股份制经济。发展混合所有制经济，不仅有利于放大国有资本功能、提高国有资本的竞争力，还有利于拓展民营资本发展空间，最终实现各种所有制经济相互促进、协同发展、共同繁荣的新格局。事实上，混合所有制经济并非新生事物，是伴随40多年国企改革共同成长起来的一种经济形式。

　　在20世纪80年代，理论界和实务界提出可以通过实施股份制改革实现国有企业自主经营，实践中股份制改革最初的持股人主要是企业内部员工，也有学者提出可以尝试出售国有股权给企业外部投资者，但这一做法在当时引起了社会各界较大的争议。直至1993年11月，党的十四届三中全会首次提出"混合所有制经济"一词，指出"随着产权流动和重组，财产混合所有的经济单位越来越多，将会形成新的财产所有结构"，国企改革的思路才得到进一步解放。1997年9月，在党的十五大报告中正式提出了混合所有制经济的概念，指出"公有制经济不仅包括国有经济和集体经济，还包括混合所有制经济中的国有成分和集体成分"，随后在1999年9月党的十五届四中全会上进一步指出"国有大中型企业应通过规范上市、中外合资和企业互相参股等形式，发展混合所有制经济"，上述决定为国有企业摆脱财务困境、建立现代企业制度打造了良好的制度基础。

　　21世纪以来，股份制改造和产权制度改革深入推进，2002年11月党的十六大指出"积极推进股份制，发展混合所有制经济"，2003年10月党的十六届三中全会指出"大力发展国有资本、集体资本和非公有资本等参股的混合所有制经济"，2007年10月党的十七大正式提出"以现代产权制度为基础，发展混合所有制经济"。该阶段，国家政策的支持和肯定为混合所有制经济的发展提供了良好的外部制度环境，国企的内部治理机制也在所有制改革过程中得以完善。

2013 年以来，混合所有制改革迈出实质性步伐，2013 年 11 月党的十八届三中全会明确提出"应积极发展混合所有制经济"，并指出"混合所有制经济是基本经济制度的重要实现形式"，这一重要论断赋予了混合所有制经济前所未有的重要地位，使混合所有制企业也成为中国企业组织形式的"新常态"。2015 年至 2016 年，国企改革"1+N"顶层设计文件体系的出台，为深入分类推进混合所有制改革奠定了扎实制度基础。2017 年 10 月，党的十九大关于"深化国有企业改革，发展混合所有制经济，培育具有全球竞争力的世界一流企业"等内容为新时期我国国企改革指明了方向，混合所有制改革已成为国企改革的重要突破口。2019 年 10 月，党的十九届四中全会强调要继续"发展混合所有制经济"，同月国资委出台了《中央企业混合所有制改革操作指引》，该指引为国企混改落地实施出具了详细的说明书。

深入推进国有企业的混合所有制改革，对于加快完善社会主义市场经济体制、深化供给侧结构性改革和推动经济高质量发展等具有重要意义。2013 年至今，国家层面共推动了 4 批次的国企混改试点工作，前后共有 210 家国有企业参与。但是，当前一些混合所有制企业重"混"轻"改"，很多部门和同志对混合所有制究竟长什么样、混合所有制经济与混合所有制企业究竟有怎样的区别和联系、如何进一步推进混合所有制改革、民营企业如何参与、混合所有制企业如何治理如何管理、混合所有制企业的公司治理有怎样的特殊性等问题其实并不十分清楚。当前我国混合所有制企业的发展还存在许多困难、问题和矛盾，亟须社会各届进行广泛深入的研究和分析。此外，对于混合所有制企业治理问题，从传统的企业理论、公司治理的理论和方法等角度开展研究已显得远远不够，需要寻找新的视角、探索新的理论和方法来展开分析，而与企业理论和公司治理理论相关的一些交叉学科，比如管理科学与工程中的系统理论、综合集成理论、协同理论等比较适合用来对混合所有制企业的治理问题进行研究和分析，并且有利于理论创新。基于此，依托国家社会科学基金西部项目"混合所有制企业协同治理研究"（15XGL008）和教育部人文社会科学研究一般项目"混合所有制企业多重委托代理冲突的协同治理研究"（17YJA630088），本书尝试着对混合所有制企业协同治理的相关问题进行较为系统的探讨。

本书在汲取相关学者研究成果的基础上，针对既有研究的不足与空白，从协同视角出发，以协同治理理论为基石，综合运用公司治理、系统工程管理与控制等相关理论与方法，并结合经济学、管理学、社会学、自然学等多门学科的相关理论，对混合所有制企业治理问题进行了深入、系统的分析和探讨，力求形成框架性的治理体系，同时，在理论分析的基础上，综合考查我国混合所有制企业协同治理存在的问题并给出了对策建议。本书主要包括 4 个关键内容：首先是混合所有制企业协同治理的基本理论研究，从前期相关文献和基本理论的梳理情况入手，深入分析了混合所有制企业协同治理的基本内涵、协同效应和优化模式。其次是理论分析，重点对协同治理主体间动态博弈过程、内部协同治理、外部协同治理、协同治理保障等展开研究，从理论上搭建了混合所有制企业协同治理的系统平台。再次是实证分析，结合实地调研资料以及混合所有制上市企业的相关数据，实证研究了混合所有制企业大股东侵占、混合所有制企业管理层激励机制、混合所有制企业管理层约束机制、混合所有制改革对企业国际化的影响、混合所有制企业协同治理的绩效评价等协同治理问题。最后，结合上述理论分析与实证分析结果，厘清了我国混合所有制企业的协同治理现状和问题，并提出了相应改革建议。

　　本书的研究成果凝聚了笔者的大量心血，希望本书能为各级政府部门制定混合所有制改革发展政策提供决策参考，能为我国混合所有制企业优化治理提供指导和帮助，能为相关领域的学术研究提供借鉴。

马胜

2020 年 3 月于成都大学

目　录

1 绪论

1.1 研究背景

2013 年 11 月，党的十八届三中全会通过了《中共中央关于全面深化改革若干重大问题的决定》，明确将混合所有制经济作为我国"公有制为主体，多种所有制经济共同发展"这一基本经济制度的重要实现形式，这一科学论断和决定，赋予了混合所有制经济前所未有的重要地位。2017 年 11 月，党的十九大进一步指出应"深化国有企业改革，发展混合所有制经济，培育具有全球竞争力的世界一流企业"，混合所有制改革已成为国企改革的重要突破口。2019 年 10 月，党的十九届四中全会强调要继续"发展混合所有制经济"。政策和实践层面，2015 年至 2019 年，中央各部门出台了《关于深化国有企业改革的指导意见》《关于国有企业发展混合所有制经济的意见》《关于国有控股混合所有制企业开展员工持股试点的意见》《中央企业混合所有制改革操作指引》等"1+N"政策文件体系落实国企混改的具体实施路径，共计 210 家国有企业参与了国家层面推动的 4 个批次混改试点工作。当前，深入推进企业混合所有制改革已成为社会各界广泛关注的一项重要改革议题，混合所有制企业也正在被全国各类企业以各种方式广泛尝试推进。

在本书调研阶段，笔者有幸与四川省及成都市的国资委、经信委、发改委等政府部门以及一些大型国有企业集团的相关同志就混合所有制企业改革的一些问题进行了广泛交流，了解到：

第一，混合所有制经济是我国经济由高速增长阶段转向高质量发展阶段中的热点经济问题，混合所有制企业也将成为下一阶段中国企业形式的"新常态"，但很多部门和同志对混合所有制究竟长什么样、混合所有制经济与混合所有制企业有怎样的区别和联系、如何进一步推进混合所有制改革、民营企业如何参与、混合所有制企业如何治理如何管理、混合所有制企业的公司治理有怎样的特殊性等问题其实并不十分清楚，当前我国混合所有制企业的发展还存在许多困难、问题和矛盾，亟须社会各界进行广泛深入的研究和分析。

第二，对于混合所有制企业治理问题的研究，从传统的企业理论、公司治理的理论和方法等角度开展研究已显得远远不够，需要寻找新的视角、探索新的理论和方法来展开分析，而与企业理论和公司治理理论相关的一些交叉学科，比如管理科学与工程中的系统理论、综合集成理论、协同理论等比较适合用来对混合所有制企业的治理问题进行研究和分析，并且有利于理论创新。

在此背景下，本书通过对大量文献进行检索、整理和分析，发现：学术界对混合所制经济的讨论比较多，但对混合所有制企业的讨论则比较少；对一般公司治理理论的研究比较成熟，但对混合所有制企业公司治理问题的研究却比较薄弱；用传统的经济学方法分析公司治理问题的文献比较多，但用管理科学与工程等自然学科的理论和方法来讨论公司治理问题的文献却相对较少，用管理科学与工程中的协同理论来分析混合所有制企业治理问题的文献就更显缺乏。基于此，本书将主要对混合所有制企业协同治理问题展开系统深入的研究。

1.2 文献综述

1.2.1 文献查新

为避免重复研究并力求创新，本书对国内外相关研究文献进行了全面检索，其中几个主要数据库的查新情况为：

（1）国外 ASP 和 BSP 全文数据库：企业治理（Corporate Governance），98 302篇；混合所有制企业治理（Mixed ownership enterprise governance），53 722 篇；混合所有制企业协同治理（Synergistic governance of mixed ownership enterprises），0 篇。

（2）德国 Springer 期刊题录数据库，英国 Taylor & Francis 期刊题录数据库、Earthscan 期刊题录数据库：企业治理，78 091 篇；混合所有制企业治理，25 323 篇；混合所有制企业协同治理，0 篇。

（3）中国学术期刊全文数据库：企业治理，71 512 篇；混合所有制企业治理，31 617 篇；混合所有制企业协同治理，0 篇。

1.2.2 国内外研究现状

（1）关于混合所有制经济的研究

总体来看，国内外专家学者关于混合所有制经济的研究较为丰富，国外学者中，较有代表性的有 Merrill、Schneider、Capuano、De Feo 等人。经济学家 Merrill and Schneider（1966）最早关注混合所有制经济的相关问题，他们的研究认为不同所有制经济之间的良性互动有助于改进和提升资源配置效率[①]。Capuano and De Feo（2010）对混合所有制经济的经济结果进行了研究，发现高效率的私有经济与低效率的国有经济进行适宜地匹配有助于显著提升整体经济效率[②]。此外，Shleifer and Vishny（1997）[③]、Lin et al.（1998）[④]、Djankov and Murrell（2002）[⑤] 等人都从不同角度对混合所有制经济进行探讨。

国内学者中，较有代表性的有李维安、杨瑞龙、黄速建等人。李维安（2014）认为对国有企业实施混合所有制改革，有助于实现国有资本和民营资本等非国有资本交叉持股、相互融合，能够将国有资本的资本优势与民营资本的灵活市场机制优势合二为一，从而产生"1+1>2"的治理效果[⑥]。杨瑞龙（2014）认为以混合经济为突破口的国有企业改革，需要国有企业分类改革战略、国有资本退出路径、职业经理人制度等措施的统筹安排，才能取得实质性效果[⑦]。黄速建（2014）认为当前强调混合所有制经济是基本经济制度的微观实现形式，除了提供制度合法性以外，还进一步明确了混合所有制是建立现代企业制度的主要实现形式，为公有制经济和非公有制经济融合发展提供了新的空间[⑧]。另外，黄群慧等（2014）学者也从不同视角对混合所有制经济进行了

---

① MERRILL W C, SCHNEIDER N. Government firms in oligopoly industries: A short-run analysis [J]. Quarterly Journal of Economics, 1966, 80（3）: 400-412.

② CAPUANO C, DE FEO G. Privatization in oligopoly: The impact of the shadow cost of public funds [J]. Rivista Italiana Degli Economisti, 2010, 15（2）: 1-36.

③ SHLEIFER A, VISHNY R W. A survey of corporate governance [J], The Journal of Finance, 1997（02）: 737-783.

④ LIN, JUSTIN YIFLI, FANG CAI AND ZHOU LI. Competition, policy burdens and state-owned enterprise reform [J]. American Economic Review, 1998, 88（2）: 422-427.

⑤ SIMEON DJANKOV AND PETER MURRELL. Enterprise restructuring in transition: A quantitative survey [J]. Journal of Economic Literature, 2002（5）: 739-792.

⑥ 李维安. 深化国企改革与发展混合所有制 [J]. 南开管理评论, 2014（3）: 1-1.

⑦ 杨瑞龙. 以混合经济为突破口推进国有企业改革 [J]. 改革, 2014（5）: 19-22.

⑧ 黄速建. 中国国有企业混合所有制改革研究 [J]. 经济管理, 2014（7）: 12-21.

分析①。綦好东等（2017）认为发展混合所有制经济是新时代进行国企改革的重要突破口②。陈林（2018）认为，混合所有制改革并不能提升自然垄断性企业的全要素生产率，但有助于提升竞争性领域企业的生产效率③。祁怀锦等（2018）认为国有企业进行混合所有制改革能够促进不同性质资本有效融合，提升治理水平④。

（2）关于混合所有制企业的研究

相较于混合所有制经济的研究，国内外文献关于混合所有制企业的研究要少许多。从国外文献来看，对混合所有制企业的研究做出较大贡献的学者主要有 Stephen Brooks、Matsumura、Hamid Blad、Chichur Chao 等。学者 Stephen Brooks（1987）较早对混合所有制企业展开研究，他通过案例研究发现，在英国石油公司和加拿大发展投资公司等混合所有制公司中，政府会利用自己的股份优势迫使这些公司执行有利于政府政策目标实现的决策，而不论其是否有利于商业价值⑤。Matsumura（1998）认为，国有企业部分民营化较之"完全国营"或"完全民营"都更有效率⑥。Hamid and Chichur（2006）对混合所有制企业与宏观经济二者间的关系进行了探析，发现在部分发展中国家的国有企业股权改革过程中，企业部分私有化的程度越高，该国长期的经济增长率和就业增长率也就越好。

从国内文献来看，张维迎（1999）是国内较早关注混合所有制企业的学者，通过对国有企业产权的相关研究，指出产权改革是对国有企业实施改革的先决条件，只有让非国有经济参与国有企业运营，成立混合所有制企业，才能从根本上解决国有企业低效率问题⑦。张文魁（2010）发现中国改制企业具有明显的混合所有制特征，其混合度也较高，最普遍的情况是国有企业内部人和

---

① 黄群慧，余菁，王欣.新时期中国员工持股制度研究［J］.中国工业经济，2014（7）：5-16.

② 綦好东，郭骏超，朱炜.国有企业混合所有制改革：动力、阻力与实现路径［J］.管理世界，2017，（10）：8-19.

③ 陈林.自然垄断与混合所有制改革：基于自然实验与成本函数的分析［J］.经济研究，2018，（1）：81-96.

④ 祁怀锦，刘艳霞，王文涛.国有企业混合所有制改革效应评估及其实现［J］.改革，2018，（9）：66-80.

⑤ BROOKS, STEPHEN. The mixed ownership corporation as an instrument of public policy［J］. Comparative Politics，1987，9（12）：173-191.

⑥ MATSUMURA H. Formation of silicon-based thin films prepared by catalytic chemical vapor deposition（Cat-CVD）method［J］. Japanese Journal of Applied Physics，1998，37（6A）：3175-3187.

⑦ 张维迎.企业理论与中国企业改革［M］.北京：北京大学出版社，1999.

国家混合所有，而境内民营企业和国家混合所有的情况要少得多①。刘春和孙亮（2013）对混合所有制企业的研究则发现，国企部分民营化后的政策性负担会显著增加，政策性负担的显著增加导致了企业经营绩效的下降②。但陈琳和唐杨柳（2014）却认为混合所有制改革有助于国有企业政策性负担的减弱，并且相较于竞争行业，垄断行业的混合所有制改革效果更好。欧瑞秋等（2014）的研究认为，国有企业实施完全民营化或者完全不实施民营化都不是社会福利最大化的最优选择，部分实施民营化，即部分"混合"才是最优选择③。黄速建（2014）认为需要通过在对国有企业进行分类的基础上建立明确的进入和退出制度，规范国企混改程序和方式，建立运转协调、制衡有效、保障平等的公司内外部治理机制等措施推进国企混改④。马连福等（2015）发现简单的股权混合并不能提升企业业绩，股权深入度与企业业绩存在倒"U"形关系⑤。郝阳和龚六堂（2017）发现混合所有制企业改革能够通过提升薪酬和离职对企业业绩的敏感度，以及降低企业税负和融资约束等改善企业业绩。杨兴全和尹兴强（2018）发现国有企业混合所有制改革有助于抑制企业过度投资行为，增加企业研发投入以及股利支付力度，从而优化企业价值⑥。罗宏和秦际栋（2019）通过对家族企业混改行为进行研究发现，国有股权参股能够有效提升家族企业参与创新活动的意愿，推动家族企业持续发展⑦。沈昊和杨梅英（2019）基于招商局集团的案例分析，对混改过程中引入非国有股东的类型和时机、员工持股、控股地位等问题进行了深入研究，总结了国企混改实践经验⑧。方明月和孙鲲鹏（2019）利用工业企业数据发现混合所有制改革有

① 张文魁. 国企改革再上路：重启有时间表的国企民营化改革 [J]. 中国改革，2010（10）：28-33.

② 刘春，孙亮. 政策性负担、市场化改革与国企部分民营化后的业绩滑坡 [J]. 财经研究，2013（01）：71-81.

③ 欧瑞秋，李捷瑜，李广众. 部分民营化与国有企业定位 [J]. 世界经济，2014（5）：112-134.

④ 黄速建. 中国国有企业混合所有制改革研究 [J]. 经济管理，2014，（7）：12-21.

⑤ 马连福，王丽丽，张琦. 混合所有制的优序选择：市场的逻辑 [J]. 中国工业经济，2015，（7）：5-20.

⑥ 杨兴全，尹兴强. 国企混改如何影响公司现金持有 [J]. 经济研究，2018，（11）：93-107.

⑦ 罗宏，秦际栋. 国有股权参股对家族企业创新投入的影响 [J]. 中国工业经济，2019，（7）：174-192.

⑧ 沈昊，杨梅英. 国有企业混合所有制改革模式和公司治理：基于招商局集团的案例分析 [J]. 管理世界，2019，（4）：171-182.

助于治疗国有僵尸企业[①]。

（3）关于公司治理的研究

关于公司治理理论的研究文献颇为丰富，该领域的相关研究也非常成熟。从国外学者来看，比较有代表性的学者主要有 Jensen and Meckling（1976）、Claessens and Fan（2003）、Suzanne and Christine（2006）、Shen et al.（2009）、Jiang et al.（2010）等；从国内学者来看，早期在该领域比较有影响的学者太多，不太容易一一列举，近期比较有影响的学者主要有李维安（2014）、刘灿和韩文龙（2014）、郑海航（2012）、徐向艺（2014）、朱方明（2014）、杨瑞龙（2013）、曲亮（2014）、郑志刚（2014）、唐松和孙铮（2014）等。这些国内外专家学者关于公司治理的研究成果，归纳起来大致可以分为三类。

第一类是关于公司内部治理的研究，主要探析公司治理结构、治理机制和治理模式等内容，当前的热点是董事会的结构、行为和文化（M. Babajide Wintoki et al.，2012；郝云宏，2012；郑志刚 等，2012）、独立董事制度（Ronald W. Masulis et al.，2012；曲亮 等，2014）、党组织的治理效用（马连福 等，2012，2013）、高管薪酬激励机制（Erwan Morellec et al.，2012；方军雄，2012）、高管任免晋升机制（Benjamin and Michael，2012；郑志刚 等，2014；杨瑞龙 等，2013）等。

第二类是关于公司外部治理的研究，主要探讨债权人（沈红波 等，2013）、媒体（Baoxiao Liu and McConnell，2013；杨德明和赵璨，2012）、机构投资者（王会娟和张然，2012）等外部治理主体的治理路径和效果等内容。

第三类是关于公司治理保障的研究，主要探讨制度环境（Fan et al.，2013；沈红波 等，2012）、政治因素（Joelf et al.，2014；唐松和孙铮，2014）、文化因素（McGuire et al.，2012；陈冬华 等，2013）对公司治理的影响等内容。

（4）关于协同治理的研究

协同治理理论主要是运用协同学的相关理论和方法对治理理论进行重新检视，更加强调各个治理主体间的协同作用，从而实现整体大于部分之和的效果。关于这一理论的研究，国外的代表学者主要有 Herman Haken、Masahi ko Aoki 等。Herman Haken（2005）最早提出了协同概念，他发现任何复杂系统都是既有独立运动又有相互影响的整体运动，当系统内部各个子系统的独立运

---

① 方明月，孙鲲鹏. 国有混合所有制能治疗僵尸企业吗？：一个混合所有制类啄序逻辑 [J]. 金融研究，2019，（1）：91-110.

动占据主要地位时，系统就表现为无规则的无序运动；当各个子系统相互协调、相互影响，整体运动占据主要地位时，系统则表现为规律的有序运动状态。Kaplan and Norton（2002）对企业集团的财务协同效应进行了分析，发现企业集团财务协同效应的产生主要来源于投资者的投资天赋和有效的系统治理体系①。Masahi ko Aoki（2002）对协同效应的原理进行了研究，认为协同效应是指两个或两个以上企业组合成一个企业以后，其产出比原先两个企业的产出之和还要大的情形。

国内的代表学者主要有孙萍和闫亭豫、朱纪华等。孙萍和闫亭豫（2013）认为以多样化的形式存在的参与主体，作用于协同过程的每个阶段、贯穿于治理过程的始终，才是协同治理理论研究的关键所在②。朱纪华（2010）对协同治理的研究结论是，在新的历史时期，有必要增进政府与第三部门、私人部门的合作，加快多元化管理主体的培育，转变政府职能，完善协同参与的机制，以实现更为良好的社会治理③。

总体而言，作为一门新兴的学科，协同治理理论还没有形成明晰的理论框架，国内外的相关研究主要集中于公共政策、组织理论和政治学三个学科，将协同治理理论运用于公司治理的研究并不多见。

（5）关于混合所有制企业协同治理的研究

目前该领域的研究成果还比较鲜见，相关研究大多是从该领域的某一方面进行讨论或分析，比如 T. J Wong et al.（2007）、黄速建（2014）、余菁（2014）、谢军和黄建华（2012）等学者都从不同角度对混合所有制企业的公司治理问题进行了探讨。郝云宏和汪茜（2015）通过案例研究鄂武商的控制权之争问题，认为混合所有制企业中的第二大股东可以通过引入关系股东、争取董事会席位和使用法律措施等有效制衡第一大股东，缓解不同性质股东间的冲突问题④。蔡贵龙等（2018）认为，政府对国有企业的放权意愿越高，那么非国有股东的持股比重，以及非国有股东向企业委派董监高的比例也会显著上升，从

---

① KAPLAN R S, NORTON D P. Interview with Kaplan and Norton [J]. Strategic Direction, 2002, 22 (10): 13-18.

② 孙萍，闫亭豫. 我国协同治理理论研究述评 [J]. 理论月刊，2013 (3): 107-112.

③ 朱纪华. 协同治理：新时期我国公共管理范式的创新与路径 [J]. 上海市经济管理干部学院学报，2010, 8 (1): 5-10.

④ 郝云宏，汪茜. 混合所有制企业股权制衡机制研究：基于"鄂武商控制权之争"的案例解析 [J]. 中国工业经济，2015, (3): 148-160.

而对国企混改有积极的推进作用①。张继德和刘素含（2018）通过对联通混改案例进行研究，发现阿里、百度等民营股东通过超额委派董事行为改善了联通的公司治理②。刘汉民等（2018）利用央企混合所有制上市公司样本验证了股权和控制权的非对等配置有助于提升企业业绩③。但上述学者都没有涉及协同治理理论。而其他一些学者，如 Herman Haken（2005）、刘伟忠（2012）④、孙萍和闫亭豫（2013）⑤ 等虽然对协同治理理论进行了研究，但他们还没有关注用协同治理理论来考察混合所有制企业的治理问题。总体而言，真正用协同理论来研究混合所有制企业治理问题的文献尚较缺乏。

1.2.3 研究现状述评

总体来看，既有研究成果对混合所制经济的研究相对较多，对混合所有制企业的研究相对较少；对一般公司治理理论的研究相对成熟，对混合所有制企业公司治理问题的研究相对薄弱；用传统的经济学方法分析公司治理问题的文献相对较多，用管理科学与工程等自然学科的理论和方法来讨论公司治理问题的文献相对较少，用协同理论来研究混合所有制企业治理问题的文献更是匮乏。

在研究对象上，已有文献多把国有企业或民营企业作为研究对象，较少将混合所有制企业作为单独的研究对象来进行系统研究，专门研究混合所有制企业治理问题的文献就更少了。在研究视角上，已有文献关于公司治理理论和系统学理论的独立研究较多，但将两者融合研究的文献则较少，从系统理论视角对混合所有制企业公司治理问题进行研究的文献还比较鲜见。在研究内容上，已有相关文献大多数重"治理"轻"协同"，缺乏对混合所有制企业各治理主体间互动关系的细致探讨，研究内容也只针对治理环节的某一方面，还没有把混合所有制企业的治理机理、治理结构、治理范式等内容整合在一个理论框架中进行综合研究。在研究方法上，已有文献基本上是对混合所有制企业进行定性的描述，少量实证文献也只是对混合所有制企业的发展状况进行截面的静态比较分析，缺乏对混合所有制的协同治理问题的动态实证研究。

① 蔡贵龙，郑国坚，马新啸，卢锐. 国有企业的政府放权意愿与混合所有制改革［J］. 经济研究，2018，（9）：99-115.
② 张继德，刘素含. 从中国联通混合所有制改革看战略投资者的选择［J］. 会计研究，2018，（7）：28-34.
③ 刘汉民，齐宇，解晓晴. 股权和控制权配置：从对等到非对等的逻辑：基于央属混合所有制企业上市公司的实证研究［J］. 经济研究，2018，（5）：177-191.
④ 刘伟忠. 我国协同治理理论研究的现状与趋向［J］. 城市问题，2012（5）：81-85.
⑤ 孙萍，闫亭豫. 我国协同治理理论研究述评［J］. 理论月刊，2013（3）：107-112.

1.3 研究目的和意义

1.3.1 研究目的

本书在汲取相关学者研究成果的基础上，针对既有研究的不足与空白，从协同视角出发，以协同治理理论为基石，综合运用公司治理、系统工程管理与控制等相关理论与方法，并结合经济学、管理学、社会学、自然学等多门学科的相关理论，对混合所有制企业治理问题进行了深入、系统的分析和探讨，力求形成框架性的治理体系；同时，在理论分析的基础上，综合考查了我国混合所有制企业协同治理存在的问题并给出了对策建议。

1.3.2 研究意义

（1）理论意义

本书的理论意义在于：其一，运用系统工程的理论与方法，对混合所有制企业的协同治理问题进行系统研究，为我国混合所有制企业的优化治理提出一系列具有参考价值的新概念、新方法和新理论；其二，将混合所有制企业的治理问题与系统工程两者的相互联系和相互作用作为多学科、跨学科的综合研究对象，开辟一个全新的、重大的科研领域，在认识论、方法论上可望取得突破性进展，对相关学科领域的学术研究具有重要的推动意义；其三，将系统理论、系统工程理论、协同理论以及公司治理理论、混合所有制企业理论等统一到混合所有制企业协同治理的理论框架下，构建了完整的理论体系，完成了理论上的创新。

（2）实践意义

本书的实践意义主要有三点：一是可以紧跟热点，揭示混合所有制企业治理过程中的主要矛盾和难点问题，推动党的十八届四中全会、十九大、十九届四中全会中关于"积极发展混合所有制经济"的重要决定，促进《关于国有企业发展混合所有制经济的意见》《中央企业混合所有制改革操作指引》等政策文件的落地实施；二是可以通过该研究深入分析混合所有制企业涉及治理方面的现行法律法规和规章制度等存在的问题并给出改革建议，为我国各级国资委及政府相关部门的管理决策提供参考和借鉴；三是可以通过该研究厘清和探索混合所有制企业协同治理的内在规律，为我国混合所有制企业优化治理提供科学的方法和指导，帮助我国混合所有制企业提高协同治理水平，推动国民经济高质量发展。

1.4　研究思路与方法

1.4.1　研究思路

本书按照"概念界定→理论分析→实证分析→政策建议"的逻辑思路构建了整体研究框架，全书共十二个章节，分四个部分展开研究（见图1.1）。

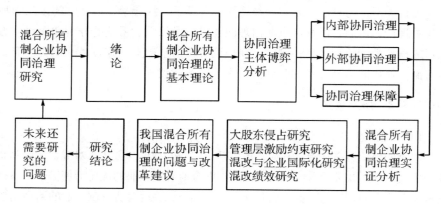

图 1.1　本书的研究路线

第一部分是理论基础和概念，包括本书第一章和第二章内容。第一章介绍了本书的整体情况，包括研究背景、国内外研究现状、研究目的与研究意义、研究思路与研究方法、主要研究内容和创新之处等。第二章对全书研究的理论基础进行了铺垫，从前期相关文献的梳理情况入手，阐述和剖析了混合所有制经济、混合所有制企业、协同理论、治理理论、协同治理理论等与本书相关的关键基础理论；其次，提出了混合所有制企业协同治理所产生的 MAIC 效应，即协同治理的机制效应、优势效应、创新效应、协同效应。最后，深入分析了混合所有制企业协同治理的运行机制和模式。

第二部分是理论分析，包括本书第三章至第五章内容。首先，第三章探讨了我国混合所有制企业协同治理主体间的协同关系，以此为基础构建了各协同治理主体间的利益博弈模型，并对模型的解进行了阐述与分析。其次，第四章对混合所有制企业内部协同治理的相关内容进行了探讨，并对如何构建内部协同治理结构和设计内部协同治理机制进行了详细的探讨，从理论保障、制度保障、环境保障等维度分析了内部协同治理的保障系统。再次，第五章拓展探讨了混合所有制企业外部协同治理的相关内容，包括对如何构建外部协同治理结构和设计内部协同治理路径进行了详细的探讨，同时分析了外部协同治理的保障系统，主要包括外部制度保障与外部环境保障。

第三部分是实证分析，包括本书第六章至第十章内容，主要从内部股东协同、内部激励机制协同、外部制度约束协同、混合所有制协同治理效果方面，运用混合所有制企业上市公司数据，进行了相关实证分析。首先，第六章从股东协同治理视角构建模型对混合所有制企业国有大股东的侵占行为的相关因素进行了系统研究。其次，第七章从管理层角度，通过实证方法考察和检验了我国政府差异化的薪酬管制政策对混合所有制企业管理层货币薪酬、股权激励、在职消费等内部多种激励方式的影响及其经济后果。第八章实证分析了"八项规定"与政府控制力对混合所有制企业管理层的外部约束机制。最后，从混合所有制协同治理效果视角，第九章实证分析了混合所有制企业中国有股权比重对企业国际化程度的影响，第十章对混合所有制企业协同治理的绩效进行了评价。

第四部分是研究结论与建议，包括本书第十一章和第十二章内容。第十一章主要分析了我国混合所有制企业协同治理问题与对策，在结合前面板块关于混合所有制协同治理理论与实证分析的基础上，系统探究了我国混合所有制企业协同治理在摇篮时期、探索时期、发展时期、推动时期、深化时期不同阶段的状况，并提出了针对混合所有制企业内部协同治理、外部协同治理、协同治理保障的相关改革建议，并对本研究团队所在省份的国有经济和民营经济协同发展情况进行了案例分析。最后第十二章凝练并总结了关于混合所有制企业协同治理的主要研究结论和未来展望。

1.4.2　研究方法

（1）规范分析法

公司治理理论、政府干预理论、公司财务理论、系统理论、协同治理理论等相关研究成果将被充分吸收和运用，理论推演遵循科学严谨的研究范式，规范分析内部协同治理系统、外部协同治理系统、协同治理保障系统和协同治理效果之间的内在联系和作用机理。

（2）案例研究法

本书选取了北京、上海、广东、深圳、成都等地具有代表性的混合所有制企业协同治理案例进行研究，提炼观点并检验了理论。

（3）实证研究法

基于我国上市混合所有制公司的相关数据，充分利用描述性统计、多元回归分析和分位数回归方法，对混合产权作用机制中各种关键因素之间的内在联系进行了深入、全面的考察和验证。

1.5 主要研究内容与创新之处

1.5.1 主要研究内容

本书研究的内容较多，其中主要内容包括：混合所有制企业协同治理的基本理论、我国混合所有制企业协同治理过程中的博弈研究、混合所有制企业内部协同治理、混合所有制企业外部协同治理、混合所有制企业大股东侵占的多因素协同治理研究、混合所有制企业管理层激励调整机制研究、混合所有制企业管理层约束机制研究、混合所有制企业国有股权对企业国际化程度的影响研究、混合所有制企业协同治理绩效研究、我国混合所有制企业协同治理的问题及对策等。本书共分为十二部分，具体如下：

第一部分，绪论。该部分介绍了本书的整体情况，包括研究背景、国内外研究现状、研究目的与研究意义、研究思路与研究方法、主要研究内容和创新之处等。

第二部分，混合所有制企业协同治理的基本理论。主要对混合所有制企业协同治理的基本理论进行了梳理。首先，阐述和剖析混合所有制经济、混合所有制企业、协同理论、治理理论、协同治理理论等基础理论。其次，提出了混合所有制企业协同治理所产生的 MAIC 效应，即协同治理的机制效应、优势效应、创新效应、协同效应。最后，深入分析了混合所有制企业协同治理的运行机制和模式。

第三部分，我国混合所有制企业协同治理过程中的博弈研究。以协同治理理论为基础，探讨了我国混合所有制企业股东间的协同关系。以此为基础构建了国有股东与非国有股东的利益博弈模型，并对模型进行了阐述与分析。同时也从协同治理的角度，重点分析了我国混合所有制企业中政府、企业以及其他利益相关者之间的利益博弈过程，构建了三者之间的博弈模型，并分析和诠释了模型的解，为混合所有制企业的优化治理提供决策依据。

第四部分，混合所有制企业内部协同治理。首先，分析了混合所有制企业内部协同治理的结构及其主要特征。其次，重点论述了混合所有制企业纽带、网络、协作及整合等内部协同治理的关键变量。再次，着重分析了混合所有制企业股东、董事会、监事会、管理层等内部协同治理主体，以此为基础对内部协同治理结构构建和内部协同治理机制设计进行了详细的探讨。最后，分析了混合所有制企业内部协同治理的保障系统，并构建了混合所有制企业内部协同治理的运行框架。

第五部分，混合所有制企业外部协同治理。首先，分析了外部协同治理的结构以及主要特征，重点论述了开放性、复杂性、巨量性、超越性四个特征。其次，分析了外部协同治理多个参与主体，包括中小股东、债权人、政府、其他外部利益相关者等，详细探讨了外部协同主体参与企业治理的途径，主要包括中小股东协同治理、债权人协同治理、政府协同治理、顾客协同治理、机构投资者协同治理、供应商协同治理等。最后，分析了外部协同治理的保障系统，主要包括外部制度保障与外部环境保障，以此为基础构建了外部协同治理系统的运行框架。

第六部分，混合所有制企业大股东侵占的多因素协同治理研究。基于双重委托代理冲突的视角，构建理论模型研究小股东法律保护、混合所有制企业国有大股东初始持股比例、股权集中度、管理层持股、国有大股东侵占行为和管理层努力行为之间的相互作用机理。

第七部分，混合所有制企业管理层激励调整机制研究。以中国沪深 A 股上市的混合所有制企业作为研究对象，通过实证方法考察和检验了我国政府差异化的薪酬管制政策对混合所有制企业管理层货币薪酬、股权激励、在职消费等多种激励方式的影响，以及不同类型混合所有制企业管理层激励的差异化调整方式。

第八部分，混合所有制企业管理层约束机制研究。以 A 股混合所有制企业为研究样本，探究"八项规定"政策和政府控制力对企业管理层薪酬的影响，尝试给出关于国有企业在推进混合所有制改革、落实和贯彻"八项规定"精神的相关政策建议。

第九部分，混合所有制企业国有股权对企业国际化程度的影响研究。以 A 股上市公司数据为研究样本，探究了混合所有制企业中国有股权比重对企业国际化程度的影响，最后提出了关于混合所有制企业国际化经营的政策建议。

第十部分，混合所有制企业协同治理绩效研究。利用 A 股上市公司财务数据深度研究了混合所有制企业协同治理行为对企业绩效的影响，得出了相应的研究结论，并给出关于提升混合所有制企业协同治理绩效的相关建议。

第十一部分，我国混合所有制企业协同治理的主要问题及改革建议。从企业内部和外部两个视角分别探析了我国混合所有制企业协同治理过程中存在的问题，并且提出了解决这些问题的建议，主要包括促进多元所有制主体深度融合，构建合理的治理结构，健全企业治理机制，发挥利益相关者协同治理作用，改善企业协同治理保障系统等，并以四川省国有经济与民营经济协同发展的案例为分析对象，从企业内部协同治理、外部协同治理、协同治理保障等多维度提出了针对性政策意见。

第十二部分，结论与展望。该部分主要对本书的主要结论进行提炼，并对研究过程、研究工作、研究内容、研究结论等存在的不足进行思考和总结，最后对该主题的未来研究进行展望。

1.5.2　创新之处

在研究对象上，本书将产权差异化更加细微的混合所有制企业作为研究对象，有利于拓展已有大多数文献基于"国有—民营"视野所进行的治理问题研究，丰富了公司治理理论的研究对象和研究范围。

在研究视角上，本书将公司治理理论与系统工程理论相互融合，通过协同治理视角对混合所有制企业的公司治理问题进行系统研究，拓展了公司治理理论的研究视域。

在研究方法上，本书尝试运用系统工程理论中协同理论的相关研究工具和研究方法对混合所有制企业的公司治理问题进行系统研究，在方法论上对公司治理理论的研究进行了创新。

在研究内容上，本书将"协同治理"概念运用于混合所有制企业管理中，并克服了已有大多数协同治理文献重"治理"轻"协同"的问题，对混合所有制企业治理过程中各治理主体间的分层协同活动进行了系统深入的探讨，并把内部协同治理系统、外部协同治理系统、协同治理保障系统以及最终的协同治理效果整合在一个理论框架中进行综合研究。

2 混合所有制企业协同治理的基本理论

本章主要对混合所有制企业协同治理的基本理论进行了梳理，首先，阐述和剖析了混合所有制经济、混合所有制企业、协同理论、治理理论、协同治理理论等基础理论。其次，提出了混合所有制企业协同治理所产生的 MAIC 效应，即协同治理的机制效应、优势效应、创新效应、协同效应。最后，深入分析了混合所有制企业协同治理的运行机制和模式。

2.1 混合所有制理论

混合所有制经济主要是指国有资本、民营资本、非公有资本等不同所有制资本间融合、交叉的经济形态，一般来看，混合所有制经济有宏观和微观两个层面。

宏观所有制结构是一个国家在特定社会经济制度下，各种类型所有制经济之间的有机结合。我国实行以国有经济、集体经济和合作经济中的国有、集体成分等公有制经济为主体，个体民营经济、外资经济和合作经济中的个体民营经济、外资成分等多种所有制经济共同发展的基本经济制度，从宏观上看，这种经济制度属于典型的混合所有制经济体制，是一种既非单一公有制经济，也非单一非公有制经济为主导的经济形态。

混合所有制企业主要强调不同类型资本间的融合，是不同所有制经济在企业范围内的联合。国有资本与国有资本间的融合、非公有资本与非公有资本的融合等相同性质的资本混合在一起，只能称为股权多元化，而非混合所有制企业。而混合所有制企业既包括以国有资本、集体资本为主导，个体民营资本参股的混合所有制企业，也包括以非公有资本为主导，国有资本参股的混合所有制企业。在微观层面上，我国基本经济制度的形式多种多样，混合所有制企业是其中一种重要实现形式。

总体来看，混合所有制经济是混合所有制企业的汇总，而混合所有制企业是混合所有制经济的具体组织形式，因此，宏观上发展混合所有制经济的具体表现即为如何组建、管理和经营混合所有制企业。

2.2 协同理论

2.2.1 协同

中外学者从不同角度对"协同"的概念进行了描述，大致可以分为三种。

第一种是行为的协同。协同的英文释义为"collaboration"，意指个人、组织或者团体等行动人共同努力合作。我们可以从深度和动机两个维度对协同进行理解：协同的深度主要指其描述性和适用性，强调其与他人的合作特征；协同的动机主要指其规范性和内在性，强调协同行为所处的环境、协同行为的动机和目的，即协同对信任关系建立的影响。

第二种是概念的协同。不同学者对协同的概念有着不同定义，Donaldson and Kozoll（1999）认为协同是指不同形式的组织共同努力合作以达成各种目标①。Himmelman（2002）则认为协同是各个组织间相互交换信息、共享资源，提升各组织能力的过程，并且各个组织在协同过程中共担风险、共享收益，最终实现共同目标②。Huxham and Vangen（2005）认为协同是指参与主体通过跨部门合作以实现积极目标的所有情况③。Thomson and Perry（2006）认为协同是自主或者半自主的行为人通过协调产生的互动过程④。国内学者陈恒钧和张国伟（2012）则认为，协同是指在互信关系的基础上，个人、团体、组织等参与主体间相互分享各种资源，并在一套协议或规则的指引下，共同承担责任、共同解决问题、实现共同目标、分享利益产出的过程⑤。

① DONALDSON J F, KOZOLL C E. Collaborative program planning. Principles, practices, and strategies. Professional practices in adult education and human resource development series ［J］. Canadian Journal of University Continuing Education, 2003, 25（2）：155-181.

② HIMMELMAN A. Collaboration for a change ［D］. University of Minnesota, 2002.

③ HUXHAM C, VANGEN S. Managing to collaborate：The theory and practice of collaborative advantage ［M］. UK：Routledge, 2005.

④ THOMSON A M, PERRY J L. Collaboration processes：Inside the black box ［J］. Public Administration Review, 2006, 66（s1）：20-32.

⑤ 陈恒钧，张国伟. 治理互赖理论与实务 ［M］. 台湾：五南图书出版股份有限公司，2012.

第三种是技术的协同。从技术维度来看，协同是指基于通信技术的人与人之间的协同，是基于工作流技术的组织与组织之间的协同，是基于企业信息集成技术的系统与系统之间的协同。

根据关于混合所有制企业协同治理的研究，本书认为协同的概念应不仅包含人与人之间的协同，还应该包括应用系统间的协同、数据资源间的协同、信息技术间的协同、应用情景间的协同、科技与传统的协同、管理与文化的协同等，从而形成企业系统的全方位协同。因此，混合所有制企业的协同是指为实现企业的总体演化目标，企业内部各子系统之间相互协作、相互支持、相互促进而形成的一种良性循环态势，强调企业内部各子系统或者各个部门之间的合作而产生的新的结构和功能。

2.2.2 协同论

20 世纪 70 年代，德国物理学家哈肯创立了"协同论"，最初"协同论"主要应用于激光等物理方面的研究，涉及计算机科学和系统科学，哈肯教授把协同定义为系统的各部分之间相互协作，使整个系统形成微观个体层次所不存在的新结构和新特征。协同论提供了一套新的理解管理系统运行的理念，为管理学方面的研究带来了新的研究视角，应用协同理论对企业管理系统进行分析，主要从总体上把握对象，重点研究管理系统中各管理要素间如何通过协同产生整体效果，是从微观视角出发探究企业宏观角度的问题，有助于把握管理系统中微观和宏观层面中的各管理子系统的协同能力和状况。

2.3 治理理论

2.3.1 治理

关于"治理"这一概念，中外学者以及相关机构从不同角度进行了阐述。国外学者方面，治理理论创始人之一的 Rosenau（1993）指出，治理与统治不同，统治是指通过正式的权利和警察力量以保证政策能够顺利执行的活动，而治理既包括政府机制，也包括非政府或非正式的机制，治理主体借助这些机制来满足各自的需求①。1995 年，全球治理委员会（Commission on Global Governance）将治理定义为一个代理人实现事务共同管理的各种方式的集合，治理概念同时包含了正式或非正式的安排②。1997 年，联合国开发计划署（United Nations Development Program）将治理定义为不同代理人表达利益诉求、行使法律权利、履行法律义务、调节不同利益主体的机制、过程和制度③。通过对治理概念的解析，可以发现上述研究对治理的内涵与定义存在共同之处：一是，治理主体具有多元化，其既包括政府组织，也包括非政府组织。二是，系统内治理主体间存在交流和互动，治理主体间的协同合作关系建立在互信共利的基础上。三是，协同合作过程中，治理主体会产生相对独立的自组织系统模式和结构。四是，治理过程同时包括分配规则建立和资源分配过程。五是，治理和秩序密不可分，治理的核心目标是通过形成稳定的系统平衡结构，促进公共利益的最大化。

2.3.2　公司治理

公司治理是企业中以股东为核心的各种利益相关主体间形成相互制衡关系的泛称，公司治理包含了公司治理结构、公司治理机制、公司治理模式等要素。公司治理的核心是在法律法规和公司制度的框架下，保证企业相关利益主体的一整套企业权利安排和机制，具体见图 2.1。

（1）公司治理结构

公司治理结构是指，在企业所有权和经营权分离的情况下，基于委托代理关系而形成的关于股东大会、董事会、监事会、管理层间相互制衡的结构性制度安排。股东大会是企业的最高权力和决策机构，董事会履行企业战略决策职能，管理层执行经营管理职能，监事会代表股东对董事会和管理层的履职情况实施监督，因此股东大会、董事会、监事会、管理层间在职权上形成相互制衡和监督。

---

①　ROSENAU J N, CZEMPIEL E O. Governance without government: Order and change in world politics. [J]. Canadian Journal of Political Science/revue Canadienne De Science Politique, 1993, 87（2）: 733-734.

②　全球治理委员会对治理的定义来源于: Oxford University Press. Our global neighborhood: The report of the commission on global governance [J]. George Washington Journal of International Law & Economics, 1995（3）: 754-756.

③　联合国开发计划署对治理的定义来源于: Governance for sustainable development: A UNDP policy document. (1997). 这份文件可以从 DR-NTU（http://dr.ntu.edu.sg）网址下载。

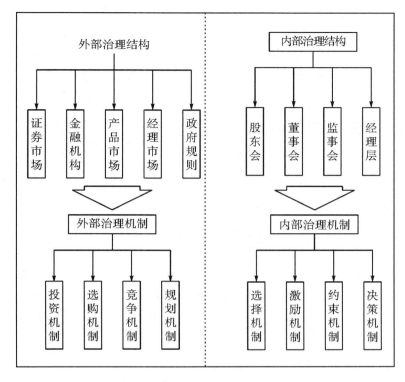

图 2.1 公司治理结构与治理机制

（2）公司治理机制

公司治理机制按照功能划分，主要包括激励机制、监督与制衡机制两种。激励机制是指在委托代理理论下，企业所有者通过为董事和管理层设计一套有效的激励制度，从而实现股东和企业价值最大化，激励机制包括薪酬激励机制、剩余索取权激励机制、剩余控制权激励机制、声誉激励机制等。监督与制衡机制是指企业所有者通过制度设计，对企业管理者的经营决策和效果实施有效审核与控制，内部监督主体主要包括董事、监事和股东，外部监督主体主要包括传媒、会计师事务所、券商、律师事务所等。

（3）公司治理模式

公司治理模式主要可以分为外部控制主导型公司治理模式、内部控制主导型公司治理模式、家族控制主导型公司治理模式三种。一是，以美国、英国为典型代表的外部控制主导型公司治理模式，强调市场体系的外部治理作用，这种模式多出现于股东多元化、监督独立、信息披露透明、法律制度健全的企业。二是，以日本、德国和其他欧洲大陆国家为代表的内部控制主导型公司治理模式，强调股东、内部管理人员、银行的内部治理作用，这种模式多出现于集中的股权结构、信息部分披露，家族或银行是主要股东的企业。三是，以韩国、新加坡、中国香港等为代表的家族控制主导型公司治理模式，这类企业通常所有权和经营权未分离，以家族持股为主，并且资本流动性较弱。

2.4　协同治理理论

2.4.1　协同治理的概念

在 20 世纪 70 年代德国物理学家哈肯创立"协同论"后，在全球各政府建立制度促进不同参与主体协同，并提高决策和实施质量的背景下，"协同治理"应运而生。协同治理超越了传统管理和统治的思维方式和价值理念，是协同理论与治理理论的统一，强调市场、社会、政府等主体共同参与社会性治理，实现共同治理的局面。企业的协同治理主要通过制度的设计与安排，力图在企业所有者、企业管理者、企业员工、政府部门、外部利益主体之间达成平衡。

2.4.2　协同治理与公司治理的区别

协同治理主要在三个方面与公司治理存在不同之处。

一是，主体资格多元平等，公司治理强调"控制"的概念，公司治理过程中各主体间具有依附关系，而协同治理强调平等的多元化主体通过行动上的配合与协作实现对企业的治理。

二是，权力运行的多维互动，在政府主体、市场主体、社会主体对企业实施协同治理的过程中，各主体间相互支持和支配，政府的支配能力源于其强制力，市场主体和社会主体对政府的支配力源于政府的合法性需求，因此各主体间的相互支配形成了协同治理权利的多维互动。

三是，自组织行为的能动互补，企业治理过程中，政府主体、市场主体、社会主体在支配地位上是平等关系，各主体通过自组织形式在某一阶段主动承担企业治理责任的行为，而其他主体的服从与配合则是一种互补性的行为，各主体在协同治理过程中能动互补，从而实现对企业的治理。

2.5 混合所有制企业协同治理效应

纵观我国混合所有制企业的发展历程，从 1979 年改革开放混合所有制经济初现雏形至今，我国已经涌现出许多混合所有制企业。1999 年，党的十五届四中全会提出"发展混合所有制经济"。2003 年，党的十六届三中全会明确提出要"大力发展国有资本、集体资本和非国有资本等参股的混合所有制经济"。2013 年，党的十八届三中全会将混合所有制经济发展提高到前所未有的高度，认可混合所有制经济是社会主义初级阶段基本经济制度的实现形式。2015 年，国企改革"1+N"顶层设计中多份文件都有关于深化国有企业混合所有制改革的专门内容。2017 年，党的十九大报告指出要"深化国有企业改革，发展混合所有制经济，培育具有全球竞争力的世界一流企业"。

我国混合所有制经济的发展速度有目共睹，但随着混合所有制改革的深入推进，我国混合所有制企业的发展也暴露了众多问题，如"产权结构不明晰""国有资产的流失""董事会的虚设"等公司治理问题仍然出现在了混合所有制企业的发展过程中。面对上述种种问题，学者们关注的范围也越来越广，探求的深度也越来越深，但仍然担忧未来的混合所有制企业能否起到良好的效果，是否能够发挥各种混合元素积极的作用，推动混合所有制企业持续健康发展。同时，在多样化、复杂化的社会演变过程中，企业治理理论的创新势在必行，学者们开始探求治理混合所有制企业的有效方法。本书通过对混合所有制企业的探讨和研究，结合事物发展规律，提出将"协同治理"的理念贯穿于我国混合所有制企业的治理过程中。

混合所有制企业狭义上可以分为公有制与非公有制两种经济形式的混合，由于多元主体具有不同的特点，各自有各自的优势与劣势。如何能将二者进行深度的融合，在融合后仍能发挥二者以前的优点，甚至超越以前具有的特色，这就需要引入协同治理的概念。"协同"是指不同主体之间为了实现既定的同一目标而相互协调合作，强调的是一起协作、共同治理。外国学者在定义"协同"时，认为协同是高于协调与合作的概念，协同更趋向于协调与合作的融合体。在这一点上我国学者也有相似的观点，认为合作与协调是在程度上的延伸，是相较于协调与合作层次更高的集体行动（李维安，2014）①。20 世纪

---

① 李维安. 深化国企改革与发展混合所有制［J］. 南开管理评论，2014，17（3）：1-1.

60 年代，美国理论研究专家伊戈尔安索夫指出协同是企业重要的战略要素，并借用了投资收益率分析了协同的定义，即协同治理是多元治理主体在达成资源共用、利益共享，责任共担的共识下，为达成一个共同的目标而进行相互协调合作，共同参与决策制定、决策实施，解决相应问题的管理方法。

本章认为协同治理具有一定的特点：第一，协同各方具有一致的目标。第二，协同各方具有协调合作意识。第三，协同各方资源共用、利益共享、责任共担。第四，协同各方相互包容，融为一体。第五，协同具有深度交互的特征。当公有制与非公有制能够相互协调合作，不断聚集各自的优势，并在相互融合中产生良好的"化学反应"，就能为混合所有制企业带来优势互补、共同繁荣的局面（Johnson et al.，2000）①。本章从企业治理的角度，归纳出我国混合所有制企业在协同治理的环境下将产生的四种不同的效应，把其意义概括为 MAIC 效应，即机制效应（machanism effect）、优势效应（advantage effect）、创新效应（innovatation effect）、协同效应（cooperation effect），如图 2.2 所示。

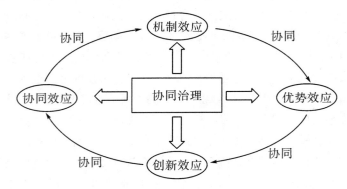

图 2.2　混合所有制企业协同治理环境下的 MAIC 效应

2.5.1　协同治理的机制效应

从混合所有制企业内部来看，各参与主体在协同治理下将会产生或加强某种企业治理机制。国有资本作为股东之一，虽然其背后的控制主体是政府，但混合所有制企业在各方协同治理的环境下要以盈利为目的，盈利是股东利益分配的来源以及企业自身发展的资本，亏损则可能导致企业发展受限甚至破产，所以设计合理的企业治理机制才能保持企业的健康持续发展。在这种情况下，

①　JOHNSON S，LA P R，LOPEZ-DE-SILANES F et al. Tunneling［J］. American Economic Review，2000，90（2）：22-27.

混合所有制企业的治理结构必须明确，股东大会是权力机构，董事会是股东大会的委托机构，管理层要与董事会相分离，监事会则要发挥积极的监督作用。本章简单构建了混合所有制企业内部管理结构，如图 2.3 所示。

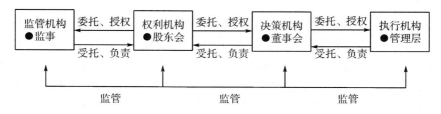

图 2.3　混合所有制企业内部管理结构

同样，协同治理环境下混合所有制企业的监督机制将进一步加强。作为股东的国有资本和非国有资本，为了自身利益的最大化，双方会相互制衡，防止某一方利用自身优势侵蚀他方的利益，从而受到不公平的对待。一方面，国有股东往往会凭借自身得天独厚的优势，为了自身利益的最大化想尽办法争夺企业的控制权，利用控制权的优势侵占其他股东的利益。非国有股东为了避免自身利益的损害也会争夺企业的控制权，在控制权的争夺过程中，企业很可能会形成相互制衡的相对控股形式的股权结构。另一方面，国有股东也会担心自有资产被非国有股东侵占造成国有资产的流失，所以会要求董事会制定相应的规章制度来保证自己的利益，并且关注非国有股东的动作。基于此，各股东的行为也将变得更加规范和谨慎。

要使混合所有制企业产生"1+1>2"的效果，不仅要求参与各方协同企业的经营目标、战略、文化等，而且还要采用适当的激励机制加以保证。国有企业富有"行政化"特点，与民营企业在激励机制上有所不同。在协同治理下，机制效应将发挥作用，国有企业通过引入更加高效的激励机制，民营资本的进入有效地监督国有企业改变原来的激励机制。同时，原来国有企业的高管人员多由上级行政部门指派，在混合所有制企业中国有企业与非国有企业同样是大股东的情况下，这种高管人员的委派必然遭到其他股东的强力反对，因此不得不促使企业颁布一则新的管理人员选聘制度（晓亮，2004）[①]。"四风建设以来"，国有企业多名高管人员被查处，国企被认为是反腐的第二战场，其根本原因在于企业的治理结构、权利运作机制不完善，监督机制失效。企业机制的再造减少了腐败的概率，国有资本与非国有资本是企业协同治理的主角，必然

[①]　晓亮. 论大力发展混合所有制 [J]. 经济学家，2004（2）：36-40.

2　混合所有制企业协同治理的基本理论 ┆ **23**

形成相互的牵制，其权利也将受到约束和限制，在一定程度上避免了权力腐败的行为（郭放和潘中华，2015）①。总之，企业在协同治理的环境下，其权利的分离机制、监事会的监督机制、信息披露机制、员工的激励机制等将得到较大的改善。

从混合所有制企业外部来看，在协同治理的要求下，企业也不得不与政府以及其他利益相关者保持密切的联系。一方面，政府基于对自身利益与责任的考量，将会制定更加完善的企业发展保障机制。另一方面，企业为了得到相关利益者的信任与支持，也会更加负责地制定相应的企业治理机制来保护相关利益者的权益。

2.5.2 协同治理的优势效应

所谓优势效应，源于不同的混合主体自身存在的独特优势，当他们汇聚在一起时，若各自都能更好地发挥自身的优点，则会形成长短互补、共同发展的新局面，实现协同增效。从市场的角度来看，国有企业往往具有资金雄厚、技术先进、经验丰富、人才汇聚、基础良好的特点，但对外界市场的变化显得不够敏感，管理效率不高。而非国有企业却能对市场做出迅速的反应，同时管理效率较高、创新意识较强，但其经常面临资金不足、规模不大、生产有限、市场竞争力不强等问题。若将两者合并起来，建立协同治理的框架，各自发挥自身的优势，并互相弥补自身的短板，相互促进、共同发展。一方面，可以大幅度增强国有企业的市场活力，提高其管理效率。另一方面，也可以增强非国有企业的市场竞争力。更重要的是，两者协同治理使双方相互融合，能实现企业内部要素的优化配置，促进双方生产要素的公平受益。国有企业的存在是造成市场垄断的原因之一，比如资源垄断型国企，往往打破了市场的竞争规律。当公有制与非公有制相互交叉，组建良好的协同治理框架时，这就一定程度上降低了行业的准入门槛，打破了市场的壁垒，增加了非国有企业的发展机会，实现了社会的公平竞争。同时也有利于增强国有资本与非国有资本的流动性，增加资本保值增值的机会，使混合所有制企业在各主体协同治理的环境下迅速发展壮大。

从组织结构来看，国有资本是由党组织来统一领导而不是某些个人和集团领导，党组织在企业中发挥着政治核心的作用，这一政治优势使得国有资本融

---

① 郭放，潘中华. 对我国混合所有制企业发展的若干思考 [J]. 经济纵横，2015（4）：65-68.

资约束较小，可以保障企业持续健康发展（温国林和卿松，2015）①。相较于非国有资本，国有资本得天独厚的政治优势就显得尤为重要。非国有资本一般是来源于民营企业的资本，机构或个人投资资本以及外资投资等其他资本。首先，非国有资本相对单薄，没有足够的资金支持企业长期发展。其次，非国有资本的流动性极强，若企业处于"亚健康"状态时，投资者往往经受不住风险的挑战，会迅速地将投资资金转移或撤退。再次，非国有企业领导组织一般由社会选聘人员组成，高管成员具有"底气不足，底子不硬"的特征，在企业经历困境时，领导组织的解散风险依旧很高。家族式的企业虽然能克服这一缺点，但由于组织结构不严密导致企业的整体执行力不强，可能产生企业发展滞后的风险。在混合所有制企业中，国有资本和非国有资本的有效混合不仅解决了企业发展资金的问题，而且能促使管理组织创新，从而达到优势互补的效果，发挥出协同治理下的优势效应。

2.5.3 协同治理的创新效应

我国混合所有制企业在协同治理的过程中，其重点在于各主体在同一经济环境、同一制度框架、同一行为准则下有序协调地参与企业治理。各主体过去陈旧的治理结构、治理机制以及治理理念不能满足所有参与方的需求，构建新的混合所有制企业时，需要完善以前旧的条条款款，需要革新以往旧的发展思路，因此创新显得格外重要。特别是混合所有制企业，协同治理下激发的创新效应是其持续发展的铺路石。

在目标的创新方面，国有资本更多地代表着政府的利益与责任，既要支撑国民经济的健康发展，又要兼顾社会稳定、就业充分、环境保护等社会责任。所以，在混合所有制企业中国有股东的经营目标是多样化的。而非国有股东中的民营企业，其追求的目标则是自身利益的最大化。另外，个人与机构投资者更多的是短期的投机行为，且同样追求利润的最大化。在协同治理的要求下，各主体不得不融为一个整体，面对不同的经营目标可能导致的经营风险，混合所有制企业必须进行目标的重塑和创新，由此来延伸企业经营目标的内在含义以及扩大经营目标的范围，兼顾不同主体的核心目标，确保各个参与方协同发展。

在文化的创新方面，文化是企业发展的精神力量，在协同治理的要求下，

---

① 温国林，卿松. 国有企业混合所有制改革存在的问题与对策分析 [J]. 中国集体经济，2015（34）：60-62.

多元主体也需汇聚同一股精神力量，协同治理催生的文化创新显得格外重要。一方面，由于混合所有制企业中投资主体的多元化，必然带来文化的碰撞。另一方面，各主体发展目标不尽一致，形成的文化理所当然也有所差别。正如孔令富（2009）所说，国有企业与非国有企业的价值文化有着天然的屏障，再加上社会舆论的影响，传统的思想里一部分人仍然从心里认为只有国有企业才是"正规的"，非国有企业经营管理相对不规范，两者的融合必定受到一定程度的阻碍①。而混合所有制企业协同治理的要求之一是参与方在各个方面进行深度融合，因此企业整体性、包容性、价值性的文化需要不断创新（苏京春，2015）。

在制度的创新方面，混合所有制企业协同治理不仅需要内部协调发展，也需要与外部环境保持密切的联系。要使企业内部与内部、内部与外部之间有序发展，完善与统一的制度不可或缺，以往陈旧的制度必然需要不断革新。

2.5.4　协同治理的协同效应

要真正落实混合所有制企业的协同治理，各参与主体便不能仅是简单地"混"在一起，而要有效地利用各主体功能的整合与再造，充分发挥规模经济效应，进行各方位的深度融合，从而孕育出一个鲜活的新生命，产生"1+1>2"的协同效应，达到"双赢"和"涌现"的效果。从我国混合所有制企业内部来看，在协同治理的框架下国有资本与非国有资本的碰撞确实能产生微妙的化学反应，双方在战略、管理、组织、文化等方面不仅能发挥以前独有的优势，而且能够产生出一种前所未有的新活力。将国有资本的引导性与非国有资本的创新性和灵活性协同起来，既增强了企业经济的活力，又能创新一种社会经济崭新的平台，为社会主义经济注入强有力的能源，提高资本的运作效率。不管是企业的开辟或扩大资本的来源，还是引进海内外企业的先进技术，其优越性已经远远超过了国有资本与非国有资本简单相加的效果。

从混合所有制企业外部协同来看，政府既是混合所有制企业股东，又是社会经济中的监督者，在协同治理的环境下政府与混合所有制企业保持着千丝万缕的关系，若其保持协调同步的发展关系，他们将快速向前发展。在经济利益与社会责任的驱使下，政府只有选择与混合所有制企业协同发展，才能达到自身利益的最大化，在协同治理的过程中实现"1+1>2"的协同效应。

---

① 孔令富. 基于外生视角的温州民营企业可持续发展问题研究 [J]. 管理观察，2009（14）：75-76.

2.6　混合所有制企业协同治理模式构建

2.6.1　混合所有制企业协同治理的运行机制

在促进企业提质增效的动因下，协同引擎驱动与混合所有制企业相关政府、经营者、股东等主体展开协同行为，实现"1+1>2"的协同效果，并促进外部环境发生调整。混合所有制企业协同治理的运行机制如图2.4所示。其中，混合所有制企业各主体之间协同治理得以实现的非环境因素，包括各主体的动机、领导力和协同各方的相互依赖性。协同引擎是协同行为的助动力，包括有效参与、思想共识和协同能力三个因素。协同行为是协同治理中各参与方为实现协同目标所实施行为的总称。

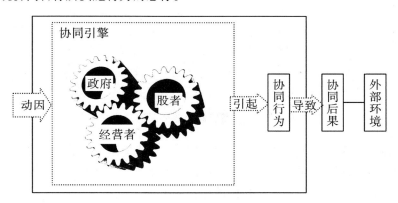

图2.4　混合所有制企业协同治理的运行机制

2.6.2　混合所有制企业协同治理模式

混合所有制企业是一个复杂的巨系统，其治理工作是一项复杂的系统工程。这项工程不仅解决各单个组织（成员企业）治理的问题，还要解决各单位组织之间协同治理的问题；不仅要解决企业内部协同治理问题，还要解决企业外部协同治理问题，以及内部外部共同治理的问题，存在着明显的系统性、复杂性、协同性等特征。本章设计了混合所有制企业协同治理模式如图2.5所示。

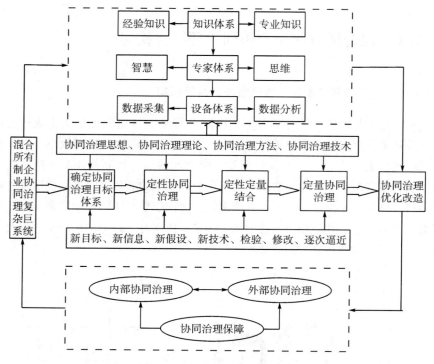

图 2.5 混合所有制企业协同治理模式

首先，在协同治理论的思想与方法指导下，将协同治理思想、理论、方法和技术进行集成，在此基础上，设计出由知识体系、专家体系、设备体系组成的人机结合、从定性到定量的协同治理研讨体系。

其次，通过研讨体系对混合所有制企业协同治理复杂巨系统的协同治理目标、协同治理结构、协同治理机制、协同治理模式等协同治理问题进行定性综合集成、定性定量相结合、定量综合集成等一系列分析、诊断、测试、仿真和多次反复研究，得出混合所有制企业协同治理复杂巨系统的定量结论。同时，将定量结论进行具体实践，用以对整个协同治理系统进行优化和改造。

最后，优化和改造的情况进展将通过新目标、新信息等系统要素和渠道反馈到整个混合所有制企业协同治理复杂巨系统，协同治理系统将这些信息进行消化和处理后通过新技术等方式，对混合所有制企业的协同治理主体博弈问题、内部协同治理问题、外部协同治理问题、大股东侵占问题、管理层激励机制问题、管理层约束机制问题、协同治理经济后果问题等，进行重新假设、检验和修改，逐次逼近最优协同治理效果。

2.7 本章小结

本章是本书非常重要的一个部分，在本书中主要起到承上启下和研究主体框架总览的作用，主要是对混合所有制企业协同治理的基础理论进行了分析和提炼，引入、阐述、解读和剖析了混合所有制经济、混合所有制企业、协同理论、公司治理理论、协同治理理论等，为本书研究奠定了理论基础。另外，重点分析了混合所有制企业协同治理所产生的 MAIC 效应，即机制效应、优势效应、创新效应、协同效应，并具体探讨和分析了混合所有制企业协同治理的运行机制和基本模式。

3 混合所有制企业协同治理过程中的博弈研究

本章以协同治理理论为基础，探讨了混合所有制企业股东间的协同治理关系，以此为基础对混合所有制中国有股东和非国有股东之间的双方博弈以及政府、企业、利益相关者之间的三方博弈进行了重点分析和探讨，为混合所有制企业的优化治理提供了决策依据。

3.1 博弈论与协同治理

3.1.1 关于博弈论

博弈论是经济学的标准分析工具之一，也是现代企业治理中十分重要的方法论，特别是在企业进行经营决策时，它是一种非常有效的决策工具。在企业治理实践中，所有参与者都无法摆脱其他参与者决策的作用与影响，因此当一个决策主体在其他参与者都做出了对他们来说是最优的决策时，这个主体就会依赖于其他主体的决策而做出自身的最优选择，这样就形成了一个满足所有参与者最优选择的决策组合，即达到纳什均衡。就这个意义上讲，博弈论对企业的经营管理和公司治理实践具有重要的指导价值。有鉴于此，本部分内容将以博弈论的相关理论为基础，对混合所有制企业协同治理过程中的相关博弈行为进行分析。

3.1.2 博弈论与协同治理的联系与区别

协同治理理论贯穿于现代企业治理体系中，并发挥着极其重要的作用。该理论研究的是以多元主体为基础，在多元主体相互切磋、协调、合作的过程中追求"1+1>2"的协同效应理论。博弈论与协同治理理论有着天然的联系，同是以两个及其以上多元主体为基础，追求的是效益的最大化。不同的是，博弈过程更偏重参与者追求个体自身的效益最优，协同治理则侧重于整体和个体的双向利益最大化。但仔细推敲，追求个体利益与追求整体利益在一定程度上是相通的，参与主体在不断地追求自身利益最大化的过程中，整体利益也会随之而增加。同时协同治理更注重以协调、合作的方式实现目标，这点上，博弈论似乎给出了相似的答案。

为了具体诠释协同治理理论的精髓，本章以"囚徒困境"模型来加以说明，其大概描述这样一种"困境"：两个罪犯被逮捕后，警察将他们关在不同的看守房以防止他们信息串谋，两个罪犯同为理性人即追求自身利益最大化，都面临认罪的决策选择。囚徒甲面临两种选择，一种是向警察诚实交代自己的罪行，至于自己到底应该坐几年牢还要取决于囚徒乙的选择，若囚徒乙也选择"坦白从宽"，则甲乙将共同受到四年牢狱的惩罚。若乙不选择交代事实，这时甲将被无罪释放，相比之下，甲更愿意选择坦白自己的罪行。另一种则是向警察隐瞒自己的犯罪事实，此时仍然会受到乙选择的影响。若乙也选择隐瞒犯罪事实，甲、乙将会共同面临坐牢两年的惩罚，若乙选择坦白，则乙将会被释放，而甲将会面临六年的惩罚。相比于第一种，甲选择坦白犯罪事实是自己最优的决策。同理，乙选择坦白罪行也是自身最优的决策。这样一来，甲、乙均选择坦白罪行，警察就可轻而易举破获案件，如表 3.1 所示。

表 3.1　囚徒困境决策支付矩阵

囚徒乙 囚徒甲	坦白	不坦白
坦白	(-4, -4)	(0, -6)
不坦白	(-6, 0)	(-2, -2)

由表 3.1 可以看出，在囚徒甲、乙没有串谋（没有合作）的情况下，他们最后形成的纳什均衡（坦白，坦白）并没有真正实现各自利益最大化，反而是双方都不坦白的决策是利益最优的决策组合，这证明了合作的重要性与有效性。从这个角度看，协同治理是隶属于博弈论的分支学说，即合作博弈，它也展现了自身理论的科学性与有效性。从这个意义上说，在我国混合所有制企业协同治理实践中，各个参与主体都应当从全局出发，避免冲突、寻求合作、实现共赢。

3.2 混合所有制企业中股东间的利益博弈分析

3.2.1 混合所有制企业中股东间的协同治理关系

1997 年我国政府首次提出要大力发展混合所有制经济，在此之后，民资、外资、个体等非国有资本通过各种形式与国有资本进行联合，其中最为常见的形式是国有企业通过股权改革形式引进其他资本形成混合所有制企业。由此混合所有制企业中的博弈主体较多，本部分主要对众多博弈主体中的国有股东和非国有股东两类最重要的博弈主体进行分析。

从协同治理角度来看，混合所有制企业协同治理的内涵主要是通过国有股东与非国有股东的相互协调与合作，产生"1+1>2"的协同效应。股东之间协调与合作的契合度成了混合所有制企业价值实现超越的关键，并且双方在协同过程中还存在一些共有的特点，包括双方具有协调合作意识，双方有相似或一致的目标，双方资源共用、利益共享、责任共担，双方深度交互。由此，我们可以尝试构建我国混合所有制企业国有股东与非国有股东协同治理关系，具体如图 3.2 所示。

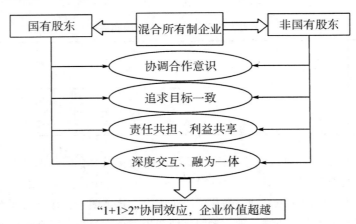

图 3.2 混合所有制企业中国有股东与非国有股东协同治理关系

3.2.2 国有股东与非国有股东间的利益博弈

国有股东与非国有股东在实现企业价值超越的过程中应持续保持协同关

系，任何一个环节出现问题都将影响最终的协同效果。从协同治理理论角度来看，双方为达到帕累托最优，会倾向选择维持协同合作的关系，但在实际中并没有这么简单，异质性的股东混合在一起无形之中增加了企业治理的复杂性，双方间的差异与冲突在一定程度上阻碍了协同关系的形成，甚至可能成为利益侵蚀的摇篮（刘迎军，2016）①。

从各自的"基因"来看，国有股东具有浓厚的政治色彩，非国有股东只能凭借自身的力量立足，自身特征的差异使二者的融合存在一定困难。从各自的"成长"来看，二者的文化价值观存在差异，行为规范也不尽相同，特别是双方多元化的利益诉求，增加了企业的治理难度。比如国有股东的目标显得多元化，他们需要承担一部分政府的责任，如保障国民经济的稳定、保证地方财税收入、增加社会就业机会等，而非国有股东的目标更为单一，追求利润最大化。所以在同一企业中双方的目标函数不同，况且双方均是理性的经济人，在追求自身利益最大化的过程中难免出现利益争夺，这种行为反过来会破坏双方之间的协同关系，从而导致协同失效，影响整个企业的市场价值。

另外，混合所有制企业中国有股东与非国有股东对控制权的争夺决定了他们所处的地位，"位高"的大股东往往利用自身优势侵占"位低"的中小股东利益，即便双方达成协同关系，这种利己的侵占行为也是不可避免的。正如石水平（2010）研究发现，股东之间控股权比例往往与利益侵占概率存在一定的联系，这种联系更多地表现为正相关关系。武晓玲等（2013）提出国有股"一股独大"的格局促使国有股东通过现金股利的转移来侵占中小股东利益②。从各学者对上市公司的研究来看，许多混合所有制企业存在"一股独大"的问题。关鑫和齐晓飞（2015）通过对 2014 年上市公司股权结构分析，发现中国上市企业大股东对企业的控制权远远高于其他股东，并且其他股东的控制权是相对分散的，由此形成了"一股独大"的局面③。臧跃茹等（2016）对 487家上市公司进行了量化分析，发现国有股的持股比例依旧偏高，存在"一股独大"的现象④。郝云宏和汪茜（2015）在研究混合所有制企业股权制衡机制

① 刘迎军.包容性增长视角下混合所有制企业利益相关者博弈分析 [J].商业经济研究，2016（6）：101-103.

② 武晓玲，翟明磊.上市公司股权结构对现金股利政策的影响：基于股权分置改革的股权变化数据 [J].山西财经大学学报，2013（1）：84-94.

③ 关鑫，齐晓飞.上市公司股东间合作机制构建研究 [J].中国工业经济，2015（2）：117-129.

④ 臧跃茹，刘泉红，曾铮.促进混合所有制经济发展研究 [J].宏观经济研究，2016（7）：21-28.

时也提到，国有企业混合所有制改革中，国有股东长期处于企业控制权掌控的状态，到目前为止，仍需寻找一种更为合理有效的途径使国有股东与非国有股东达成平衡①。李东升（2017）等认为"一股独大"局面的存在对股东间的利益吞噬行为往往具有推波助澜的作用②。

对于企业控股大股东来说，其拥有企业实际控制权，在时机允许的情况下，控股大股东能够充分利用自身优势选择对其他股东进行利益约束，从而获得超额收益。郑国坚等（2013）研究发现，当大股东控制权面临丧失的危机时会增加对中小股东侵占的概率③。白云霞等（2013）以我国国有控制权转移的上市公司为样本，揭示了控股股东可以通过多种途径实现利益侵占的目的，大股东侵占行为可能会得到一部分额外收益，但是会破坏企业协同治理的框架，增加企业治理成本，导致整个企业的实际价值相对于协同效应产生的价值有所下降④。苏冬蔚和熊家财（2013）通过考察控股股东掏空行为对企业治理的影响，发现控股股东在获取超额收益的同时也需付出一定的代价，比如破坏企业治理结构、增加企业监督成本等，这些代价会在将来长期影响控股股东的利益获得⑤。另外，若被其他股东发现自己不端正的行为，大股东不仅可能失去自己所得的侵占利益还可能会面临高额的罚金，从而得到负的侵占利益。但是如果不选择侵占，便会白白浪费自身所处的优势，因此不如选择侵占，况且利用自身高超的"隐蔽技术"，其他股东不一定会发现这种侵占行为，从而得到可观的收益（马胜和肖月强，2010）⑥。

由此易见，大股东面临着侵占还是不侵占的两难选择。对于其他股东来说，因为没有利己的优势，不能获得超额的利益，也无法截取其他股东的利益，所以保全自身的利益是他们明智的选择。若他们选择无时无刻监督大股东行为来保护自己利益，这便会付出一定的代价，包括精力代价与财力代价，导致监督成本过高。但若其他股东选择"搭便车"的方式，虽然节约了监督成

① 郝云宏，汪茜. 混合所有制企业股权制衡机制研究：基于"鄂武商控制权之争"的案例解析 [J]. 中国工业经济，2015（3）：148-160.
② 李东升，姚娜娜，余振红. 国有企业混合所有制改造中股东间利益博弈分析 [J]. 经济与管理研究，2017（2）：44-50.
③ 郑国坚，林东杰，张飞达. 大股东财务困境、掏空与公司治理的有效性：来自大股东财务数据的证据 [J]. 管理世界，2013（5）：163-174.
④ 白云霞，林秉旋，王亚平，吴联生. 所有权、负债与大股东利益侵占：来自中国控制权转移公司的证据 [J]. 会计研究，2013（4）：66-72.
⑤ 苏冬蔚，熊家财. 大股东掏空与 CEO 薪酬契约 [J]. 金融研究，2013（12）：167-180.
⑥ 马胜，肖月强. 企业相机治理理论探讨：模型与诠释 [J]. 山西财经大学学报，2010（1）：131-132.

本，但自身的利益可能被大股东通过转移公司资产、进行寻租行为等手段侵占，自己的利益不能保全（马胜和龚晋均，2013）[1]。同时在不监督的情况下，大股东侵占行为会愈加明显，导致多元参与主体之间产生矛盾，严重破坏协同治理的机制，企业的市场价值将会降低，双方利益都将受损。

3.2.3 模型构建

综合以上分析，可以发现混合所有制企业治理实践中，国有股东与非国有股东在追求自身利益最大化的过程中仍旧存在博弈的环节。为了进一步考察双方在协同治理过程中的策略选择与博弈问题，本章尝试构建一个国有股东与非国有股东的博弈模型。在此之前，先做如下基本假设：

（1）博弈方为我国混合所有制企业中的国有股东与非国有股东，为了进一步简化，本章只选择拥有大量股票、积极参与企业决策、对企业策略负有责任的股东，暂时不考虑外资股东以及在二级交易市场的中小股东。所以，博弈方可简化为国有股东（A）与民营股东（B）[2]。

（2）博弈双方中有且仅有一个拥有企业实际控制权的大股东，其可以通过多种途径截取其他股东利益，从而获得超额收益。所以博弈为两种情况，国有股东或民营股东是大股东，为了方便，本章直接假设国有股东是大股东，民营股东是相对小股东，并且双方都为理性的经济人，追求自身利益最大化。

（3）在双方任何一方发生侵占行为之前，二者是协同关系，并使得企业价值产生"1+1>2"的协同效应，实现了企业价值的超越，本章将此时的企业超额价值视为 V_0。当他们任何一方发生不协调举动时，如侵占利益，此时企业协同治理机制破坏产生负的协同效应，较之前企业价值会下降 V_1，但 V_1 小于 V_0（$V_0 > V_1 > 0$）。因为协同治理机制仅仅是混合所有制企业治理的影响因素之一，它的破坏可能会造成企业价值有所下降，但不至于让企业面临破产的境地，使企业的价值降到 0，所以 $0 < V_1 < V_0$ 是合乎实际的。

（4）若一方存在侵占行为而另一方发生监督行为，一定能监察出对方不端正的行为，从而避免自身利益被侵占的风险，同时监督方要支付监督成本 C，被检查的一方也会面临罚款，其处罚收益 π_1（$\pi_1 < 0$），罚金作为一笔监督方的监督收益 D。其中 $D > C > 0$，因为民营股东发生监督行为时若不能获得超过成本（C）的收益（D），则会选择放弃监管的"不作为"行为，不仅会破

---

① 马胜，龚晋均.相机治理视角下企业破产制度优化研究［J］.求索，2013（8）：250-252.
② 民营股东主要指民营资本、个体经济等非国有资本股东。

坏混合所有制企业协同治理机制，其与国有股东的利益博弈也会终结于此。在没有监督的情况下，侵占方可得到额外的侵占利益 π_2（$\pi_2>0$）。

（5）国有股东与民营股东各持企业股份比例 α，β（$0<\alpha+\beta<1$），所以在企业协同治理下，他们所得到的收益分别为 αV_0，βV_0。同时，国有企业中存在侵占行为，双方受到的利益影响分别为 αV_1，$\beta V1$。其中 $\pi_2>\alpha V_1$，即在没有监督的环境下，侵占一方所获得的利益将大于企业价值下降所减少的利益，这样国有股东就有进行侵占行为的动机。否则国有股东将会"安于现状"，不会进行侵占行为也就不会产生与民营股东利益博弈的过程。

（6）国有股东利用自身优势选择侵占民营股东利益的概率为 P_A，反之为 $1-P_A$，民营股东选择通过督查手段保全自身利益的概率为 P_B，反之为 $1-P_B$。

综上所述，本章尝试构建国有股东与民营股东之间的博弈支付矩阵（见表 3.3），该支付矩阵遵循两个原则：一是，不让对方事先了解自己的选择；二是，双方在选择每种策略时要使对方无机可乘（刘雯，2010）[①]。

表 3.3　国有股东与民营股东博弈的支付矩阵

		国有股东（A）	
		侵占	不侵占
民营股东（B）	监督	$D+\beta\,(V_0-V_1)\,-C,$ $\pi_1+\alpha\,(V_0-V_1)$	$\beta V_0-C,$ αV_0
	不监督	$\beta\,(V_0-V_1),$ $\pi_2+\alpha\,(V_0-V_1)$	$\beta V_0,$ αV_0

可以发现，在民营股东选择监督的情况下，国有股东发生侵占行为时，所获得的额外收益为 π_1（$\pi_1<0$），并且企业因被破坏了协同治理机制而导致价值下降了 V_1，所以此时国有股东的支付为：$\pi_1+\alpha\,(V_0-V_1)$。而民营股东的监督得到了成效并获得了 D 的监督收益，但需要付 C 的成本，所以其支付为：$D+\beta\,(V_0-V_1)\,-C$。此时，国有股东通过比较自己不侵占时的支付 $\pi_1+\alpha\,(V_0-V_1)\,<\alpha V_0$，所以此时的平衡将被打破，国有股东将选择不侵占行为，这时候民营股东的支付为 βV_0-C，既然没有侵占行为，民营股东会放弃监督节约 C 的成本。因此博弈策略被转到下一个阶段，在国有股东不侵占、民营股东不监督的情况

[①]　刘雯. 基于博弈论的政府企业关系探讨 [J]. 山西高等学校社会科学学报，2010（9）：56-59.

下，双方支付分别为 βV_0 和 αV_0，但此时并未达到均衡，因为双方都为理性人，追求利益的最大化。所以国有股东会再次选择侵占，此时其获得的支付为 $\pi_2 + \alpha(V_0 - V_1)$，是大于 αV_0 的，在这种情况下民营股东的支付将从 βV_0 变为 $\beta(V_0 - V_1)$，其会放弃这一决策选择时刻监督大股东的行为，因此又回到原来的支付 $D + \beta(V_0 - V_1) - C$。如此看来，这是一场因果循环、永不停止的博弈。

3.2.4 博弈分析

接下来给定民营股东监督概率 P_B 和国有股东发生侵占概念 P_A 的条件来进一步对模型做出解释。

（1）在给定民营股东监督概率 P_B 的情况下，国有股东进行侵占或不侵占获得的预期收益为：

$$I_1 (\text{侵占}) = P_B \times [\pi_1 + \alpha(V_0 - V_1)] + (1 - P_B) \times [\pi_2 + \alpha(V_0 - V_1)]$$
$$= P_B \pi_1 - P_B \pi_2 + \pi_2 + \alpha \pi_0 - \alpha \pi_1$$
$$I_2 (\text{不侵占}) = P_B \times \alpha \pi_0 + (1 - P_B) \times \alpha V_0 = \alpha V_0$$

当国有股东进行侵占和不侵占所获得的收益 I_1 和 I_2 相等时，根据列式可计算出民营股东选择督查的最佳概率 P_B。

令 $I_1 = I_2$，即 $P_B \pi_1 - P_B \pi_2 + \pi_2 + \alpha \pi_0 - \alpha \pi_1 = \alpha V_0$。

得：$P_B = \dfrac{\alpha V_1 - \pi_2}{\pi_1 - \pi_2}$（$\pi_1 < 0$，$\alpha V_1 < \pi_2$），因为 $P_B > 0$，所以 $P_B = \dfrac{\pi_2 - \alpha V_1}{\pi_2 - \pi_1}$

$= \dfrac{\pi_2 - \alpha V_1}{\pi_2 + |\pi_1|}$

（2）当国有股东发生侵占行为的概率 P_A 一定时，民营股东选择监督与不监督所获得的收益如下：

$$I_3 (\text{监督}) = P_A \times [D + \beta(V_0 - V_1) - C] + (1 - P_A) \times (\beta V_0 - C)$$
$$= P_A D + P_A \beta(V_0 - V_1) - C$$
$$I_4 (\text{不监督}) = P_A \times [\beta(V_0 - V_1)] + (1 - P_A) \times \beta V_0 = \beta V_0 - P_A \beta V_1$$

同理，民营股东选择监督与不监督所获得的收益 I_3 与 I_4 相等时，根据列式可计算出国有股东选择侵占行为的最佳概率 P_A。

令 $I_3 = I_4$，即 $P_A D + P_A \beta(V_0 - V_1) - C = \beta V_0 - P_A \beta V_1$

得：$P_A = \dfrac{\beta V_0}{\beta V_0 + D}$

因此，混合策略纳什均衡为（$P_A = \dfrac{\beta V_0}{\beta V_0 + D}$，$P_B = \dfrac{\pi_2 - \alpha V_1}{\pi_2 + |\pi_1|}$），即国有股东

以 $P_A = \dfrac{\beta V_0}{\beta V_0 + D}$ 的概率选择侵占其他股东利益，以（$1 - \dfrac{\beta V_0}{\beta V_0 + D}$）的概率选择不侵占行为；而民营股东则以 $P_B = \dfrac{\pi_2 - \alpha V_1}{\pi_2 + |\pi_1|}$ 的概率督查国有股东行为，以（$1 - \dfrac{\pi_2 - \alpha V_1}{\pi_2 + |\pi_1|}$）的概率选择忽视国有股东的行为。

为了进一步探究国有股东与民营股东在达到纳什均衡时的决策与哪些因素紧密相连，本章将纳什均衡下（P_A，P_B）单独拆开来分析，如表 3.4 所示。

表 3.4　P_A、P_B 与相关变量关系

因变量	相关变量	含义	关系
P_A A 侵占概率	βV_0	民营股东享有的协同成果	正相关
	V_0	协同效应产生的企业超额价值	正相关
	D	监督综合收益	负相关
P_B B 监督概率	π_1	处罚综合收益	正相关
	π_2	侵占所得利益	正相关
	αV_1	协同关系破坏时国有股东承受的损失	负相关

P_A 代表国有股东的最优反应策略，它与 βV_0 和 D 的关系密切。第一，求 P_A 对 βV_0 的偏导数，得 $\dfrac{\partial P_A}{\partial \beta V_0} > 0$，这说明民营股东享有企业价值的成果越多，国有股东最优反应 P_A 越大。这也符合理性的经济人学说，当企业的一个蛋糕被其他人分得更多时，意味着自己所得的蛋糕将会相对变少，因此便会利用自身的优势去侵占其他股东的利益，以达到自己利益最优。第二，求 P_A 对 V_0 的偏导数，得 $\dfrac{\partial P_A}{\partial V_0} > 0$，说明企业市场价值 V_0 越高，国有股东最优反应 P_A 越高，意味着混合所有制企业在协同治理下创造的"蛋糕"越大越能吸引相对大股东发生侵占行为。第三，求 P_A 对 D 的偏导数，得 $\dfrac{\partial P_A}{\partial D} < 0$，这说明，对侵占者的处罚力度或者监督者所得收益 D 越高，国有股东最优反应 P_A 越小。这意味着在企业协同治理过程中，对于破坏协同治理机制的行为应该加大监督力度，并处于高额的罚款或者增大对监督者的奖励刺激，这在一定程度上可以抑制大股东的侵占行为。

P_B代表民营股东的最优反应策略，它与 π_1、π_2、αV_1 变量密切相关。第一，求 P_B 对 π_1 的偏导数，得 $\dfrac{\partial P_B}{\partial \pi_1} > 0$（$\pi_1 < 0$），这说明对于侵犯者的惩罚性支付越大或监督收益越大，民营股东的最优反应 P_B 越高。意味着在监督机制中监督者收益越高，民营企业更有监督的积极性，会促使监督的力度增大。第二，求 P_B 对 π_2 的偏导数，得 $\dfrac{\partial P_B}{\partial \pi_2} > 0$，说明当侵占方发生侵占行为所得的收益越大时，对企业价值破坏也越大，造成了其他股东利益损失，此时民营股东有更大的监督动力来保护自身的利益。第三，求 P_B 对 αV_1 的偏导数，得 $\dfrac{\partial P_B}{\partial \alpha V_1} < 0$，这说明国有股东在发生侵占行为破坏企业协同治理机制时会使企业价值下降 V_1，国有股东所承受的损失 αV_1 越大，民营股东对其的监管力度越小。因为国有股东在承受较大损失的惩罚时，会自动约束自己的侵占行为，外界的监管所起的作用已微乎其微，甚至是多余的。

3.2.5 基本结论

通过以上对国有股东与非国有股东（民营股东）博弈模型的探讨，本章可以总结出以下三点。

（1）混合所有制企业中的国有股东，在选择是否侵占民营股东利益时，民营股东在不知情的情况下面临督查或不督查其行为的选择；反之，民营股东选择是否督查国有股东行为时，国有股东也将面临是否截取利益的选择。因此形成了一个不断循环的利益博弈，而该博弈模型最优策略组合，即纳什均衡为：$\left[P_A = \dfrac{\beta V_0}{\beta V_0 + D},\ P_B = \dfrac{\pi_2 - \alpha V_1}{\pi_2 + |\pi_1|} \right]$。这表示国有股东将选择以最优概率 P_A 来进行对其他股东的利益侵占。若选择了高于 P_A 的概率进行侵占，民营股东的利益受损程度将进一步扩大，此时加强对国有股东的督查是较为明智的选择。反之，若国有股东选择低于 P_A 的概率进行侵占行为，民营股东将选择不监管，节省成本，获得最优收益。当国有股东以 P_A 的概率进行侵占利益时，民营股东无论进行何种行为，所获得的收益都是不变的。

（2）从混合所有制企业民营股东利益角度来看，他们并非任何时候都愿意进行督查行为，仅当付出的代价小于取得的收益时才能做到有效的监督。因此一方面可以增加企业中监督者的回报，比如制定监督者弹性的绩效工资、增加监督奖励措施等。另一方面要尽可能地减少监督成本，这就要求其他股东具有相应的监督技能，并且能够很好地利用监管资源，比如加强对监管者的技能培训、提高监管人员的素质、有效利用外部监管机构等。

从企业中大股东利益角度看，只有当侵占获得的利益大于所承担的亏损时才有利益侵占动机，所以企业要有效地利用协同治理机制实现企业价值的超越，使股东获得的协同成果超过其侵占所得，让大股东在利益的权衡下自觉地选择与其他主体协调合作。

从协同治理参与主体来看，若国有企业为大股东，国有股东对民营股东的利益侵占不仅破坏了相互间的协同关系，而且也违背了"国企混改"的初衷。若大股东是民营企业，当发生侵占行为时也极易造成国有资产的流失，从而延伸出更多的治理问题。

不难发现，在协同治理环境下去平衡国有股东与民营股东的关系已超出了股东与经理、大股东与中小股东的两类治理问题，已成为目前企业治理的新问题，需要学者们进一步探究。

（3）对纳什均衡的进一步分析，利用求出 P_A 与 P_B 对相关变量的偏导数，可以看出，监督在协同治理机制中扮演着非常重要的角色，也就是说，协同治理机制不仅要求多元主体协调、合作，而且还强调实施有效的监督机制，比如加大对制度破坏者的惩罚力度，提高对监督的收益刺激，这些都能在一定程度上防止大股东侵占其他股东利益。要提高各股东参与监督的积极性，制定合理的激励措施。同时要以适当的股权来平衡各股东之间的利益分享，即制定完善的利益分享机制。这样才能保障各股东之间健康、持续的发展关系，结成协同治理伙伴，促进我国混合所有制企业实现协同效应。本章也发现，协同治理机制促使各个参与主体实现了共参共享共赢，但也容易滋生出如利益侵占等不协调行为。

3.3　混合所有制企业中的三方利益博弈分析

如前所述，混合所有制企业在我国历经了迅速蓬勃的发展，从 1997 年第一次被提及到 2016 年中共十八届六中全会对发展混合所有制企业做出具体安排，我国混合所有制企业发展的潜力被充分释放，但迅速成长的背后往往会滋生出一些问题，多元主体的混合也势必增加混合所有制企业治理的难度，为此许多学者提出了"协同治理"理论。其要求多元主体协调合作、深度融合、共同参与混合所有制企业的治理，形成混合所有制企业内部之间、外部之间、内外之间的协同治理机制，从而达到个体功能的整合与再造，实现"1+1>2"的协同效应。

具体来说，与混合所有制企业相关联的股东、管理者、员工、政府、银行、供货商等组织将由以往相对独立的关系转变为协同关系，彼此合作、共同治理（张贤明和田玉麒，2016）①。在协同治理机制下，他们会持续保持和谐的合作关系而没有利益的争夺吗？按照理性经济人假说，主体为追求自身最优利益可能会不惜一切代价，在合作的关系中仍然可能存在利益的争夺，甚至会反过来破坏协同的关系（朱芸阳，2012）②。由此来看，我国混合所有制企业中也充满各种利益的博弈。本部分主要从协同治理的视角分析政府、混合所有制企业以及其他利益相关者之间的三方博弈过程，为混合所有制企业的优化治理提供决策依据。

3.3.1 博弈方分析

政府与企业之间存在着微妙的关系，其也是学术界与实务界的热点话题。比如顾佳峰和张翅（2012）以行为组织为例探讨了政府在处于主导地位的低制度的环境下与企业的关系③。李艳和吴国蔚（2010）从创新的角度说明了政府应激励企业进行创新，并维持长久的合作关系④。章喜为和廖婕（2009）从社会责任的角度分析了政府的监督力度对企业履行社会责任的影响⑤。学者刘祖云（2006）则从道德的角度分析了政府与企业的利益关系⑥。从这些文献来看，在探讨政企关系时学者们大多将政府与企业界定为两个绝对独立的组织，也可以说两者之间并无"生来的联系"。

而在我国混合所有制企业中，政府扮演的角色是复杂的、多元的、特殊的，天生就属于企业之中又隔离于企业之外。一方面，政府是社会中一个独立的组织，它承担着巨大的社会责任，比如保障社会的稳定、促进社会的公平、提供更多的就业机会等。同时作为一个最有权威的组织，它可以通过许多手段

① 张贤明，田玉麒. 论协同治理的内涵、价值及发展趋向 [J]. 湖北社会科学，2016（1）：30-37.

② 朱芸阳. 论股东派生诉讼的实现：以"理性经济人"为假设的法经济学解释 [J]. 清华法学，2012（6）：107-118.

③ 顾佳峰，张翅. 企业与政府的动态博弈分析：以行业组织为例 [J]. 现代管理科学，2012（10）：30-32.

④ 李艳，吴国蔚. 中国企业与政府的创新博弈分析 [J]. 中国物价，2010（5）：58-61.

⑤ 章喜为，廖婕. 企业社会责任践行与政府监管的博弈分析 [J]. 管理观察，2009（14）：71-73.

⑥ 刘祖云. 政府与企业：利益博弈与道德博弈 [J]. 江苏社会科学，2006（5）：121-128.

来进行社会调节，比如制定良好的政策、健全的法律来保障外部环境的稳定健康，另外它还可以通过货币政策、财政政策等手段来调节社会经济活力。

对于企业，它可以是一个"位高权重"的严格监管者，利用各种手段来监管企业的行为举止，制定各种规则来规范企业的运作机制。另一方面，混合所有制企业中又包含着政府这一角色，特别是在协同治理的机制下，政府作为一个有影响力的股东，它又可以以股东的身份来参与企业的协同治理，对企业的重大决策进行深远影响，这种间接的干预行为使得企业与政府的关系变得更加密切，在利益的诱导下可能出现合谋的情况。政府与企业简单的利益关系，如图 3.5 所示。

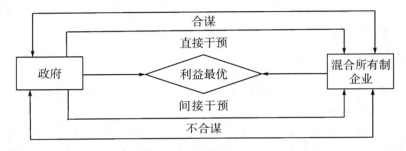

图 3.5　政府与混合所有制企业简单利益关系

关于政府与企业的合谋行为我国学者也进行了大量的探讨。合谋理论是指政府与企业的联系、互惠，在此过程中，政府及其官员会得到税收和政治上的升迁机会，企业则利用政府的优势获得相应的利益。聂辉华和李金波（2007）研究了政企合谋与经济发展的关系，他们认为政企合谋一方面会刺激社会经济的蓬勃发展，另一方面会滋生腐败、生产事故等问题①。由此来看，政府与企业合谋的现象是普遍存在的，政企合谋行为破坏了信息公开透明的原则。对于企业的利益相关者来说，信息不透明导致他们处于不利的境地。比如企业利用伪造信息骗取银行贷款，无形之中增加了银行的营运风险；企业中大股东通过"掏空"行为对中小股东进行利益侵蚀等，这些现象无疑会对利益相关者的权益造成影响。

从政府与企业各自利益的角度来看，政府作为混合所有制企业的股东，它的利益追求也是多元化的，既要满足自身利益需要，又不得不兼顾社会责任，并且这种责任是强制性的。相对于政府，企业考虑更多的仍是利润的最大化。在这种情况下，要使各自获得最优利益，政府可能会凭借强大的影响力与企业

---

① 聂辉华，李金波. 政企合谋与经济发展 [J]. 经济学（季刊），2007（1）：75-90.

合谋，毕竟他们的关系是非常密切的，这种合谋是较容易的，企业为了追求更大的利润，当然愿意在政府的掩护下与其合谋。因此，政府会通过国有股权持股将政策性负担和战略性负担赋予混合所有制企业，民营股东也会将其利润最大化目标赋予混合所有制企业，双方基于多元化目标可能会利用信息优势和股权控制优势侵占中小股东利益。但这种合谋可能存在不道德和不合法的行为，一旦被利益相关者识别，会导致企业的市场价值受到重创，甚至受到法律的制裁，这种得不偿失的行为让政府与混合所有制企业在选择合谋与不合谋时陷入困境。

利益相关者是由斯坦福研究中心研究人员在其内部备忘录中首次提出，简单来说，受企业行为影响或影响企业行为的个体都可以称为"利益相关者"，所以利益相关者从广义上来讲涵盖了许多主体（刘迎军，2016）[①]。与企业经营活动有直接或间接关系的主体就称为"利益相关者"，所以企业利益相关者包含许多主体，比如中小股东、债权人、供应商、客户、政府、公共利益相关者群体，而本章所界定的"其他利益相关者"是指排除政府之外的利益主体，因为政府角色在混合所有制企业中具有复杂性，本章将单独讨论。

在我国混合所有制企业协同治理中利益相关者是非常重要的参与者，他们并不是以前"搭便车"的利益享受者，而是积极参与企业协同治理的协同者。同时他们也负有与其他协同主体协调合作的义务和责任，从而共同实现协同效应，构建共参共赢共享的局面。所以他们不仅追求自身的利益最大化，也要时刻关心企业的发展并贡献自己的力量。为了保全自身利益以及追求更大的企业价值，相关利益者必须发挥监督作用，保证协同治理机制顺畅运行。但由于信息的不对称，利益相关者并不知道企业与政府是否真正进行了合谋或不合谋，也很难找出充分的证据来证明政府与企业有不法行为，即使他们能够稽查出其不道德的举动避免自身利益受损，但也需要支付一定的稽查成本，如支付第三方稽查机构的费用、花费的时间成本等。由此来看，政府、企业及其他利益相关者之间将存在一个循环的利益博弈。

3.3.2 基本假设

本章在前人的分析模型上进行了一些修改，由于政府、混合所有制企业、利益相关者之间关系复杂，影响因素太多，收益也难以量化，所以本章用英文

---

① 刘迎军. 包容性增长视角下混合所有制企业利益相关者博弈分析［J］. 商业经济研究，2016（6）：101-103.

字母代表各收益，只大概确定大小，使所建模型更贴切，具体基本假设如下：

（1）博弈主体为政府、混合所有制企业、其他利益相关者（不包括政府），为了简便，本章分别以字母 A、B、C 代表各主体。

（2）在政企不合谋的情况下，政府、混合所有制企业、其他利益相关者保持着协同关系，混合所有制企业协同治理机制完善运行，其他利益相关者可享受更多的协同成果（利益报酬）。

（3）政府与混合所有制企业可选择的策略为合谋与不合谋，其他利益相关者的策略为稽查与不稽查，并且三方都为理性经济人。混合所有制企业基于自身利益最大化做出决策，政府在决策前要考虑自身与社会责任两大要素，其他利益相关者决策时要兼顾保护自身权益与阻止协同治理机制破坏，如合谋这类监管混合所有制企业内部协同因素。

（4）在没有稽查的环境下，政府与混合所有制企业合谋会谋取额外的利益，分别获得综合收益 E、F（$E>0$，$F>0$）。在有稽查的情况下若没有被发现其不道德行为，政府和混合所有制企业仍将获得收益 E、F。一旦被稽查成功，不但合谋获得的利益会消失，各自还会面临高额的罚款，并且政府与混合所有制企业各自名誉受损，所以此时其综合收益分别为 $-M$、$-N$（$M>0$，$N>0$）。

（5）当政府与混合所有制企业选择不合谋时，在被稽查与不被稽查的情况下，他们都没有获得合谋带来的额外收益，所以支付为 0。但其他利益相关者选择稽查时要付出 Z 的稽查成本（$Z>0$）。

（6）当政府与混合所有制企业合谋时，若其他利益相关者选择了稽查，并且成功发现其违规行为，则一方面可以阻止自身利益受损，另一方面可阻止企业协同治理机制被破坏，自己可以分享更多的协同成果，所以此时综合收益为 H（$H>0$，包含了已被扣除的稽查成本）。另外，其他利益相关者选择不稽查，节约了稽查成本，但自身利益会被侵占或受损，所以综合收益为 $-G$（$G>0$）。倘若稽查失败，将面临成本与利益的双消耗，综合收益为 $-G-Z$。

（7）当政府与混合所有制企业不合谋，其他利益相关者也不稽查，其综合收益都为 0。

（8）假设其他利益相关者稽查的概率为 $P_查$（$0<P<1$），$1-P_查$ 为不稽查概率；稽查成功概率为 $P_成$（$0<P<1$），$1-P_成$ 为稽查失败的概率；政府与混合所有制企业合谋概率为 $P_合$（$0<P<1$），$1-P_合$ 为不合谋概率。

3.3.3 模型构建

根据以上假设，本章可以构建 A、B、C 三方博弈模型，政府与混合所有制企业存在合谋与不合谋两种关系。

第一种情况，他们选择不合谋时并没有获得额外收益，三者之间依旧保持协同关系。但由于信息的不对称，其他利益相关者并不清楚政府与混合所有制企业是否进行了合谋，于是面临稽查与不稽查的选择。当选择稽查并且成功时，三者（政府、混合所有制企业、其他利益相关者）获得的综合收益为 $(0, 0, Z)$；稽查失败，三者的综合收益为 $(0, 0, -Z)$。若选择不稽查，三者获得的综合收益均为 0。

第二种情况，政府与混合所有制企业选择合谋的行为，这时已经破坏了三者之间的协同关系，其他利益相关者的利益在一定程度上已经受到损害。但同理，其他利益相关者在不知情的情况下仍然面临稽查与不稽查的两难选择。但选择稽查并成功发现政企不道德行为时，三者综合收益为 $(-M, -N, H)$；稽查失败，三者综合收益为 $(E, F, -G-Z)$；不稽查的情况下三者综合收益为 $(E, F, -G)$。

可以发现，三者博弈过程中政府与混合所有制企业始终处于主动的位置，其他利益相关者总是处于被动的境地。其实这种现象是普遍的，也是其他利益相关者总习惯选择"搭便车"的原因之一。从其他利益相关者获得的收益 $(-Z, -Z, 0, H, -G-Z, -G)$ 来看，大部分情况其综合收益都为负值，仅有两种情况下其收益大于或者等于 0。从政府与混合所有制企业收益来看，只有一种情况下（合谋，稽查失败）双方获得负的综合收益。这是否意味着政府与混合所有制企业无论选择何种行为，所获得的平均综合收益总会大于其他利益相关者呢？是否会导致他们之间的协同关系总是处于不公平的状态呢？其实并非如此，一是本章未给定字母所代表的具体数字，二是上面模型未体现出政企合谋概率与其他利益相关者稽查概率。

为了方便下一步分析，本章将 P（概率）引入模型，转化成三方博弈模型支付矩阵，如表 3.6 所示。

表 3.6 A、B、C 三方利益博弈支付矩阵

其他利益相关者 ╲ 政企关系	C 稽查（$P_查$）		不稽查（$1-P_查$）
	稽查成功（$P_成$）	稽查失败（$1-P_成$）	
A、B 合谋 $P_合$	$(-M, -N, H)$	$(E, F, -G-Z)$	$(E, F, -G)$
A、B 不合谋 $1-P_合$	$(0, 0, -Z)$	$(0, 0, -Z)$	$(0, 0, 0)$

3.3.4 模型分析

该博弈模型的解可以分为三种情况讨论：

（1）政府（A），混合所有制企业（B）合谋且概率一定时，其他利益相关者（C）做出不同决策时获得的收益 W_1 与 W_2 如下：

$$W_1（稽查）= P_合 \times [P_成 \times H + (1-P_成) \times (-G-Z)] + (1-P_合) \times [P_成 \times (-Z) + (1-P_成) \times (-Z)]$$

$$W_2（不稽查）= P_合 \times (-G) + (1-P_合) \times 0 = -P_合 G$$

当其他利益相关者（C）在选择两种不同行为的情况下获得的收益 W_1 与 W_2 相等时，根据列式可计算出 A 与 B 最佳联合概率 $P_合'$。

令 $W_1 = W_2$，即 $P_合 \times [P_成 \times H + (1-P_成) \times (-G-Z)] + (1-P_合) \times [P_成 \times (-Z) + (1-P_成) \times (-Z)] = -P_合 G$

推算出：$P_合' = \dfrac{Z}{P_成 (H+G+Z)}$

（2）其他利益相关者（C）稽查概率一定时，政府（A）做出两种不同的决策时获得的收益 W_3 与 W_4 如下：

（3）$W_3（合谋）= P_查 \times [P_成 \times (-M) + (1-P_成) \times E] + (1-P_查) \times E$

$W_4（不合谋）= P_查 \times [P_成 \times 0 + (1-P_成) \times 0] + (1-P_查) \times 0 = 0$

同理，政府（A）在选择两种不同行为的情况下获得的收益 W_3 与 W_4 相等时，根据列式可计算出利益相关者（C）做出最佳决策的概率 $P_查'$。

令 $W_3 = W_4$，即 $P_查 \times [P_成 \times (-M) + (1-P_成) \times E] + (1-P_查) \times E = 0$

推算出：$P_查' = \dfrac{E}{P_成 (M+E)}$

（4）利益相关者（C）稽查概率一定时，混合所有制企业（B）做出两种不同决策获得的收益 W_5 与 W_6 如下：

$$W_5（合谋）= P_查 \times [P_成 \times (-N) + (1-P_成) \times F] + (1-P_查) \times F$$

$$W_6（不合谋）= 0$$

同理，混合所有制企业（B）在选择两种不同行为的情况下获得的收益 W_5 与 W_6 相等时，根据列式可计算出其他利益相关者（C）做出最佳决策的概率：$P_查''$。

令 $W_5 = W_6$，即 $P_查 \times [P_成 \times (-N) + (1-P_成) \times F] + (1-P_查) \times F = 0$

从而得出：$P_查'' = \dfrac{F}{P_成 (N+F)}$

据以上分析，本章所建立的博弈模型的混合策略纳什均衡为：

$$(P_{合}^{'} = \frac{Z}{P_{成}(H+G+Z)}, \quad P_{查}^{'} = \frac{E}{P_{成}(M+E)})$$

$$或 (P_{合}^{'} = \frac{Z}{P_{成}(H+G+Z)}, \quad P_{查}^{''} = \frac{F}{P_{成}(N+F)})$$

3.3.5 基本结论

（1）政府（A）与混合所有制企业（B）进行合谋的均衡概率 $P_{合}^{'} = \frac{Z}{P_{成}(H+G+Z)}$，表示在稽查概率一定的情况下，A、B 将以此概率 $P_{合}^{'}$ 来进行合谋从而获得额外收益，若 $P_{合} > P_{合}^{'}$，对于 C 来说最优选择是稽查；如果 $P_{合} < P_{合}^{'}$，C 最优选择是不稽查，若 $P_{合} = P_{合}^{'}$，C 无论稽查还是不稽查，效果几乎一样。$P_{合}$ 与 $P_{成}$ 的概率呈反比例关系，即当其他利益相关者稽查成功的概率越大，政企合谋的可能性也就越小。从实际来看，降低政府与混合所有制企业合谋的概率需要提高其他利益相关者的稽查成功率，而能否稽查成功往往与其稽查能力以及信息获取是否充足紧密相连。因此，要通过宣传与培训提高利益相关者的监督与稽查水平，就要充分利用外界专业的稽查机构对政府与混合所有制企业的关系进行评估与监督，以防止政企串谋等违规行为。同时，还要保证混合所有制企业信息的公开化、透明化，让社会大众成为重要的监督体。

（2）其他利益相关者 C 进行稽查的均衡概率 $P_{查}^{'} = \frac{E}{P_{成}(M+E)}$ 或 $P_{查}^{''} = \frac{F}{P_{成}(N+F)}$，选择 $P_{查}^{'}$ 或 $P_{查}^{''}$ 所获得的收益是相等的，但具体选择哪一种还要考虑博弈主体的利益位置：①若将政府的利益放在首位，则 C 选择 $P_{查}^{'} = \frac{E}{P_{成}(M+E)}$ 进行稽查能达到更好的监督作用。若 C 稽查概率 $P_{查} > P_{查}^{'}$，A、B 最优选择是不合谋；若 $P_{查} < P_{查}^{'}$ 时，A、B 最优选择是合谋；当 $P_{查} = P_{查}^{'}$ 时，A、B 可任意选择合谋与不合谋。②合谋双方若将混合所有制企业（B）的利益放在第一位置，则 C 最优稽查概率为 $P_{查}^{''} = \frac{F}{P_{成}(N+F)}$。若 C 以 $P_{查} > P_{查}^{''}$ 的概率进行稽查，则 A、B 最优选择为不合谋；若 $P_{查} < P_{查}^{''}$ 时，A、B 选择合谋时最有利；当 $P_{查} = P_{查}^{''}$ 时，A、B 随意选择合谋或不合谋并且所得利益不变。由此来看，迫使政府与混合所有制企业放弃串谋行为，应当提高其他利益相关者的稽查概率。这意味着，其他利益相关者在参与协同治理过程中不能以过去"搭便车"

的方式"坐享其成",在信息不对称的情况下自身的利益会在不知不觉中受到侵蚀。因此,其他利益相关者应该摆正自身的位置,视自己为"主人翁",提高参与混合所有制企业治理的积极性,充分发挥自身的监督作用。同时,$P_{查}$、$P_{成}$的概率呈反比例关系,也再次强调了要提高其他利益相关者的稽查能力,这样可以减少稽查次数,节省稽查成本,获得最优收益。

(3) 在三者整个博弈过程中,其他利益相关者的利益受到政府与混合所有制企业关系的影响。从另一个角度来说,政企关系始终处于主动的地位,而其他利益相关者总是处于被动的境地。究其原因,其实是信息不对称造成的结果。所以要确保混合所有制企业协同治理顺利进行,信息披露机制就显得格外重要,通过各主体之间信息的披露与沟通,降低主体之间进行串谋的风险,从而促进我国混合所有制企业各协同主体相互融合,最大化地发挥协同效应。另外,国有企业混合所有制改革要正确处理政府与混合所有制企业的关系,厘清政府在国企改革中扮演的角色。

(4) 在混合所有制企业协同治理环境下,合作固然重要,但完善的约束机制也是必不可少的。要加大对违规者的处罚力度(M,N),一旦其不道德行为被暴露,将会面临巨大的损失,通过经济上的约束,可降低政企合谋的概率。同时也要增大稽查者的稽查收益(H),减少其稽查成本(Z),提高其利益相关者的监督积极性,在一定程度上威慑政企双方的合谋行为。总之,要保证混合所有制企业协同治理机制顺利运行,在通过构建合理的激励机制来提高参与主体协同治理积极性的同时,也需要约束参与者的行为。

3.4   本章小结

本章以协同治理理论为基础,探讨了我国混合所有制企业股东间的协同关系。以此为基础构建了国有股东与非国有股东的利益博弈模型,并对模型进行了阐述与分析。本章研究结果表明,国有股东与非国有股东由于性质、目标等因素的差异,会阻碍协同关系的形成,影响协同效应的发挥。具体而言,混合所有制企业中的大股东有利益侵占的动机,当混合所有制企业产生的协同收益越大时,这种动机则会表现得越明显,其结果不仅会损害其他股东的利益,还会破坏整个混合所有制企业协同治理机制。因此,要改革和优化混合所有制企业股权结构,平衡股东间控制权比例,加强内部监督机制建设,提高各股东参与监督的积极性,制定合理的激励措施,从而保护利益相关者的权益,充分发挥股东间"1+1>2"的协同效应。

本章同时也从协同治理的角度，重点分析了我国混合所有制企业中政府、企业以及其他利益相关者之间的利益博弈过程，构建了三者之间的博弈模型，为混合所有制企业的优化治理提供了决策依据。研究发现，在协同治理机制下，政府与混合所有制企业出于利益的考虑，仍有合谋的动机，损害了其他利益相关者的利益，同时也破坏了三者之间的协同关系，削弱了协同效果。因此，需要提高其他相关利益者的监督能力，充分发挥其监督作用；完善混合所有制企业信息披露机制，加强混合所有制企业约束机制，降低政企合谋风险；明确政府身份，划清政府参与混合所有制企业治理的"红线"，从而防止政企"暗中勾结"，维护其他利益相关者的权益，最终构建混合所有制企业有效的治理机制，实现混合所有制企业协同效应最大化。

4 混合所有制企业内部协同治理研究

本章在前文对混合所有制企业各协同治理主体博弈关系分析的基础上，探讨了混合所有制企业内部协同治理的相关内容。首先，分析了混合所有制企业内部协同治理的结构以及主要特征。其次，着重分析了混合所有制企业股东、董事会、监事会、管理层等内部协同治理主体。再次，重点论述了混合所有制企业纽带、网络、协作及整合等内部协同治理的关键变量，并对内部协同治理结构构建和内部协同治理机制设计进行了详细的探讨。最后，分析了混合所有制企业内部协同治理的保障系统，以此为基础构建了混合所有制企业内部协同治理的运行框架。

4.1 混合所有制企业内部协同治理的结构和特征

混合所有制企业协同治理是一个综合的、巨大的、复杂的企业治理工程，不仅包括企业内部参与主体相互之间的协同，还延伸到外部参与者与企业间的相互协同。可以说内部协同治理是整个混合所有制企业协同治理工程的子工程，是企业发挥协同治理成效的关键环节，有必要对其单独深入分析。在具体研究之前，需根据协同治理的理论与方法，对内部协同治理的结构和特征进行探讨。

4.1.1 内部协同治理的结构

从系统论的角度来看，混合所有制企业内部协同治理是通过若干相互联系、相互作用、相互协同的要件和元素构成的一个庞大的治理系统。此系统通过合理的结构使各要素紧密地相连，相互驱动与制约，从而推动整个系统井然有序地运行。内部协同治理的结构主要体现在以下四个方面，同时本章尝试构建混合所有制企业内部协同治理系统结构，如图4.1所示。

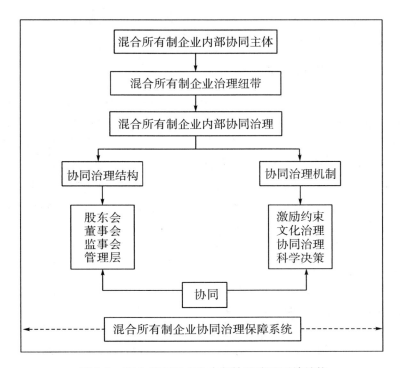

图 4.1　混合所有制企业内部协同治理系统结构

　　第一，混合所有制企业内部的各个要素通过一系列治理纽带联结起来，形成一个有机整体来实现内部协同治理。这些要素包括股东、管理层、员工等主体，治理纽带包括文化纽带、契约纽带、信息纽带、技术纽带、资本纽带等。

　　第二，从混合所有制企业内部协同治理组成元素来看，协同治理结构组成元素包括股东会、董事会、监事会、管理层等。若从各元素性质划分，也可将其划分为股权结构和管理结构。协同治理机制组成要素包括激励机制、文化治理机制、协同治理机制等。若将混合所有制企业协同治理结构比作"心脏"的话，则混合所有制企业协同治理机制便是"血液"，为"心脏"的跳动提供源源不断的动力。

　　第三，混合所有制企业内部协同治理强调的是协调、合作，治理结构与治理机制不能单独运作，必须保持一致的步调，消除相互之间的矛盾与冲突，从而真正实现整个系统的协同。

　　第四，若要长期保持系统的科学性、稳定性、有效性，混合所有制企业内部协同治理保障系统必不可少。这里的保障系统包括：混合所有制企业理论保障，如公司治理理论、协同治理理论、其他理论等；混合所有制企业制度保障，如法律制度、政策制度、企业制度等；混合所有制企业环境保障，如企业经济环境、企业文化环境、社会技术环境等。

4.1.2　内部协同治理的特征

公司治理学的核心特点是竞争与合作，协同治理的理念更能反映公司治理的精髓。简单来说，企业治理是在不断寻求最有效的治理机制的过程，在此过程中各个组织之间虽然处于相互竞争关系，但更加强调组织之间的协调合作，最终达到共赢的局面。具体来讲，混合所有制企业内部协同治理需要如股东、债权人、政府、员工、顾客等各个参与者齐心协力、互相合作，共同解决企业存在的问题，达到治理效果的最优化。内部协同治理则更加强调内部参与主体的协调、合作与融合，其具有以下三方面特征。

（1）混合所有制企业治理主体的多元化

在目前社会中，几乎没有组织能够仅依靠自身的资源或优势就能够实现利益的最大化，其往往需要不断地与其他机构或组织形成竞争与合作关系，以实现自身的发展目标，这就决定了混合所有制企业的存在不是孤立的而是群体的。混合所有制企业内部协同治理强调的是协同与合作，需要多个相关主体共同参与。例如，在混合所有制企业中，股东、董事会、管理层、监事会、员工等，都需要参与企业治理，形成"利益共同体"。这些主体拥有不同的资源与优势，同时也追求不同的利益与目标，为了达到自身利益的最大化，需要不断地竞争与合作，发挥自己的优势，因此利益相关的主体越来越多，庞大的关系网将越织越大，从而构成巨大的协同治理主体群。

主体的庞大往往伴随着组织的多样化，各个主体的属性、性质、背景等各方面存在差异，从而导致组织文化、目标、治理等的多元化。比如员工追求的是自身需求得到满足，股东追求的是财富的最大化，在混合所有制企业中值得一提的是政府作为股东之一追求的目标不仅仅是利益的最大化，还要肩负稳定社会就业、提高社会经济效益等社会责任，由此导致了组织目标的多元化。混合所有制企业通常包含国有企业与非国有企业，二者之间的企业文化由于产权性质的不同而差异显著，这就导致了组织文化的多样性。同时，由于利益目标的不尽一致，国有企业与非国有企业的治理理念与方式也存在差异，比如两者在管理层结构上的差异，"新三会"与"老三会"之间的差异等。上述原因导致了混合所有制企业内部呈现出治理体系多元化的特征。

（2）混合所有制企业治理子系统的协同性

在混合所有制企业治理过程中，资源优势、知识优势、技术优势等属于不同的组织，因而组织采取行动不得不与其他组织谈判与交流。这种交流和谈判能够顺利进行的关键，除了依靠参与者拥有的资源外，还要依靠参与者制定协调规则和搭建交流环境。协同治理的过程建立在参与主体自愿平等的基础之上，尽管一些特定的组织占据了主导地位，但以这种"独占一方"的姿态参与协同治理，必将打破主体之间的平衡关系，从而削弱协同治理效果。因此，混合所有制企业内部协同治理要求各个参与主体不能仅仅依靠某个强制的力量而主导整个企业的治理，而是各协同主体之间要通过磋商对话、相互合作等方式建立伙伴关系来共同推动混合所有制企业的向前发展。

混合所有制企业的复杂性、动态性和多样性决定了各个参与主体必须保持步调一致的高度协同性。这种协同性不仅包括知识的协同、技术的协同、资源的协同等，而且更加强调理念的协同、文化的协同、利益的协同、目标的协同、管理的协同，只有这样混合所有制企业内部各参与主体才能构建真正的"命运共同体"，发挥协同治理的功效。

（3）混合所有制企业治理规则的包容性

混合所有制企业内部协同治理不是单独的行为而是一种集体行为，在一定程度上，内部协同治理的过程建立在各协同主体共同认可的基础之上。所以，制定共同的规则成为联结各参与主体的纽带，完善的规则不仅能够激励各主体团结一致，也能够规范各主体参与主体的行为。而能否制定完善的共同规则，信任与合作便成了关键因素，其决定着共同规则的公允性与适用性，也决定着治理结构的平衡性，从而影响着协同治理的成效。在这一过程中，处于主导地位的某一组织或个体往往可以利用自身的优势打破共同规则的平衡，利益的天平便倾斜于一方。短时间内，各参与主体会因顾及长期利益而忽视短期内的不平衡。长此以往，各主体则会因意识到长期利益受到不公平对待而开始联合反抗，从而打破长期协同治理的机制。因此要保持混合所有制企业协同治理长期有效，需要各参与主体共同制定出大家均认可的规则，并承诺长期遵守与履行，共同规则的制定要保持理性、包容的特性。理性的规则可以化解各方在根本利益和原则立场上的冲突，包容的规则要融合各主体的利益诉求，满足各主体的发展目标，包容各主体文化差异。

4.2　混合所有制企业内部协同治理的主体分析

4.2.1　董事会

董事会在混合所有制企业治理中属于核心部门，在协同治理的环境下更是内部协同成员中的一个重要角色。在现代公司治理框架下，董事会与股东是一种委托代理关系，一方是代理人，一方是委托人。董事会肩负着股东的责任与意志，必须在混合所有制企业中的战略定位、管理人员选聘、企业重大决策等方面发挥重要的作用。在混合所有制企业中，国有股东与非国有股东同样是出资股东，同样有权利与义务进入董事会。但二者的背景特征差异较大，如何能兼容在一块发挥协同效应、董事会人员与结构如何设置、混合后的董事会又如何与其他部门协同治理等难题仍是混合所有制企业协同治理必须考虑的问题。

国有股东因为国有背景，国资委实质扮演着董事会的角色。比如在国有企业管理人员的任命、确定管理层与员工的薪酬待遇、主持召开股东大会等事项中国资委都发挥着重要的作用。在这种体制下，原来国有企业的董事会本身就存在较大的问题。一方面，国资委的出现与企业中董事会的设立存在冲突，导致董事会功能模糊。另一方面，董事长大多由政府部门任命，董事会又都是企业中的管理人员，并且董事成员的产生并未按照规定的程序来选聘。而对于非国有企业来讲，大多数企业是没有设立真正的董事会的，董事会的职能被其他部门代替了。

当两者组合成为新的协同伙伴时，混合所有制企业董事会又该如何设置才能克服以上问题且同时又满足双方的利益呢？从董事会成员设置来说，虽然《中华人民共和国公司法》（以下简称"《公司法》"）已明确规定了董事会成员的人数，但代表国有股东的董事人数与代表非国有股东的董事人数仍然没有明确的规定，这就导致了董事会结构设置不明晰，功能被弱化了。另外，虽然《公司法》界定了股东会、董事会、经理层之间的权利分布，但仍有重复矛盾的地方。股东会决定企业的经营战略方针，董事会决定企业的经营计划，经理层组织经营管理，但在具体实践中，这些规定很容易导致权利的摩擦。这些问题也在一定程度上阻碍着混合所有制企业协同治理的开展。

4.2.2　经理层

经理层是各个企业中的实际执行机构，涵盖了总经理、总会计师等处于企业高层的执行人员。只有经理层良好运作，才能保障各股东的合法权益，防止出现滥用权力的行为；除此之外，经理层也应具备较高的灵活性和自主权，对于企业的管理运行有着一定的权力，可以高效地执行股东的各项决策。

增强混合所有制企业经理层的活力，应充分利用市场选聘管理人员，混合所有制企业中国有股东的存在一定程度上影响着经理层人员的聘用，由政府指派的经理层人员会带来行政化的色彩，进一步影响整个企业的治理。而从市场上竞聘的经理人员往往具有能力强、经验丰富的优势，并且在企业的管理中没有行政因素干扰，决策时更为公平高效。另外，竞聘的经理人员的收入与绩效的联系程度相比国企管理人员要求更高，提升了其管理的主动性与责任性。

4.2.3 监事会

监事会是混合所有制企业中发挥监管作用最强的机构，同时它也是多元主体协同治理的保障机构。监事会负责整个企业发展的监督与管理，受托于股东大会，负责对董事会和管理层是否履行责任与义务进行全面督察。纵观混合所有制企业的发展，监事会的问题也日益突出，其所发挥的功能正逐渐被弱化。

首先，多元主体参与的混合所有制企业，其结构与功能也变得多元和复杂，监事会面对如此复杂的监管环境，没有完善的监管体系其监管效率将大大降低。不同的主体代表着不同的利益集团，监事会要能准确地定位被监管个体的性质、特点、方向等，必然导致监事会监督成本的上升。

其次，监事会的成员通常来自混合所有制企业内部的党会、工会等部门，而这些人员往往又是企业的管理人员，同时混合所有制企业的特殊性使他们各自都代表着自身或自己集团的利益，让他们去进行严格监管很可能会导致滥用职权现象的发生。学术界已经有很多学者证明，监事会所代表的利益主体不明确，监事会所发挥的监督作用是无效的。

最后，目前的企业治理结构中独立董事与监事会之间的监督职能重复交叉（谢军和黄建华，2012)[①]，坦尼夫等（2002）指出监事会的存在只是给人一种企业存在相互制约功能的假象[②]。

总之，监事会功能的弱化，不仅影响着与股东大会、经理层、员工等之间的协同性，也进一步阻碍着混合所有制企业中国有股东与非国有股东的协同发展。

---

① 谢军，黄建华. 试析中国混合所有制企业公司治理的特殊性 [J]. 经济师，2012（10）：24-32.
② 坦尼夫，张春霖，白瑞福特. 中国的公司治理与企业改革：建立现代市场机制 [M]. 张军阔，等译. 北京：中国财政经济出版社，2002.

4.2.4 股东

从混合所有制企业内部来看，股东是协同治理系统中最为重要的主体之一。由于混合所有制企业通常包含公有制成分和非公有制成分，所以本章将股东分为两大类：第一类为非国有股东，主要包括具有民营性质的企业或组织；第二类为国有股东，主要包括具有国营性质的企业或组织。对于国有企业来讲，政府通常是其实际控制人，为了简化分析，本章也可以将第二类股东界定为政府组织。

要使混合所有制企业内部能够相互融合，发挥协同治理的优势，促进企业有序发展，首先是解决国有股东与非国有股东相互融合的问题。国有企业与非国有企业往往背负不同的使命，比如国企，在改革开放之前，都是由政府来统一调拨，按照政府的计划来统一组织生产，且政府直接干预企业的经营管理。其使命是满足国家的计划生产需要，服务广大人民群众，承担社会责任，国企内部的管理人员因此具有浓厚的行政色彩。改革开放后，国企虽然重视效益与利益，但它的责任仍然是承担社会责任、保障国计民生、保证人民就业、促进社会安稳。而其他的非国有企业则受市场的调控，自负盈亏，市场是其配置资源的绝对力量，所以在这种背景下成长，其使命则是追求利润的最大化，把企业盈利放在首位。另外，文化的差异也是不容忽视的因素。国有企业与非国有企业发展历程的差异，导致了二者具有不同的企业文化。国有企业往往具有安于现状、躲避风险的特点，而非国有企业往往敢于冒险，具有风险偏好特征。由于两者的使命不同，文化具有差异，双方的融合必定产生一定的问题，而混合所有制企业协同治理的要求之一便是目标的一致性，这就成了协同治理的一个阻碍。

政府因其复杂的多重身份，使得我国混合所有制企业的治理变得更加复杂，主要表现在三个方面。

第一，政府作为混合所有制企业的股东，不管是否处于控股地位，以它的影响力必将导致企业的核心要素倾斜。比如混合所有制企业的目标制定，非国有股东仅仅追逐自身利润最大化，而政府追求的目标是多元化的，若企业经营违背政府目标，非国有股东利益势必受到负面影响，若顺应政府的目标，虽然要同政府一起承担社会责任成本，但可能会争取到政府的优惠政策和支持，从而增加自己的利益。这样来看，混合所有制企业的大小股东都会倾向于实现政府目标，而政府实则变成了混合所有制企业的"控制人"，混合所有制企业的股东会、董事会、管理层的功能将被弱化。

第二，政府作为社会的监管者，同时也是混合所有制企业中国有股东、其他利益相关者的利益代表者，无论其所持有的股份比例如何都对混合所有制企业保有监管的权利，出于自身利益的考虑，政府可能以行政的手段对其他利益代表者进行过于严格的监管，或者直接忽视对自己的监督控制，而其他股东很难发现这一行为的意图，也很难找出直接的证据来维护自己的权益。

第三，政府既可以以股东的身份进行正常监督，也可以以监管员的身份来干预混合所有制企业的某些决策，使得股东、经营者以及相关利益者对混合所有制企业的具体发展产生不确定感，导致管理层在权力分配与计划设定、股东在投资方向选择等方面显得瞻前顾后、犹豫不决。

4.2.5 员工

混合所有制企业内部协同治理系统中员工是重要的参与主体。员工是企业发展的动力之源，在倡导"利益相关者价值最大化"的企业治理理念下，员工的作用和地位显得越来越重要。员工仅仅被当作企业的雇佣者，在混合所有制企业协同治理的理念下，员工已经转变身份成为企业的"主人"，与其他利益相关者共同参与企业的治理。这种格局的转变打破了"雇佣—受佣"的传统观念，员工的身份和地位明显提高。他们关注的不仅仅是自身需求是否得到满足，还关心企业是否不断发展，自身的价值能否得到体现。

员工参与混合所有制企业协同治理过程中，首先需要满足基本的需求，这种需求主要包括获得相应的劳动报酬和劳动保障。劳动报酬可分为显性报酬和隐性报酬，前者主要包括劳动工薪、津贴、福利、带薪假日、工作环境等条件，这些是员工基本的生存条件，也是员工参与混合所有制企业协同治理的动力来源。后者主要包括职位、晋升机会、工作满足感、自我价值实现度等条件，这些是员工追求的更高层次的需求，他们期望对企业的发展付出自己的努力和贡献，期望得到肯定的评价，希望通过学习深造来实现自我价值，隐性报酬是员工参与企业协同治理重要的激励因素。员工参与混合所有制企业内部协同治理的途径主要包括两种。

一是参与混合所有制企业股东大会。这种方式是上市公司为鼓励员工参与企业治理的通用做法。很多上市企业会给予部分员工相应的股份，这些股份有些附有相应的股份支付条件，员工持有这些股份在满足相应条件后便可享有相应的权益。从实践意义来讲，员工持股体现了身份与地位的转变，从企业的"受佣者"转变为"主人"，由此调动了企业内部最大的群体参与企业的治理，使员工真正成为协同治理重要的主体。从实践效果来看，员工持股计划能大幅度提高员工参与企业治理的积极性。并且由于大多数员工"身在基层,事在基层",他们对企业的"一线"有更深入的体验与了解,在企业某些重大决策中,员工能贡献出宝贵的意见,从而提高了混合所有制企业决策的质量与效率。

二是成立混合所有制企业员工代表大会。员工代表大会是由员工为主要元素组成的组织单位,代表着员工的权利与义务,是员工实现民主管理和民主权利的主要渠道,也是员工保护自我权益的重要形式。虽然《公司法》中没有明确承认员工代表大会的地位,仅仅将其作为企业的一个附属机构,但其实际的作用是极其重要的。有效的员工代表大会能够保护员工的相关权益,让员工在企业中占有"一席之地",同时它也是协调、沟通员工与股东、管理层关系的桥梁,能够化解员工与其他利益相关者之间的利益冲突与矛盾,维护员工与股东的共同利益,所以员工代表大会是混合所有制企业内部协同治理结构中重要的组成部分。

4.2.6 其他主体

由于多元主体参与混合所有制企业治理,特别是本章研究的国有企业与非国有企业为主体的协同治理更绕不开"新老三会"这个问题。国有股东更加熟悉计划经济体制下国有企业实行的"老三会"治理体系。"老三会"指的是党委、工会、职代会,三个部门分别承担相应的职能来治理企业的各方面。在国企中"老三会"发挥着极大的作用,但随着企业治理体系的发展也带来了"老三会"的改革,出现了"新三会"的治理体系,即股东会、董事会、监事会,这些治理机构被赋予了新的定义,有着与"老三会"不一样的职能性质与范围。

然而在混合所有制企业中,"新老三会"能否并存成了一个普遍的问题,作为股东的国有企业仍然未摆脱传统"老三会"的治理模式,所以《公司法》要求设立的"新三会"只能流于形式,虽然民营企业更适应治理体系更先进的"新三会"管理模式,但在与"老三会"的碰撞中其实施与发展受到了极大的阻碍,造成"新老三会"职责不分、分工不明、相互对立等问题,最终受害的是混合所有制企业的发展。

混合所有制企业中,若党组织参与管理层的管理,必然会影响到管理层的决策、管理人员的选拔等,使混合所有制企业管理有了更多的行政色彩。当混合所有制企业管理人员的选拔制度被打破,作为股东的非国有企业大多会持反对的态度,这在一定程度上加深了国有股东与非国有股东的矛盾。

4.3　混合所有制企业内部协同治理的主要纽带

混合所有制企业内部协同治理的基本要素是协同主体，即参与协同治理的内部个体，如股东、管理者、员工等，协同治理需要各要素紧密联结，而联结他们的纽带便是最基本的工作。根据纽带性质不同，可以分为以下几种。

4.3.1　契约纽带

契约纽带是联结混合所有制企业内部主体最常见的方式，尤其是松散层的主体之间的联结。这种形式是企业通过与内部各主体达成长期、稳定的契约或协议，从而形成稳固的合作关系或者雇佣关系。通常以这种形式联结的主体大多保持着某种利益关系，因此，这种关系的形式是理性的、稳固的。这有利于混合所有制企业各主体之间达成一致的目标，比如共同努力实现混合所有制企业的效益增长，有利于主体之间相互监督制衡，比如制定完善的监督机制。但由于签订契约式协议受法律的制约，可以依法解除，所以契约纽带也具有不确定性。

4.3.2　文化纽带

文化作为企业的一种软实力，它是混合所有制企业的理念、精神的最佳体现。它的形成是通过各个协同主体的汇集，经过文化融合、文化磨合、文化创新等过程形成，是各个主体共同认可、共同追崇的思想理念，是指导各协调主体一切行为的统领。文化纽带能潜移默化地拉拢混合所有制企业各主体之间的关系，形成思想统一的团队，其也能发挥一定的潜在的制约作用，约束各主体的思想行为，因此文化纽带是最高层的纽带，是混合所有制企业形成系统治理体系最有效最关键的纽带。由此看来，混合所有制企业多元主体的协同需要达到多元文化的求同存异、整体协同、深度融合。

4.3.3　信息纽带

内部主体的协同必须建立在信息对称的基础上，信息不对称往往会导致主体之间思想行为以及决策的不一致，混合所有制企业难以形成协同治理的体系。而信息的协同需要各参与主体充分利用自身资源，共享自身信息，建立企业内部庞大的信息网络系统，利用、创新各种信息的共享通道，实现信息共得、共用、共享，为企业决策提供信息支持。同时，以信息为纽带可以拉近各主体之间关系、消除各主体之间猜疑、建立各主体之间信任，为建立完善的混合所有制企业协同治理体系奠定良好的基础。

4.3.4　技术纽带

技术纽带强调的是通过技术这一媒介，加强混合所有制企业内部主体的专业化分工和协作。技术纽带能使各主体充分发挥其功能优势、资源优势，提高整个企业核心竞争力以及运营效率，实现帕累托最优化。技术纽带在拉拢聚合各主体关系的同时更加突显多元主体的优势，从而实现优势聚集效应，提升混合所有制企业协同治理功能。

4.3.5　人事纽带

企业各层级人员是生产经营与创造价值的动力来源，通过岗位分工与权力分化形成联结各级人员的纽带，人事纽带很大程度上减少了信息的阻碍与摩擦，各层级人员高效的协作也可以直接促进企业内部凝聚力的提升。产权关系是企业积极构建和完善人事纽带的核心基础，在混合所有制企业中，不同主体的人事控制力度不同，而只有实现各个主体的交流协作，才能够进一步增进对企业内部的了解，最终达到提升企业治理能力的目的。

4.3.6　资本纽带

资本纽带通常是指企业股东通过投入资金、实物、知识产权、专利技术等建立的一种稳定和长久的经济关系。从组织整体角度看，资本纽带是形成一个完整组织体系的基础，也是发展与延伸其他纽带的统领。在混合所有制企业中，资本成为联结股东的基础，不同的资本比例形成了多元化的组织结构。集中式的组织结构，表现为资本的高度集中，在这种组织形式下，企业具有高效的管理机制与果断的决策机制，但也容易形成"一言堂"的企业文化。平衡式的组织结构，表现为资本的适度分散，企业也因此具有更为有效的制衡机制与监督机制，但在一定程度上降低了对市场变化的敏感程度。分散式的组织结构，表现为资本的高度分散，其能够充分调动社会成员参与企业治理的积极性，但易形成缺乏凝聚力的企业文化，不利于高层管理人员做出快速有效的重大决策。

4.3.7　各治理纽带之间的协作与整合

混合所有制企业内部协同治理的关键要素为"协作"。何为协作？简单来讲，协作是主体之间协调、合作的行为抉择。从其意义来看，协作是趋同合作又高于合作的，既包含共同行动，还包含合作互动。协作互动既是协同效应实现协同关系结构和动态机制产生协同效应的桥梁，又维护了协同治理网络关系结构。混合所有制企业协同治理强调多元主体间的激励关系，重视资源配置和利益协调，既要加深协作主体的横向协作，又要加深其纵向协作，推动各主体间互动过程的可持续以及实现协同效应，更好地优化网络关系结构。混合所有制企业动态治理方法往往强调互动的变化和互动方面，缺乏对动态性的约束机制，严重时可能导致系统定位错误甚至解体。

整合是混合所有制企业内部协同治理又一关键变量，其描述了事物内在要素间的结构和发展的动态过程。从企业内部要素通过纽带相互连接，利用联动轴形成网络关系，再相互协调合作，到最后达成要素整合，整个过程是逻辑动态变化的反映。整合的目的是混合所有制企业要素的融合与再造，包括功能的融合与再造、技术的融合与创新、文化的融合与革新。从混合所有制企业整个网络节点来看，整合网络关系结构，使得结构完整有序，是协同治理的重要内容。

4.4 混合所有制企业内部协同治理的机制设计

4.4.1 激励约束机制设计

激励与约束机制属于企业内部协同治理机制中非常重要的工具，通过众多学者对混合所有制企业治理机制的探讨与研究，发现我国混合所有制企业激励约束机制仍然有待完善。

第一，在激励机制方面，问题多表现在薪酬结构不合理、薪酬决定机制错位、激励水平不高、显性激励不足而隐性激励过重等方面。根据马胜博士2010年统计的上市公司高管人员薪酬的数据分析，企业内高管人员的薪酬远低于在职消费。这说明隐性激励与显性激励的结构是极其不合理的，在这种激励机制下最容易滋生管理人员侵占公共资产的腐败行为，对混合所有制企业的发展不是激励作用，而是抑制作用。而薪酬结构的不合理主要集中在管理人员与职工的薪酬上，通常只包括基本工资、津贴、奖金等固定收入，缺少必要的弹性薪酬，或者弹性薪酬的门槛定得太高，一般情况下无法达到奖金的标准，这样的情况只会挫伤管理者与职工的积极性。同时，随着协同治理理念的普及，员工作为协同治理的参与者、利益的创造者，也理所应当成为利益的分享者，所以混合所有制企业员工持股等激励方式也应跟上脚步并且需要进一步地推广与完善。

第二，在约束机制方面，不管是以前的国企、民企还是现在的混合所有制企业，"约束"是不得不谈及的问题。虽然相关的研究理论很多，但约束机制在实践中的作用并不大，不能有力地保障混合所有制企业的协同治理。比如企业控制权约束的转移，道德约束重于能力约束等问题仍然没有得到很好的解决。混合所有制企业中国有股东作为一个特殊的主体，它的背后实质是政府机构，其在混合所有制企业中的影响力较大，若国有股东掌握企业的控制权，那么企业的控制者实质已不是股东而是政府。若非国有股东持有企业的控制权，国有股东凭借自身的优势也会影响企业的控制地位。道德约束重于能力约束是一个老问题，比如企业对经营者的政治素质、生活作风等道德品行约束过强而忽视了能力约束，这就可能让某些有能力的管理人员为逃避严格的道德约束机制而选择离开企业，或者让一些道德素质高而能力平平的人高居管理层位置，这样也容易产生经理人的"道德风险"和"逆向风险"行为。另外，无效的约束机制也是腐败问题滋生的摇篮，管理人员会利用自己手中的实权享受违规的高额消费，大肆地捞取灰色收入甚至贪污公共资产。总之，约束机制需要改进但也并非"一劳永逸"，要根据混合所有制企业治理结构与治理环境不断地完善和创新。

第三，完善企业激励约束机制，建立有效的激励约束机制能增强协同治理参与主体的积极性，约束各主体的行为举止，提升混合所有制企业整体的治理活力。一是倡导混合所有制企业员工持股计划。要通过董事会制定详细的员工持股规则来调动职工的工作积极性，减少职工因消极情绪而跳槽的可能。同时增加员工的弹性收入，使企业的价值与员工的收益成正比来激励员工努力工作。但是对员工持股也需要制定一些约束条件，比如持股的比例控制、持股员工的选定等，防止因股东分散而造成多头管理的现象，影响企业决策的效率。同时也要约束员工持股的权力分配，防止对企业的管理工作造成阻碍甚至破坏企业协同治理结构的稳定性。二是实施混合所有制企业管理层持股激励机制，管理层作为内部协同治理的领头羊，其管理与决策能决定企业的发展命运。针对本章所提出的管理人员显性激励大于隐性激励、薪酬结构不合理的问题，本章认为混合所有制企业管理层持股可以在一定程度上解决管理人员与企业发展脱轨的现象。要通过管理层持股来增强工作积极性以及对企业的责任心，使他们成为利益共同体，有效地控制管理人员道德风险。三是加强混合所有制企业的约束能力。比如通过加强对经营者的考核，不仅是业绩上的考核还有道德品质上的考核，对那些平庸无能、业绩平平的经营者进行刚性约束；对那些品质不端、行为不检点的管理人员进行警告甚至解聘。通过建立董事问责制来约束董事的行为、建立员工行为规范来约束员工的行为等来构建一套完善的约束机制。

4.4.2　文化机制设计

文化治理是我国混合所有制企业内部协同治理过程中必不可少的环节之一。相比于规章制度管理，文化治理是一种"软治理"，是企业特色的价值观念、工作作风、行为规范以及思维方式的总和，是企业综合实力不可小觑的一部分，也是协同治理中有效的保障机制。

我国混合所有制企业文化治理机制的发展较为缓慢，有些企业甚至没有真正形成文化治理机制，突出表现为四种情况。第一，由于混合所有制企业多元主体各自有各自的文化价值观，当各方价值观出现较大冲突并难以协调时就很难融合在一起，阻碍协同治理。第二，混合所有制企业多元主体根本不重视文化治理机制的建设，都没有自身独特的文化价值观，那么混合后的企业也就成了一个没有灵魂的"空壳"，企业的协同治理也缺失了精神上的动力。第三，混合所有制企业中的控股股东以自我治理为中心，企业文化治理机制的建设也以自我集体价值观为依据而不关心其他股东的价值理念，导致企业内部出现文化不兼容、不一致的现象。第四，相对于控股股东，混合所有制企业其他中小股东各自为政，建设自己的文化价值观，而不在乎控股股东文化治理机制的建设。这四种情况都可能导致混合所有制企业文化治理机制的缺失或协同治理框架的虚设。

文化"软治理"体现的是企业的价值观念与工作作风，以一种潜移默化的方式影响着整个企业的治理，它以文化为纽带拉近协同参与方的关系，增强他们的凝聚力和协同力。混合所有制企业协同治理要素中也包含企业制度的协调，所以其治理既离不开硬治理，也离不开软治理。

本章认为可以具体从以下几个方面培养混合所有制企业的文化治理机制：第一，要深入了解混合所有制企业协同参与方的文化背景，以包容的态度兼顾各方的文化立场，各主体进行真诚的沟通交流，摒弃陈旧的老观念，磨合相互冲突的文化价值观，做到文化中的"我中有你，你中有我"。第二，创新混合所有制企业文化体系，要根据企业的战略目标、历史使命来设置新的核心价值观、企业精神、企业愿景，推进企业文化在每一个参与主体中的传播、扩散、学习、领会，使企业文化贯穿于企业的"身，心，言，行"等各个方面。第三，加强混合所有制企业文化宣传与教育，提升员工的整体文化素质，培养管理者和企业家精神，比如组织企业员工参加文化活动、鼓励员工进一步求学深造、支持管理者参与外界文化交流等。第四，要以人为本，以科学发展观为依据，创建积极的、内涵的、包容的、有价值的文化治理机制，在混合所有制企业中各参与主体要遵守相互融合的原则，既坚持企业的共性文化，也要尊重成员的个性文化。

4.4.3　协作机制设计

混合所有制企业内部协同治理由于多元主体的参与，有效地利用了各主体功能的融合与再造，充分发挥出了规模经济效应，由此可以产生"1+1>2"的协同效应。在社会经济飞速发展的今天，越来越多的企业已经意识到协同治理的重要性与必要性，各国学者也纷纷对协同治理机制以及协同治理框架进行了深入的研究与探讨，但到目前为止并未对协同治理的理论与机制达成一致意见，协同治理机制是企业发展迫切需要的机制体系，但目前并未形成成熟的科学理论框架与方法。

我国混合所有制企业在形成协同治理机制与发挥其效应时主要涉及两个方面的问题。一方面，从混合所有制企业内部来看，协同治理体系要求各个组成成员能够有效地整合，最终达到深度融合。由于大多主体是以资本为连接"纽带"，甚至有些主体是在行政手段的撮合下联结在一起的，这样被硬生生地拉拢便很难达到融合的状态。企业的目标、文化、信息、技术等方面时常发生冲突，企业的生产、加工、销售、服务等环节出现混乱，甚至企业的股东会、董事会、监事会、管理层等也是松散地联结在一起，在没有强有力的协同治理机制下的混合所有制企业呈现出"主体堆积""混而不和"的状况，没有形成有机的整体来发挥协同效应。另一方面，从混合所有制企业的外部环境来看，企业并没有真正与政府和其他利益相关者保持协同的发展关系，各主体多是为了自身的利益最优而采取不一致的行动，甚至是破坏相关利益者关系的行为。比如混合所有制企业中的大股东会利用自身的优势，为了得到超额的利润而毫不犹豫地选择侵犯中小股东的利益，这也反映出了目前协同治理机制存在的不足。

混合所有制企业协同治理机制是其他机制发挥作用的基础，也为企业治理提供了一个运行框架，针对本章讨论的协同治理机制存在的问题，本章认为可以从以下三方面进行完善和设计。

第一，混合所有制企业各协同主体要进行深度的文化整合，充分发挥文化治理机制，形成一种被各参与主体认同的文化体系，根植于各个主体的心灵，凝聚成一股强大的协同动力。另外要注重企业的整体形象，各参与主体要约束自我行为举止，相互监督学习，共同打造企业良好的品牌形象。

第二，从混合所有制企业的不同层面贯穿协同治理的理念。首先，从混合所有制企业的产业链出发，利用资本、信息、知识、技术等资源将企业的研发、生产、加工、销售、服务等环节紧密联结在一起。要激发各参与主体资源的共享机制，利用技术转让、技术传授、信息交换等方式降低主体间的协同成本，充分发挥协同效应。其次，从混合所有制企业的组织部门抓起，三会一层、研发部门、生产部门、销售部门、人事管理部门等作为协同的参与方，要提高协同意识，通过开展定期的交流大会、畅通各部门的表达渠道等方式加深各组织部门的协同关系。同时，混合所有制企业各参与方虽然为利益共同体，但是要避免责任推卸、利益冲突等现象，明确各主体的权、责、利，避免出现职能混乱。

第三，达成混合所有制企业与外部参与者协同治理的共识，明确政府的职能与责任，规范政府行政干预企业治理的手段，调节混合所有制企业与政府之间的关系，构建政府支持企业、企业反哺政府，政府监督企业、企业督促政府的局面。企业要处理好与中小股东、债权人、机构投资者等的关系，明确责任和利益的分配，以此来调动参与方协同治理积极性。通过各方努力，构建一个协调合作却相互牵制的协同治理机制。

4.5 混合所有制企业内部协同治理的保障系统

从上文分析知道混合所有制企业内部协同治理系统是一个复杂的治理系统，具有特殊的治理结构和治理特征，混合所有制企业内部协同治理系统的顺利运行离不开保障系统的支撑和辅助，二者是相互影响的工程。除了统筹安排各子系统外，还必须有相应的配套和保障措施，而这些保障措施涉及面广、形式复杂、工作量大、相互连贯，同样构成一个完整的系统。从整体来看，内部保障系统是混合所有制企业内部协同治理工程的子工程；从系统论角度来看，内部保障系统、内部协同治理结构、内部协同治理机制紧密相连，相互作用与影响，是协同治理体系中不可或缺的元素；从组成结构来看，内部协同治理保障系统包括理论保障、制度保障、环境保障、信息保障等要素。

4.5.1 理论保障

混合所有制企业内部协同治理系统工程，首先需要理论的支撑和保障，从既有的研究来看，内部协同治理主要依靠企业治理理论与协同治理理论，其中企业治理理论包括委托代理理论、激励理论、协同治理理论等。

（1）委托代理理论

委托代理理论是公司治理的逻辑起点。在20世纪30年代，许多学者发现随着企业规模不断扩大，经营范围不断延伸，企业的所有者兼并经营者出现了许多弊端，比如企业所有者能力与精力有限，已经无法胜任大规模企业的管理，这时候需要寻找一批具有专业管理知识的能人来协助所有者进行企业生产、经营等方面的管理，来适应不断扩大的企业规模。经济学家伯利和米思斯为此进行了深入的研究，提出了"委托代理理论"，该理论认为企业所有权与经营权应该相分离，所有人仍然保留对企业剩余索取权，经营者拥有对企业资产的经营权。这样一来，企业所有者不必担忧自己能力与精力不足，管理者也能将自身专业的管理知识因地制宜，生产力的大发展与劳动分工的细化催使这一理论产生并且一度盛行，直到今日各国大型企业仍会吸纳并运用这一理论，使其成为企业治理中最重要的理论之一。委托人与代理人之间信息非对称，使代理人容易出现逆向选择与道德风险等消极行为，严重破坏了委托人与代理人之间协同关系，所以"委托代理理论"的运用与创新极大地推动了企业的发展，提高了企业治理效率。

（2）激励理论

激励理论主要解决劳动者行为动机的问题，在科学运用中是处理需求、动机、目标和行为四者关系的核心理论，其中需求问题是激励理论的关注重点。在企业治理中，提高管理人员、普通职员等的工作积极性也正是一层一层解决他们需求问题的过程，当某种需求不能满足时，他们会失去努力工作的动力，从而降低整个企业运营效率。值得一提的是，激励理论更多地运用于解决委托代理理论中代理人的激励问题，这里的代理人一般指的是企业高层管理者，比如首席执行官、总裁、总经理、副总经理等，而激励的目的是驱使管理者努力的方向始终与企业发展的方向保持一致，即达到"激励相容"，因为从理性的经济人角度分析，管理者均是利己主义者，始终将自我的利益放在第一位，而企业所有者是希望代理人将企业集体的利益放在首位，这便产生了利益目标冲突问题，通过激励手段使行为人个人利益正好与企业整体利益相吻合，便很好地解决了这一矛盾，达成双方共益的目的，这便是"激励相容"。

（3）协同治理理论

协同治理理论最早由联邦德国斯图加特大学著名物理学家哈肯（Haken）教授提出①，最开始形成"协同学"的理论，其主要强调诸多子系统通过相互影响、相互合作在时间、空间、功能等方面形成一个开放的协同系统。此理论被广泛运用于经济学、社会学、物理学、生物学、化学等多个领域，并取得许多重大突破。此后有大量学者围绕"协同论"进行"协同治理理论"的深入研究。有学者认为协同治理理论实质在于强调合作的思想，如张康之（2007）提出的合作社会形式②。有的学者侧重于协同学观念的认识，借用了哈肯教授"协同学——自然成功奥秘"的观点来进行理解和论述。甚至有学者直接认为协同论是由协同理论与治理理论相结合的产物。

尽管众说纷纭，但不难发现，各学者在对协同治理理论从不同角度进行阐释时都脱离不了"参与""合作""协同"这些核心要素。而所谓协同治理，"协同"是其最关键的要素，所以本章可以通过对"协同"内在含义的挖掘来引申出协同治理的真正内涵。"协同"被普遍认为是不同主体之间为了实现既定的目标而相互协调合作的策略，强调的是共同协作、合二为一的特点。

外国学者在定义"协同"时，是以组织为前提，先将组织按照组织扁平程度、沟通强度等维度划分为竞争、合作、协调、协同和控制几种类型。可以看出在这一组连续性的关系中，协同是高于协调与合作的概念，协同更趋向于是协调与合作的融合体。在 20 世纪 60 年代，美国理论研究专家伊戈尔·安索夫（Igor Ansoff）从企业价值的角度指出协同是企业重要的战略要素，并以企业盈利指标具体说明了"协同"的含义，即企业整体盈利高于各组成部分单独盈利之和。至此，本章可以简单地将协同治理理论概括为多位个体在达成资源共用、责任共担、利益共享的共识下，为达成共同的目标而进行竞争、磋商、合作、融合、共治的管理方法论。对于其内涵的诠释，孙萍和闫豫亭（2013）给出了相似的论述："协同治理理论同多中心治理理论以及整体治理理论主旨相近，即多元中心主体采用协同合作方式参与治理活动。"同时也进一步提出了协同治理理论三大核心特征：协同主体多元性、协同结构复杂化、协同成效超越化。其中协同成效超越化即多元主体共同治理创造的"1+1>2"的协同效应。其中治理结果的超越性即多元主体共同治理创造的"1+1>2"的

---

① H·哈肯. 协同学—自然成功的奥秘 [M]. 戴鸣钟，译. 上海：上海科学普及出版社，1988.

② 张康之. 论合作 [J]. 南京大学学报（哲学、人文科学、社会科学），2007（5）：114-125.

协同效应①。

1997 年我国首次提出大力发展混合所有制经济，在此之后，民资、外资、个体等非国有资本通过各种形式与国企等国有资本进行联合，其中最为常见的形式是国企通过股权改革的方式引进其他资本形成混合类国有股东；另一类为非国有股东。结合协同治理理论来看，我国混合所有制企业协同治理的内涵即国有股东与非国有股东在相互切磋、协调、合作的过程中追求"1+1>2"的协同效应的企业治理活动。股东之间协调与合作的契合度成了混合所有制企业价值实现超越的关键，并且双方在协同过程中还存在一些共有的特点：双方具有协调合作意识，双方有相似或一致的目标，双方资源共用、利益共享、责任共担，双方深度交互。

4.5.2 制度保障

混合所有制企业内部协同治理除了需要法律保障、政策制度保障系统外，还需要内部制度保障系统的支撑与保障，包括企业治理准则、独立董事制度、信息披露制度等，这些制度是保证企业协同治理顺利开展的必要条例。比如企业治理准则，是企业统领一切行为的基本原则，是指导和改善企业治理的标准和方针政策，一个企业治理准则的好坏直接关系到企业治理能力的高低。

世界上第一个企业治理准则是在 20 世纪 90 年代发布的，到目前为止，世界各国已经出台各类治理准则多达百种。企业治理准则涵盖的内容涉及企业治理的方方面面，如企业治理的基本原则、所有者投资方式、投资者保护实现方式、投资利益分配方式、管理者应当遵循的行为准则和职业道德等。独立董事制度规定上市公司应当设立独立董事职位，还规定了企业独立董事的人数、学历要求、职业要求等，同时要求独立董事具有诚信与勤勉的品质。信息披露制度主要保护中小投资者的合法权益，解决内部与外部信息不对称的矛盾。信息披露制度要求企业定期对外公布企业的财务情况、运营状况等信息，使外部投资者充分了解企业的真实运营情况，从而做出理性的投资判断。信息披露制度还规定保证企业信息的合法性、真实性、完整性、及时性，并受到外部管理机构及公众监督，从而降低了企业财务造假等风险，提高了企业运营的透明度。在混合所有制企业协同治理过程中，信息的真实披露显得尤其重要，它是建立协同主体相互信任、合作的基础，也是打破协同主体之间猜疑、隔阂的关键"武器"。

---

① 孙萍，闫亭豫. 我国协同治理理论研究述评［J］. 理论月刊，2013（3）：107-112.

4.5.3　环境保障

混合所有制企业内部协同治理除了需要政治环境、市场环境等外部保障系统外，还需要强有力的内部环境保障系统。这里的内部环境保障系统主要指的是文化环境与技术环境。如果内部制度是一种"刚性"的企业治理方式的话，那么内部文化便是一种"柔性"的企业治理方式。当一种行为游走于规章制度边缘时，文化正如伦理道德潜移默化地影响着行为人的思想与行动，这种无形的约束效果有时甚至超过了制度的约束效果。内部协同治理强调的是一种协同文化，这种文化是一种协调、合作、融合的精神体现，协调主体要团结一心、真诚合作，必须将这种文化精神根植于心。技术环境是指企业拥有行业先进的技术或拥有创新技术的能力的集合，该集合是企业向前发展的优势。这里的技术是广义上的技术，不仅包括科学技术、劳动技术、生产技术，还包括管理技术、信息技术等。在经济高速发展的社会，技术环境优势体现得越来越明显，如百度公司凭借先进的搜索引擎技术而成为一个伟大的企业；苹果公司依靠领先的手机制造技术成为该行业的"领头羊"。正如邓小平同志曾经提到的"科学技术是第一生产力"。技术环境是企业保持竞争力的"强心剂"，技术环境的保障可以使内部协同主体始终保持源源不断的驱动力，是整个协同治理体系中不可或缺的关键一环。

4.5.4　其他保障

对于混合所有制企业保障系统来说，除了前述的理论保障、制度保障、环境保障之外，还存在以下几个保障，如文化保障、思想保障、信息保障等。

（1）文化保障

企业文化是"软实力"体现。为了促使企业取得由内而外高质量的治理成效，企业需要重视文化建设，为企业内部制度、管理机制的完善创建文化保障。企业主要通过构建文化保障体系让员工尊重和接纳企业文化，壮大企业的软实力，这对于企业获取更长远的发展效益极为关键。

企业在追求利润的过程中，企业管理者需要为企业整体员工塑造合规的企业理念，使得企业的管理思想和管理文化能贯穿于企业经营的始终。作为企业战略目标的一种，企业文化即为员工塑造正确的价值观，在所有员工对企业文化认同和认可的前提下，企业遵循"求同存异，共谋发展"的理念，提升员工的凝聚力和战斗力，为企业战略目标的实现奠定思想基础。

（2）思想保障

企业员工整体素质的高低，决定着企业治理是否高效。企业员工无论是在工作任务的完成还是工作责任的承担方面，都需要有良好的素质作为保障。而提高员工素质首先要从思想道德建设着手，开展思想道德建设，以思想作为保障条件。企业还应重视并强化员工的思想建设，打造一支能战善战的员工队伍，定期为员工组织开展思想教育活动，例如举办新时期思想道德标杆比赛、模范员工工作心得分享会议等，通过这些途径促使员工对企业树立忠诚的服务意识，壮大员工队伍，使得员工思想更加健康与和谐，劲往一处使，提高混合所有制企业内部协同治理效率。

（3）信息保障

企业内部部门与职责岗位繁多，建立及时有效的信息交流与沟通机制相当重要。尤其是面对复杂多变的市场竞争环境，企业只有第一时间掌握信息，交流与共享信息，才能实现业务上的新突破与新发展。在企业信息处理工作中，要利用技术手段，为员工内部治理建立快捷和及时的信息处理、储存、传输及共享机制，让企业员工与管理层可以自由交流与分享信息，与科技企业搭建双赢的信息合作平台，以畅通的信息交流机制促使企业信息保障系统的健全，为企业管理信息提供有力工具。

4.6　混合所有制企业内部协同治理的运行框架

根据前文论述，混合所有制企业内部协同治理是一个完整的、复杂的、协同的有机系统，该系统的正常运行需要调动系统内的各个要素，使各要素均达到平衡的状态，最大限度地发挥其功能与效用，实现个体的协同与融合、功能的整合与再造，从而达到"1+1>2"的协同治理成效，因此本章对混合所有制企业内部协同治理的运行框架设计如图4.2所示。

图4.2表明，混合所有制企业内部协同治理系统的运行，首先需要内部各主体参与到协同治理体系中来，并能够达到协调合作、融为一体的状态，充分发挥各主体的优势和有效地利用各主体的资源，形成企业完整的知识体系、文化体系、功能体系，并结合组织内部设备体系构成一个完整的具备生产与管理能力的有机整体。在有机整体的有序运行下，还需要从混合所有制企业内部协同治理的认识出发，经过初步实践、再实践、升华、再认识的治理环节，形成一个循环往复和信息反馈的闭环系统。

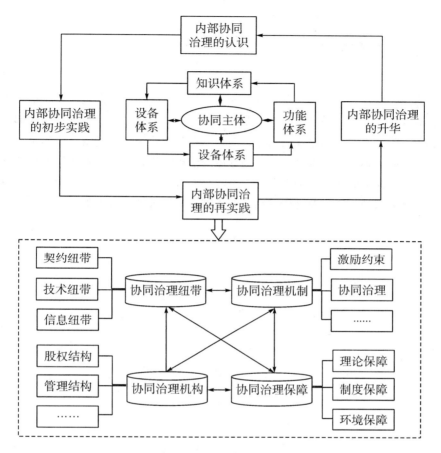

图 4.2 混合所有制企业内部协同治理运行框架

混合所有制企业闭环系统能够保持长期稳定的运作，还受到其他子工程的支撑、作用与影响。这里的子过程包括了协同治理纽带、协同治理机制、协同治理结构和协同治理保障。其中混合所有制企业协同治理纽带包括资本纽带、文化纽带、契约纽带等。混合所有制企业协同治理结构包括股权结构、管理结构等，混合所有制企业协同治理机制包括激励约束机制、协同治理机制、文化治理机制等，而混合所有制企业协同治理保障系统包括理论保障、制度保障、环境保障等。

4.7　本章小结

　　首先，本章分析了混合所有制企业内部协同治理的结构以及主要特征。其次，本章着重分析了混合所有制企业股东、董事会、监事会、管理层等内部协同治理主体。再次，本章重点论述了混合所有制企业纽带、网络、协作及整合等内部协同治理的关键变量，并对内部协同治理结构构建和内部协同治理机制设计进行了详细的探讨。最后，分析了混合所有制企业内部协同治理的保障系统，以此为基础构建了混合所有制企业内部协同治理的运行框架。

5 混合所有制企业外部协同治理研究

本章在前文对混合所有制企业内部协同治理分析的基础上，拓展探讨了混合所有制企业外部协同治理的相关内容。本章首先分析了外部协同治理的结构以及主要特征，重点论述了开放性、复杂性、巨量性、超越性四个特征，然后分析了外部协同治理多个参与主体，包括中小股东、债权人、政府和其他外部利益相关者等，并详细探讨了外部协同主体参与企业治理的途径，主要包括中小股东、债权人、政府、顾客、机构投资者、供应商等各外部主体的协同治理行为，最后分析了外部协同治理的保障系统，主要包括外部制度保障与外部环境保障，以此为基础构建了外部协同治理系统的运行框架。

5.1 混合所有制企业外部协同治理的结构和特征

5.1.1 外部协同治理的结构

根据前文分析，混合所有制企业内部治理是整个系统中缺一不可的子工程，是整个系统实现协同效应的关键元素。但混合所有制企业内部协同治理并非全系统协同的充分必要条件，如同自然界的生物，即使身体机能完美无缺，一旦脱离外部环境也仍然难以生存。所以本章有必要对混合所有制企业外部协同治理问题单独进行深入分析。在具体研究之前，本章仍需根据协同治理理论与方法，对混合所有制企业外部协同系统的治理结构和治理特征进行深入探讨。

从系统论的角度来看，混合所有制企业外部协同治理同内部协同治理相似，也是通过若干相关联系、相互作用的要件和元素构成的一个庞大的治理系统。此系统也需要构建合理的结构促使各要素之间环环相扣、紧密相连，相互驱动与制约，推动整个系统井然有序地运行。从整个结构框架来看，混合所有制企业外部协同治理是一个完整的、联系的、开放的框架，主要表现在以下四个方面。

第一，混合所有制企业外部协同主体是多元化的，只要受到企业行为的影响或能够影响企业行为的主体，都可以参与到整个系统的协同治理中来，主要包括中小股东、债权人、媒体、顾客、政府等。这里要特别强调政府这一特殊组织，因为在混合所有制企业中政府的角色是复杂的，一方面作为企业的股东，可以将其看作内部协同主体；另一方面政府充当着社会管理者的角色，又可以将其看作外部协同主体。多元化的外部协同主体增加了企业外部协同治理的复杂性，随之也提高了整个系统的开放性，使整个外部系统能够及时、准确、有效地获取相关信息，当外界环境发生剧烈变化时，能够迅速做出反应和改变。

第二，混合所有制企业外部协同主体通过一系列纽带与混合所有制企业联结起来，纽带体现的是一种关系的建立，包括契约关系、文化交流、技术合作、信息沟通、资源互换等。纽带的建立搭建起了主体与主体之间、主体与企业之间资源交换、信息交换、技术交换的桥梁，使各协同主体从回避、竞争的关系逐渐转变为合作、协调的关系，这是促使各外部主体共同参与企业治理的关键一步。

第三，混合所有制企业外部协同治理的中心结构体现为中小股东、债权人、政府、顾客、机构投资者、供应商等各外部主体与企业间的协同治理关系。每一种治理关系均强调协调与合作，交互与融合，这是构建混合所有制企业外部协同治理的关键要素。

第四，混合所有制企业外部协同治理保障系统不可或缺，其决定着系统能否长期保持科学性、稳定性和有效性。外部保障系统主要包括制度保障系统如法律保障、政策保障，环境保障系统主要包括经济环境、市场环境、货币环境。

5.1.2 外部协同治理的特征

企业治理是不断寻求最有效的治理机制的过程，而在此过程中各个组织之间往往充满着竞争，但更加强调的是组织间的合作与协同，最终达到共赢的局面。内部协同治理需要的是内部参与主体齐心协力、相互合作，外部协同治理则不仅需要外部主体与企业之间紧密的联结，还需要外部主体之间建立融洽的合作关系，其具有复杂性、开放性、巨量性、超越性等几个特征。

（1）混合所有制企业外部协同治理的复杂性

复杂性是指参与主体的多元化和治理关系的多层化，混合所有制企业外部协同治理主体相比内部协同治理主体更能体现多元化的特征。其一是数量更庞大，混合所有制企业内部协同治理主体主要包括企业内部的股东会、董事会、监事会、员工等，而外部协同治理主体则涵盖了中小股东、债权人、顾客、政府、社区、媒体、供应商等能与企业产生一定关系的主体，庞大的数量增加了外部协同治理的复杂性。其二是性质更多样，内部协同主体大多只服务于混合所有制企业，就其职能性质来讲较为单一，而混合所有制企业外部协同主体则显得更为多样，职能性质更为丰富，比如机构投资者，其面对的投资对象不单单是企业，而可能有多个合作伙伴，所以要使外部协同主体完全投入到企业治理中较难，由此增加了企业协同治理的复杂性。治理关系的多层化主要体现在外部主体之间关系的多层次、文化的多层次、目标的多层次，比如顾客以被服务者的身份参与到混合所有制企业治理中来，同时也可能是债权人或机构投资者等多重身份。由于每个身份的职能是不同的，这就导致了治理关系的复杂化。再比如企业、机构投资者、债权人、中小股东等追求的利益目标不尽一致，多层次的目标会影响整个战略方向，同样也增加了混合所有制企业协同治理的复杂性，文化的多层次也可能导致主体与主体之间、主体与企业之间难以融合，阻碍协同效应的实现。

（2）混合所有制企业外部协同治理的开放性

开放性是指主体与主体之间、主体与企业之间能够搭建畅通的桥梁，通过桥梁来实现信息的交流、技术的合作、资源的互换、文化的传递等活动。开放性是混合所有制企业外部协同治理系统独具特色的一点，由于信息、技术、资源、文化等要素能够快速地在混合所有制企业与多位协同主体之间进行交换，因此混合所有制企业能够保持与时俱进的步伐，在环境突变的情况下能够迅速做出反应，从而不断地调整整个治理系统，使其时刻保持最优的状态。混合所有制企业与外部主体间建立协同关系，首先需要一系列的纽带将各主体联结起来，如顾客与混合所有制企业通过产品交互形成服务与被服务的关系、媒体通过数字媒介与混合所有制企业形成监督与被监督的关系、中小股东通过股票与混合所有制企业形成投资与被投资的关系等。这些关系从建立到稳固，离不开混合所有制企业与各主体之间紧密的交流沟通，外部协同治理逐渐形成了一个开放的系统。

（3）混合所有制企业外部协同治理的巨量性

巨量性是与复杂性相对应的一个特征。混合所有制企业协同治理是一个复杂且庞大的治理系统，外部协同治理是一个浩大的治理子工程，此子工程涉及若干的治理主体，而若干的治理主体又表现为若干的职能性质，要将他们与混合所有制企业紧密地联结并且最终达到相互协同的目的，需要做大量的工作。同时要使整个子工程能够井然有序地运行，还需要搭建复杂的运行结构，设计繁琐的运行机制，以及制定完善的保障系统，还需要调动各种元素协调整合，包括人力资源、物质资源、技术资源、信息资源以及知识体系、文化体系、功能体系等，这些都体现了混合所有制企业外部协同治理系统的巨量性。

（4）混合所有制企业外部协同治理的超越性

超越性是指外部协同治理系统实现功能融合与再造的特征。外部主体与混合所有制企业之间的协同并非追求各自功能的简单总和，而是需要实现功能的再造与创新效应。混合所有制企业外部协同主体包括中小股东、债权人、政府、顾客、机构投资者等，各外部治理主体拥有自身的优势，也拥有独特的资源，当他们单独与混合所有制企业进行协调与合作时很难充分发挥各自的优势，造成资源的浪费，而当他们联合起来共同参与到混合所有制企业协同治理中来，在多种资源与功能相互碰撞与融合的过程中，如同化学反应产生多种新的物质，这种物质表现为资源和功能的再造与创新，从而产生单个主体力不能及的治理成效，实现混合所有制企业外部治理"1+1>2"的协同效应，这也是外部协同治理系统超越性的具体体现。

5.2　混合所有制企业外部协同治理的主体分析

根据前文对系统理论的分析可以看出，从理论上来说，混合所有制企业外部协同治理是一个复杂的概念，其中的利益关系主要涉及两个方面：其一为众多的利益相关者，例如股东以及顾客等群体；其二为政府、媒体等存在间接联系的外部主体，内外部协同治理是紧密相连的，彼此之间都能够产生很大的影响，其重要性不言而喻，下面是对混合所有制企业外部协同治理主体的分析。

5.2.1　中小股东

所有权是一个较为复杂的概念，在混合所有制企业中，国有股东对企业的经营管理活动有着重要的作用，国有股东代表国家的权益，其目的并非简单地追求更多的财富，而是存在更加高级的追求，比如要求企业履行保护环境、扶持弱势群体、维护社会稳定和国家统一等社会责任和义务。但是国有股东并不是公司唯一的所有者，并非完全地掌握了企业的决定权，其中还包括了大量的非国有股东。混合所有制企业的非国有股东的终极目标是实现利润最大化，强调自身股权收益最大化。因此对此类混合所有制企业来说，假如国有股东拥有企业的控制权，会影响其他中小非国有股东的经济利益，导致资本无法实现最为理想的增值效果。如果非国有股份占据绝对的话语权，则企业的经营活动受到的行政干预较少，企业会朝着利益最大化方向靠近，但是也可能导致混合所有制企业出现私人投资者侵占中小国有股东利益，造成国有资产流失等相关问题。因此，在混合所有制企业的日常活动过程中，如何协调大股东与异质中小股东在目标及利益上的冲突，会影响混合所有制企业的长期发展。

5.2.2　债权人

债务治理功能，外在表现属于债务人所负担的源自债权人方面施加的相关压力，以及破产系统所构成的影响，若是相关的经营行为面临失败的风险，并未完成债务契约的履行，则债权人方面能够将基本的债权转成相关的股权，进一步变更企业的归属，其作为破产处理之后最为科学的资本结构，依据法律法规如对企业进行破产、清算或重组等。充分发挥债权人在混合所有制企业日常经营活动过程中的重要治理作用，不仅为混合所有制企业防范了风险同时也保证了债权不受侵害，在企业有能力还本付息的能力的状况下，债权人不应参与混合所有制企业的经营管理，只有当企业出现危机时，债权人才应该承担起相机治理的功能。

5.2.3　政府

我国的市场经济正在蓬勃发展，我国政府也正在逐渐转型，只是作为引导正确方向的旗帜，不会参与到混合所有制企业的经营管理活动中来，而是让市场这只无形的手来自行调剂。但在特殊时期或是特殊的产业中，政府还会对企业单位带来显著的干预影响，进而让混合所有制单位上至管理层下到基层员工都对综合成长产生一定的不确定性以及不安全感，而此类干预进而表现于混合所有制企业相关的经营活动内，导致混合所有制企业出现经营决策行政化、人员管理等各方面的问题而疲于应付，企业综合负担显著增加，从而对混合所有制企业的整体成长造成显著的负面影响。

5.2.4　其他外部利益相关者

利益相关者是由斯坦福研究中心研究人员在其内部备忘录中首次提出的，其发展也经历了从"股东至上主义"到"利益相关者影响"，再迈向"利益相关者参与"，最后实现"利益相关者共同治理"这四个阶段。简单来说，受企业行为影响或能够影响企业行为的个体都可以称作"利益相关者"，所以利益相关者从广义上来讲涵盖了许多主体，以混合所有制企业内外边界为标准又可以分为内部与外部利益相关者，其中外部利益相关者主要包括中小股东、债权人、顾客、政府、媒体等。在我国混合所有制企业外部协同治理中，利益相关者是非常重要的参与者，他们并不是以前"搭便车"的利益享受者，而是积极参与企业协同治理的协同者。同时他们也负有与其他协同主体协调合作的义务和责任，从而共同实现协同效应，构建共参共赢共享的局面。

5.3　混合所有制企业外部协同治理的途径

5.3.1　中小股东协同治理路径

（1）混合所有制企业中小股东协同治理的现状分析

混合所有制的本质是把国有资本和民营资本结合在一起，混合所有制企业制度建设的难点之一，是需要高度重视混合国有资本和民营资本的行权平等问题。对于国有控股公司来说，民营资本大多属于中小股东，而我国资本市场对中小股东权益的保护还有待加强。国企在中小投资者权益保护系数方面的平均参数是 45.327 9，中央企业在该参数上为 45.401 7，地方国有控股上市公司中小投资者的均值为 45.288 7，可见多数企业对中小股东的保护相对较差[①]。

很多民营企业家提出，国企建设新的混合所有制模式，可能造成我国经济国进民退的问题，民资以小股东的身份进入国企体系，最后的结局可能被国有资本约束，导致其权益未能获得有效的保护。另外，一些国企负责人和政府则认为如果国有资本不控制民营资本，将会导致国有资产流失。由于国有资本和民营资本的市场交易不透明，对"国有资产流失"又缺乏严格的法律界定，国企负责人在混改过程中需担负"国有资产流失"的责任，这也是国企负责人不愿积极发展混合所有制的重要原因之一。

但国有资本和民营资本进行混合的关键就是平等，如果过分强调国有资本的控制力，必然会导致民营资本有所顾虑。只有各方面达成良好的公平体系，同时在平等的前提下平等地行使权力，才可以让多种资本达成高效的融合，演变为多种资本的高效合力，共同应对市场中的风险问题。否则，民营资本不但不愿意进入，还会导致混合所有制企业缺乏活力，抗风险能力降低。

---

① 本章投资者保护数据来自《中国上市公司中小投资者权益保护指数报告 2015》。

（2）混合所有制企业中小股东间相互冲突分析

一是，选举董事以及监事的矛盾。混合所有制企业股东以及监事会作为股东自身权益的基础机构，股东派遣可代表自身基础利益的人加入其中进行权力行使活动，因此股东存在的利益矛盾核心集中为股东针对董、监事职位存在的竞争效应。而在多数决定的基础准则下，控股股东所安排的代表往往会占据较多的票数。而董事会成员的具体选择不仅会被相关的控股股东控制，同时还有很多董事直接听从大股东的各项指令。若是有大股东同时管控董事、监事的选任，则其拥有了企业实质上的决策权。所以在拥有控股股东的企业中，股东存在的矛盾问题往往会更加显著。

二是，股利分配的矛盾。混合所有制企业股东开展投资活动的基础目的是收获丰厚的股利，而股利在具体的划分上是遵照股份的比例来进行界定的，参照的是实际的持股比例以及类别来开展分配活动。针对拥有控股股东的混合所有制企业而言，大股东会选择对自身更为有利的分配方案。在此情况下，遵守按股分配的基础准则或许未能实现公平的效果。若是混合所有制企业整体的经营效果未能达到理想的状态，再度将融资获得的资金纳入红利的范畴开展分配，其显然对企业长久利益造成了损害，并且对中小股东也构成了间接侵害。

三是，收购环节的利益矛盾。在混合所有制企业的收购程序中，收购企业因为控制成本等方面的考虑会私下和大股东进行沟通，依靠较高的溢价来获取大股东持有的股份，从而忽视了其他中小股东的表决权，导致混合所有制企业其他股东未能享有溢价的待遇。而且部分股东因为资本、专业以及信息等方面存在的弱势，只能充当收购环节中的被动参与主体，各方面的企业活动都以控股股东为核心，其或许会因为收购方提供的额外补偿以及承诺而做出影响企业和其他中小股东权益的决定，在此类收购活动中，混合所有制企业中小股东的基础权益没有被有效地关注。相对于正常的经营活动而言，企业收购环节的矛盾更为显著。

四是，中小股东和经营者的冲突。在现代企业体系中，股东和经营者两方面的冲突很难有效规避，两者之间的利益矛盾核心为下述几点：①追求目标存在的区别。混合所有制企业若实现利润最大化，经营者可在其中得到相对较多的利润，但是其在运营环节中会更加关注成长的问题而并非收益，伴随混合所有制企业的成长变化，经营者得以完成相关的附属目标，例如伴随企业规模的不断扩大，经营者可获得丰厚的薪酬、较高的奖励等，也有可能加入所有者的行列。在此情况下，经营者或许会为相关的附属目标而选择放弃部分股东权益。②对待风险的区别。经营者往往认为当自身将众多的人力以及财富投入到企业的时候，其自身承担了额外的风险。但是在混合所有制企业体系中，股东财富的投资仅有较少的占比，同时股东可依靠证券组合的方案来实现风险的分担，而经营者所承担的雇佣风险难以有效地分散。在此情况下，经营者往往会拒绝部分存在风险的项目，或是尽量使用多元化的方式来控制风险、提升工作的安全性。比如经理人员往往会选择风险小、见效快的项目，显然，以这种目的进行的多角化经营，势必损害股东利益。③道德风险以及逆向选择。股东希望经营者努力工作，进而提升混合所有制企业价值，但是股东很难判断经营者的努力程度，如经营者耗费企业的经费进行出国考察，而股东很难判断其出国工作的效果，也难以判断其是出于公务目的还是私利旅游目的。在此情况下，经营者可能存在挥霍的行为，也可能会使用自身掌握的信息来控制证券交易，部分人群会存在非法转移资产或粉饰报表信息等严重问题。可以说，混合所有制企业分工格局一旦形成，信息不对称的问题便会随之出现，股东与经营者的利益冲突将不可避免。股东与经理人员都追求自身效益的最大化。较松散而缺乏组织的股东而言，经营者更加集中并且有良好的组织，也更容易向立法者施加影响。因此经理往往会开发自身控制的各项资源，部分情况下会采取损害所有者利益的方式来谋取私利，而并非尽职尽责地工作。

综合前文的各方面分析，混合所有制企业控股股东针对控制权采取的争夺活动和针对混合所有制企业资本存在的侵占行为，构成了对中小股东权益的显著侵害。对当代中小股东而言，信息不对称导致其在企业环境内居于被动或是无助的境地，同时因为对"参与成本"的过度计算以及"搭便车"等问题而缺乏加入股东大会的主动性。加之中小股东欠缺基础的参与认知，在投票以及诉讼权等方面也存在一定缺失问题，进而导致大股东演变为博弈的胜利者，进一步采取侵犯中小股东利益的活动。为有效处理混合所有制企业各方面的利益矛盾问题，本章认为可通过下述两点来加强协同。

一方面，混合所有制企业中形式和实质平等地整合。在现有的公司法体系中共同遵守的基础准则为股东权平等。其中包括形式和实质两类平等，前者代表同股同利、同权的规定，实际目的为避免中小股东因为持股过少而无法加入经营、管理以及分类等活动中。但仅有该原则性的规定，在实践操作中存在较为明显的短板，因为混合所有制企业中持股比例的巨大差距，控股股东拥有过多的决定权，中小股东拥有的表决权就变成了浮于表面的制度。针对该问题，有必要在形式平等的基础上，为混合所有制企业中小股东提供特殊保护。

另一方面，混合所有制企业中股东之间权力分立与制衡。对于股权高度集中的混合所有制企业而言，因为混合所有制企业的董事、监事多数为控股股东指定，导致企业管理权归属控股股东享有，参照的基础准则，在此类情形中混合所有制企业设计的分权、制衡体系无法发挥实质的效果。很多国家为有效地制衡股东而构建了独立董事和监事来加强监管，实现更好的制衡效果。如果针对独立董事以及监事依旧采用股东会的模式来进行选举，最终的制衡性以及独立性将会有明显的折扣。当前具备良好可行性的方案是以少数股东等主体负责提名，以股东大会来在提名区间中进行判定，表决环节中控制股东需要采取回避程序。伴随治理体系外部效应的不断强化，业界对该问题关注度的不断增加，配套立法和规范的不断完善，中小股东加入治理活动的积极性也在不断提升，各方主体在利益博弈下为中小股东提供了更为完善的保护。

（3）混合所有制企业中小股东参与协同治理有效途径

中小股东加入混合所有制企业治理环节中的基本方式有以下两类。

其一为表决权，即其对股东会决议享有的投票决定权。该权利可归入固有权以及共益权的领域，属于股东基本权利的重要组成部分，是股东权的重点构成。换言之，股东以持有股份为基础享有对应的表决权，并参照具体的股份比例采用多数通过的判定模式。此处的平等权并不是相关股东均存在一致的表决权，而是等额出资或是相关股份有着等同的表决权，股东参照具体的出资和持股比例得到基本的表决权，每份股票权力相同。但因为中小股东持有的股份较少，最终的表决活动无法影响企业的决策，加之表决权的行使需要耗费一定的成本，因此会出现很多中小股东搭便车，甚至不愿去行使自己表决权的情况，因为即使行使了权利作用也不大。

其二是用脚投票权，即股东在股票市场将拥有的公司股票转让出去，与企业划清关系，企业的发展与自己没有关系，通过这样的形式来保护自己的权益。但这种用脚投票的方式对中小股东权益保护不一定完全有效，因为其不一定能够导致公司股票价格下降，公司经理层也不见得会受转让后接管的威胁。因此，这两种传统的方式已经不能够有效地实现治理，也不能完全保护中小股东的权益，中小股东要真正实现对混合所有制企业的治理，就必须探索新的治理途径。同时，中小股东的外部治理也是一个特别复杂的过程，通过许多企业的案例分析，本章认为中小股东可以通过以下途径来参与混合所有制企业的协同治理。

①累计投票制度

在传统的以股份比例为基准的投票体系中，存在着"一股独大"的问题，不仅如此，国有股东还可以获得政府提供的政策扶持，其导致大股东采取侵占行为的概率大幅提升。所以，政府有必要暂停适用于国有股东的政策扶持方针，针对中小股东采取配套的累积投票制，这也是保护中小股东权益的必要规定之一。在许多国有控股企业内，因为国有股份额过高的特征，加之享有一定的政府支持，进而导致了大股东过度侵占民营资本权益的问题，这是导致中小股东难以参与决策、缺乏对董事会监督的动力的重要原因，因为他们基本上没有进入作为决策机构的董事会的可能性。在资本市场相对成熟的西方国家，累积投票制是保护中小股东的关键制度、在保证国有股权和民营股权同股同权的基础上，将累积投票体系引入混合所有制企业公司治理中，是保障民营股东和其他中小股东"话语权"的重要协同治理路径。

直线、累积投票属于相对照的基础制度，前者的实际机制为股东使用自身持有的表决权进行直接的投票选择活动，即简单多数原则。作为传统的投票方式，直线投票制的操作极其简便易行，但也存在不足之处，即大股东能占据重要席位，而混合所有制企业中小股东将与其失之交臂。若仅从表面上看，认为该种选举方式是公平的，那是因为其符合"资本多数决"原则，但是，这可能造成董事会的所有席位被持股较多的股东占据。累积投票制最初源自竞选领域，在产生之后就获得了公司法领域研究者的普遍关注，并将其转移到公司董事选举的活动中，演变为获得普遍认可的新选举模式，同时可以和直线投票的方式并行存在。其属于直线模式的进一步修正，实际目的为提升混合所有制企业中小股东候选人加入董事会的可能性，降低大股东存在的过高影响力。

举例来说：M公司要选举9名董事，其中公司中小股东a占有45%的股份，控股股东b占有55%的股份。假设使用直线投票制进行选举，按照每股一票计算，控股股东b所推荐的候选人将会当选，股东a的投票权将不能发挥作用，其所推荐的候选人也将无法当选，因而这样对中小股东非常不利。若是采用累积投票的模式来进行9位董事的选择，股东a的持股比例为45%，实际投票权折合405票，而股东b的持股比例为55%，等同于拥有495票的选票权。若股东a的想法是让心中最满意的5名董事候选人当选，放弃剩下4名董事的推举，则其可以每人投81票；若b股东平均使用他的495票，则9名董事均可获得55票。依据该方式来计算，a选择的5位候选的票数为81，均可进入董事会，而b选择的9位候选人最终的票数仅有55票，因此只有4位可加入董事会，该规定可更好地保障中小股东的合法权益。

②实行表决权排除制度

其也被称为表决权回避，即股东若是和决议事项有利害关系，则股东自身或是相关的代理人，均禁止对于相关问题开展表决。表决权排除并非简单的预控体系，同时也属于救济表决权的基础制度，诸如对董事、监事会所进行的人事安排，混合所有制企业中小股东不但可直接加入其中，还能够强化人事管理，从而更加高效地监督董事的活动。表决权作为被普遍使用，同时在董事选举活动中获得普遍认可的特殊制度，若该制度落实得当，可以避免大股东依靠自身票数的优势来侵害混合所有制企业中小股东或企业的合法权益，确保股东大会具备更为理想的公正性。英美国家提出，对于会议的决议进程，若大股东进行的表决活动存在影响股东利益的情况，大股东此时应采取表决权回避，由其他不存在利害关系的股东加入到决议过程。对决议进行撤销处理或判定无效，可依靠诉讼程序来达成，但此类救济方式缺乏基本的预防性和经济性。若是使用关于表决权排除的各项规定，少数股东的持股数量超出规范限制的情形中，超出限额的股份不享有表决权。该制度可以高效地避免大股东的控制活动，在一定程度上减少混合所有制企业大股东和中小股东控制权的差距。

③类别股东大会议决制

类别股即在实际的股权体系，有着较多种类的股份构成，例如同时由普通股、优先股等股份构成。而该制度代表类别股东大会，针对关系到类别股权益的问题采取决议判定。混合所有制企业构建基础的类别股东大会的目的是保障中小股东的权益免于遭受侵害，并且制衡大股东所具备的各项权利。所以依靠该制度，混合所有制企业少数股东能够摆脱控股股东等进行的控制活动，以此来避免其基于自身的利益而做出不公的表决。因持有流通股的股东，多数分布于全国各地，即使这类股东对企业的经营和管理有个人看法，但是由于收益和成本的考量，未必会加入到股东大会程序中。所以为契合现代股东体系的决议程序，混合所有制企业有必要设计新的线上投票方案，从而使股东无须前往现场进行投票活动，而得以在世界各地便捷地行使自身享有的表决权。与之对应的是，混合所有制企业将加入表决体系内的流通股进行详细的规制，同时纳入类别表决体系，从而提升股东的对应代表性。当混合所有制企业参与表决的流通股股东数达到其比例的50%或2/3以上时，投票结果才能视为有效。为保障流通股方面的基础权益获得有效的行使，混合所有制企业有必要提升整体的表决能力和综合素养，加强关于类别表决的配套宣传工作，进而提升此类表决的透明度表现。因为类别表决往往会导致"一股独大"的问题，为避免合谋问题的产生，提升综合表决程序的透明度，混合所有制企业应当披露前十大股东的意见信息，从而令投资者以及公众对其进行有效的监督。因为当前股权流通体系依旧在构建中，所以类别表决的规范还存在一定的不足，但无法否认的是其对于保障中小投资者权益效果显著。因此相关机构需要为其构建配套的制度保护，并且构建新的网络投票系统，从而避免股东等主体合谋违规的问题产生。

④保障知情权，采取信息披露制度

其代表着将相关实体的基本信息提供给其他使用者的基本过程，强制披露作为基本的审查监督规定之一，属于立法体系中明文规范的需求公开披露以及交易紧密关联的各方面信息。实际效果为，混合所有制企业一些中小股东以配套的公开信息作为基准，进而针对实际的投资模式进行判断，但政府并不针对其内在价值进行相关的肯定或实质性的审查活动。对于混合所有制企业市场而言，政府需要实现下述几点：依靠强制披露的规范，严格控制市场欺诈以及内幕交易等问题。强制披露作为政府规范市场的重要措施，特别是针对存在制度缺陷的市场而言，其属于确保信息有效披露、及时以及高效利用的关键措施。较为明显的是，信息披露对于股东决策权的行使以及资本体系的稳定有着关键的影响，是上市企业实现资源优化配置的关键要素。其可以使得混合所有制企业中小股东在较为公平的情况下获取对应的关键投资信息，以此来避免资本市场中存在的证券欺诈或者是内幕交易等问题，混合所有制企业为中小股东的基础权益提供了更为高效的保护。

充分的运营信息披露让混合所有制企业的行为更加透明，这样可以大幅度降低监管者监督市场和企业中小投资者行使权力的成本。由于企业信息披露不充分或不及时，使得网络股东大会大部分流于形式。虽然国家目前制定的信息披露制度比较完善，但是企业市场执行力度较低。部分混合所有制的公司在披露方面过度简陋，部分情况下会对非公平关联交易采取长时间隐匿的处理，其对股东知情权构成了显著的侵害。

因为信息不对称环境中的内部交易等行为存在的庞大利润空间，大股东往往难以进行有效的披露和监督活动，其对于企业的治理构成了显著的负面影响。而对于中小股东来说，突出透明度属于保障自身权益的重要方式之一。透明度对上市企业来说，即规范股东、债权以及其他投资人的资本使用，通过高效的披露活动来公开准确的财报数据。以该视角来分析，优良的企业治理体系应当鼓励配套的披露活动，其中涵盖财务以及偿付等多个领域的数据，并且还要求保障此类数据具备良好的真实性和充分性。综上所述，完整、及时、系统和准确的信息披露体系对于保障混合所有制企业的中小股东权益有着极为重要的影响，有助于通过降低信息不对称程度起到监督大股东的作用。

⑤集体诉讼和索赔立法权

投资者所具备的各项基础法益，都需要依靠完善的法律救济体系来达成高效保护，集体诉讼属于法律保护体系的重要救济方式之一。其使得遭遇侵害的投资者得以演变为完整的集体，参照特殊的条文规范，通过相关的代表人以集体的身份来进行权利的行使和权益的维护活动，进而使集体内部各方主体都可以获得一定的利益。以发达国家为例，集体诉讼由专业律师进行风险代理活动，在其集体组织的基础上进行各种诉讼问题的处理程序，部分情况下，律师会自行代垫相关的受理费。在胜诉之后可获得与赔偿额对应比例的报酬；在败诉的情况下，或许会因为代理协议内的相关条款而不收取任何费用。

国企若是想要推进混合所有制的发展，有必要充分开发民间资本的庞大力量，而为其提供完善的利益保护体系，作为激发其投资积极性的主要方式之一。集体诉讼制度产生的影响集中于下述两点：其一，因为集体诉讼存在较强的威慑效应，使得企业会投入更多的精力进行自我约束，从而避免权益侵害问题的产生；其二，该制度可以提升投资者的信赖。即便目前的法律体系，针对投资者享有的赔偿权拟定了较为完善的实体法律保护架构，但是在程序法领域的诉权保护还存在一定的缺陷。若是在后续的立法活动中，可构建新的集体诉讼以及索赔制度，则可将侵害合法权益的控股股东和经营者纳入法律规制的范畴，相关的违法者必然会因为自身的违规活动而付出相应的代价。

⑥降低行权成本，落实决策和监督参与权

中小股东的法定权利是决策权和监督参与权。大幅度减少混合所有制企业中小股东的行权成本，降低行权成本的改进，能够依靠网络股东大会和信息披露等方式来推进，而依靠临时股东大会等方式在发起提案的同时开展累积投票、单独计票，或者利用网络进行投票等多种途径则可以有效保证混合所有制企业中小股东决策和监督参与权。然而，在现实中，一方面，行权成本由中小股东自己承担，而行权收益却为全体股东共享。另一方面，因为股东权利存在的不均衡现象，导致中小股东的基础诉求难以获得制度的保护。大股东和中小股东之间的矛盾与冲突导致中小股东在参与股东大会普遍存在"搭便车"现象，参与热情降低。为有效开发中小股东的主动性，可以控制行权成本，采取配套的累积投票体系作为基础，同时采取配套的网络股东大会。但值得注意的是，举办网上股东大会的关键在于信息的完备性和真实性，如果完备性和真实性缺失，网上股东大会也就没有了意义，因此到目前为止实行网上股东大会的公司还非常少。

⑦完善独立董事制度

英美国家采取配套独立董事规范的目的为监督相关的控股股东、经营者以及董事等各方面的交易活动，进而使公司以及中小股东的利益得以保证，随后我国《公司法》的第一百二十三条也颁布施行公司独立董事制度。独立董事规定在相关的施行环节中，依靠独立董事对相关权益的有效行使，进一步更为高效地保护中小股东的权益，优化企业的各项治理活动。但是现有的独立董事体系能否产生理想的效果，还受限于董事会可否独立行使各方面的功能，而国内现有的独立董事体系还需要更进一步的强化。因此可以从以下三个方面入手。

第一，独立董事市场化。混合所有制企业和相关的中介机构实现深入的合作，中介机构方面处理市场中的招聘活动，开展规划的培训以及筛选活动，构建关于独立董事的相关档案库，从而方便混合所有制企业选定可满足企业需求的独立董事。混合所有制企业为相关的中介机构提供配套的中介开支，进一步聘任相关的独立董事，这样两方面主体都得以获得一定的利益。但同时监管部门以第三方的身份按照"三公"原则对上市公司和中介机构进行严格监管。

第二，董事薪酬机制的合理化。独立董事制度是建立在其贡献性与独立性的一种平衡之上。若想维持此类平衡，可参照股票期权的相关规定，不仅可使独立董事做出的贡献获得丰厚的回报，还能将其薪酬和长期经营指标进行关联；同时独立董事的实际薪酬，可依靠多种模式进行综合判断，而并非单纯地依靠股东会的模式来判断。在此情况下，独立董事不但可以加入战略拟定环节拟定高效的经营策略，加入人才的任免活动，同时还能维持自身的独立性。

第三，为独立董事拟定更为科学的业绩评价体系。混合所有制企业董事会通过多个模式的系统评价来优化整体的绩效体系，其中包括针对积极性以及尽职尽责状况的考察，并将相关的绩效参数纳入后续续聘、解除以及调整薪酬的基准参考的范畴。并且还需要提升评价活动的透明度以及影响力，进而使其声誉和评价存在密切的联系，依靠声誉来实现约束的效果。参照中国目前的市场状况，混合所有制企业以一股独大的模式作为核心，中小股东的权利未能获得有效的保护，因此有必要尽快完善独立董事制度来保障中小股东的合法权益。

5.3.2 债权人协同治理路径

在协同治理方面的相关分析中，存在一个共同特性，即一般都忽略了债权人的功能。现实而言，因为外部环境的变迁以及理论研究的突破，债权人在此类治理方面具有的功能出现了本质上的变化，其成了混合所有制企业治理方面的一员，而且自身的地位和重要性也在不断凸显。

（1）债权人参与混合所有制企业协同治理的内涵

由于债权人与混合所有制企业之间存在直接利益上的关联，因此具有一定程度上的治理权，其在理论角度能够划分成两种：

一是自愿债权人，即在自愿的前提下与混合所有制企业完成协议或进行了交易的债权人。这种情况下又能细致划分成两类：①合同债权人，其意义是由于有关主体达成相关合同而因此对混合所有制企业具有一定程度的管理权力。借贷关系一般是指在银行机构与混合所有制企业之间发生，银行机构由于提供流动资金而具有混合所有制企业的债权。交易合同债权人的概念是主体提供给混合所有制企业一定的产品或者服务，但是并没有马上支付相应的钱款而形成的债权关系。②证券债权人，即社会上的组织或者个人因为购买了混合所有制企业发行的公司债券而出现与之存在的债权关系。

二是非自愿债权人，即在与主体意愿不相符的情形下意外成了相应的债权主体。假如混合所有制企业没有开始申请破产步骤，这类债权人对于混合所有制企业的部分管理权是根据双方达成的协议完成的，不过此类主体在跟公司形成债权关系的时候并没有交流和签订协议，使其要真正发挥治理权比较困难，所以，如果相关侵权混合所有制企业维持着正常运转，实际参与控制管理的主体均为自愿债权人。不过如果混合所有制企业因经营问题而开始申请破产，根据我国在该领域的法律法规，公司的控制管理权会移交给债权人，而此时非自愿债权人同样拥有对企业的控制管理权，根据公司的规章程序参与治理活动，当然有协议在先的特殊情况除外。

（2）债权人成为混合所有制企业治理一员的原则

当混合所有制企业因经营不善而开始破产步骤后，股东会把混合所有制企业剩下的管理权转交给债权人，债券主体由此开始进行对混合所有制企业的治理控制活动。此类情形下混合所有制企业的治理互动比较简单，如果混合所有制企业维持着正常运转，则需要对债权人、股东以及管理人员等综合利益进行衡量和协调。

①协议原则

假如混合所有制企业维持正常运转，债券主体成为混合所有制企业治理一员与股东的最大不同是，前者拥有的一定程度上的控制权，具体需要协议内容以及法律法规来划定，而股东具有的是剩下的全部控制权。换言之，债券主体成为公司管理一员的权利并非债权关系赋予，而是由双方协议、内容规定的。有问题需要注意，首先，债权主体能够与混合所有制企业股东就参与混合所有制企业治理的问题进行充分交流，法律角度上不接受债权人跟混合所有制企业股东就混合所有制企业管理的问题形成协议合同。其次，债权主体能够与股东就混合所有制企业管理和控制的相关事宜进行协商，即双方就混合所有制企业的控制权力归属达成合理一致的分配。不过这类权力划分并不是随心所欲的，正如前文分析所指出的，控制权的分配应当在公司法允许的范围之内。

②受让性原则

就理论角度而言，一定的控制权以及剩下的全部控制权，二者之和为混合所有制企业的全部控制权。一定控制权的内容是双方根据合同内容来进行划分的，而剩下控制权部分应该根据该领域的法律法规来衡量。不过在实际意义上的混合所有制企业创建中，混合所有制企业的股东跟债权人成为混合所有制企业治理一员的时间并不是对等的，在混合所有制企业成立之初，股东就跟混合所有制企业的高层人员就控制权等内容进行了划分和充分协议，并达成了合约，换言之，混合所有制企业的控制权早已完成了相应的分配。混合所有制企业完成创建后，才开始一系列的经营操作，并在这一环节中出现了不同形式的债权关系，混合所有制企业的债权人寻求部分控制权，以后来者的姿态参与到混合所有制企业的治理活动中。

③平等原则

该原则指的是不分先后次序的债权人在参与混合所有制企业管理活动方面权利对等。此类主体成为混合所有制企业治理一员是由于双方存在的债权关系，不过混合所有制企业跟外界形成的债权关系中，性质千差万别，这一权力实际存在先后顺序的问题，比如优先债权、一般债权等分别意味着不同的优先次序。次序一致的债权主体具有一样的混合所有制企业风险，所以参与混合所有制企业治理互动的权力应该也是不分大小的。

④有限原则

根据混合所有制企业契约的相关内容，混合所有制企业在维持运转的情形下，股东手中持有的控制权比重较大，有关债权主体在赔偿方面具有一定的优势。所以，考虑到混合所有制企业激励政策的合理落实，债权主体对于混合所有制企业的控制权应该是有一定限度的。此外，假如缺乏对债权人相关治理权力的范畴约束，由于债权相对于股权来说的优先性，必然会导致投资者在要求剩余控制权的同时，还要求取得优先请求权。这对于并不能获得剩余控制权的债权人来说是不公平的。因此，债权人参与公司治理应当要坚持优先原则。

（3）债权人参与混合所有制企业协同治理的现状分析

①贷款审查制度

混合所有制企业向银行发起贷款的时候，银行机构会对混合所有制企业的运营状况、财务能力进行综合评估。在形成借贷关系后，依然会对混合所有制企业的资金去处以及运用的所得成果展开监管。贷款之前的监督活动是为了充分评估混合所有制企业的还贷能力和经营能力，减少银行机构面临的资金风险，充分排除贷款混合所有制企业出现违约的可能性；借贷关系确立后的监督主要是围绕相关资金的运用来展开，努力避免出现道德因素方面的问题；而贷后监督的概念是相关银行结合混合所有制企业的绩效表现来对混合所有制企业的运转水平和经营效果开展检测，同时努力避免经营风险的出现，保障银行自身的利益实现。银行三个不同的监督阶段如表5.1所示。

表5.1　银行三个不同的监督阶段

监督阶段	事前	事中	事后
功能	项目评估	对企业运营和经营者的相关互动开展监督	评估公司的财务能力，按照不同的信号，针对性地给出惩罚或纠正性措施
处理对象	逆向选择	道德风险	责任和义务

②主办银行制度试点

通过对银行制度的探索经验进行总结，央行在1996年6月出台了相关政策，并决定从1996年7月开始，在300家大规模国有公司以及北京等7座标志性城市的此类企业开展试点推广，重点落实主办银行制度。这一制度的主要内容是：主办银行制度实施需要符合自愿、平等、互利、诚信等基本原则。其主要的服务目标是大规模的国有型企业，主办行与借款主体之间需要实现较长时间的稳定合作关系。在成立这一关系的时候，需要大力实行银行贷款，此类做法不仅可以满足混合所有制企业的资金需求，还能将贷款行为存在的风险降低到最小，主办行在联合放贷的行为上应该起到牵头的作用。原则而言，公司的主办行应该符合唯一性特征，不过就一些规模很大的公司集团而言，由于特殊情况，在相关部门的批准下可以出现两个主办行。我国在该制度的大力推广后，形成了一定的积极局面。

③政策性债转股

商业银行跟混合所有制企业的关系问题是金融领域改革长期需要解决的重点问题。长期以来，国有企业的大量呆账、坏账增加了银行的金融风险，银行因此而感到困扰。因为国有企业在行政领域面临着较多的压力和外部干涉，在形成贷款关系后，由于监督难以实施以及政策阻碍等因素，银行成为公司的重要债权人后，难以真正地参与到企业的治理活动中，银行方面具有的实际影响微乎其微。银行主体往往还会因为不良借贷关系的存在而深陷泥潭，利益受损。在银行坏账等顽固问题的处理上，该领域的专家学者提出了很多积极性的应对措施。有学者认为可以把满足相关条件的企业的银行债权转化成股权的形式存在，国有银行除了能够在处理坏账问题上积极作为，还能够以股东的姿态参与到相关企业的现实治理活动中。同时在这一环节中，还要推进公司的经营活动改革，加快企业朝着现代化的方向前进，不断提升企业的综合实力。1999年，我国创建了四个相关资产管理企业，重点应付国有银行等对应的一些特殊资金问题。结合国家部门的相关精神，对一些政策支持的特定企业实行债转股制度。在我国，这种转股一般是以国有银行成立的相关金融公司为投资的主要构成，把相关银行之间存在的不良贷款资产转化为此类金融企业对公司拥有的股权，而之前的还本付息等模式也出现了相应的转变，变成按比例分红。政策性债转股除了能够大大降低商业银行面临的金融风险，还能缓解其面临的债务压力，另外，还承担了现代企业结构转型的重要任务。按照国务院在该领域的重点安排，债转股的重点目标是经营不善或者利润很小的企业。此类企业的产品在市场竞争上可圈可点，不过因为面临的外债压力因素，其具备的偿债能力显然缺乏，自身的资金运作压力也大大限制着企业的后续发展。

（4）债权人、股东与管理层协同治理分析

①股东和债权人的利益关系分析

其中所存在的基本联系是可不对称的委托代理，因此也涉及代理风险、成本以及债权和债务等方面的问题。虽然债权人是混合所有制企业资金的供给者，但债权人并不像股东那样有权直接参与混合所有制企业的决策和管理，通常被排除在公司治理机构外，同时在大部分情形之中，混合所有制企业的决定权归属股东，债权人并不加入经营活动中，难以获得可靠的财务数据。但债权人承担的信用风险相对更高。即便其可以在财务困难的情况下对经营以及理财活动采取相应的干预措施，但是此类事后干预的制度规范对于控制损失以及风险的效果有着显著的限制。参照经济学领域的相关分析，债权融资属于特殊的外部融资模式，其中可演变为相关的股权架构、现金流等效应，可以解决混合所有制企业治理环节的各种代理问题，在此情况下股东、债权人两者之间存在共同的利益。

第一，混合所有制企业股权结构效应。事实上，普通的负债融资活动对于资本架构存在的优化效应还包含更多的问题。其一，绝对持股不变的情形中，提升负债融资的比例可增强股权的集中度。其二，在法人持股不产生变化的情况下，提升负债融资的占比会提升法人股占比。若是债权人可实现硬性约束的效果，在股权较为分散以及法人、管理等持股偏少的情况下，提升负债融资的额度会提升对应的股权集中度，达成更高的管理持股份额，进一步将股东监督和管理、股东等基本权益相关联。其三，负债融资对股权结构的影响，不仅提升了激励效应，控制了其中的代理成本，同时还可监督约束控制大股东的违规问题。而若是中小股东依靠相关程序来将自身的监督权进行委托处理，则不仅可解决中小股东在搭便车方面的基础需求，同时也可使相关的大债权人实现更为理想的监督效果。债权相对集中和管理层持股比例相对增加将会提高经营者追求绩效的动力，同时负债也使失败的风险增加，增强债权人的监管意愿。

第二，混合所有制企业自由现金流效应。混合所有制企业存在显著现金流的情况下，股东以及经理人之间的冲突会愈加显著，其中核心为红利的处理问题。经营者更侧重于将红利投入后续的混合所有制企业运营中，同时也可将其纳入私人名下，过度投资也是允许的，这样来进一步地降低资金的使用率，最后就产生了代理成本。其一，经理效用的提升源自其将相关的现金流投入私人利益。其二，其所掌握的资源会因为对股东进行的给付活动而有一定的减少，进而使其控制的权力缩水。在内部融资环节可一定程度上避免出现此类监控，也可以针对潜在的融资失败或是高成本融资开展相应的规避活动，但是大量的内部融资会降低对管理层的监督水平，进而影响最终的激励效果。其三，经理有加速混合所有制企业成长到大于最优规模的主动性，在规模更为庞大的情况下，经理手中控制的资源比例相对更高，进而具备更多的权力。但是实现更高的价值以及获得更为丰厚的回报方才属于股东的目标，规模大和高效之间并非完全相同。所以，怎样确保经理科学地处理相关现金流，而并非进行不当的投资活动，属于混合所有制企业治理环节中的关键问题之一。

第三，混合所有制企业价值指示效应。最初是罗斯（ROSS）将信息经济学领域的相关研究成果引入资本架构的研究活动中的，其基于相关的不对称理论设计了新的激励模型，以缓解管理者因掌握关于企业未来投资风险相关的内部信息而造成的信息不对称问题。由于相关的内部信息难以实现有效获取，于是只有通过间接方式来判断市场价值在相关经理者方面所传递的基础信息。因为实际的破产概率和混合所有制企业质量之间构成负相关的联系，同时和负债状况构成了正相关的联系，实际质量存在区别的公司在等同的负载环境之中，最终的破产概率存在一定的区别，优秀的混合所有制企业破产风险偏低，而质量偏差的混合所有制企业则有着更高的破产风险。换而言之，在相同的负债水平中，优秀混合所有制企业的成本相对更低，而偏差混合所有制企业难以模仿前一类企业的发展模式。所以质量状况的信号，能够依靠实际的负债状况来实现传递的效果。信号传递论提出，经营者会对市场开展信息传递活动，以自身进行的相关行为作为基础，而投资者能够依靠针对经营者的相关活动开展推测，进而获得相关信息，也就是公司治理过程中存在的信息不对称问题能够通过债券融资来减缓。

②债权人与管理层的利益关系分析

混合所有制企业管理层所获得的最终收益包括两个方面的基础构成：其一为薪酬收入，股东或者是相关的股东代表会影响实际的经营者薪酬收益，而混合所有制企业的盈利状态和薪酬参数之间存在紧密的联系，在盈利更为丰厚的情况下，管理层方面所获得的薪酬回报更为丰厚，而在实际盈利偏差的情况下，管理层方面实际的薪酬收益也维持着偏低的状态；其二为自由现金流的占比，职务消费是基本消费的构成之一，而现金流构成影响的要素较为复杂，经营状况对其产生的影响较为显著，容易影响混合所有制企业实际的股息状态，但对债务的影响较小。所以，针对实际的资产价值变化在管理层、债权人以及负债等方面并没有利益矛盾的问题，实际的产值提升以及负债缩减是各方主体均存在的共同愿望。利率冲突同样存在于资产波动率间，公司资产波动率增大不是债权人愿意看到的结果，与之相反，管理层更希望看到资产显著波动，其代表着相关的管理层使用债权人具备的各项资产开展冒险活动，假如实际的冒险获得了成功，那么管理层方面的人力资本效益会有显著提升，而若是冒险活动陷入失败境地，则相关损失也需要债权人来负担。

（5）债权人参与混合所有制企业协同治理的具体途径

在实际操作中，相关的债权人不仅可以加入混合所有制企业治理机构内，同时也能按照资本监管的模式加入混合所有制企业治理活动内，也就是债权人积极地行使自身具备的基础权利，同时履行相应的义务。其中的重点问题为，债权人可依靠和借款人之间的谈判活动，在特殊情形中加入治理环节。综合前文的各方面论述，资本监管体系的优化是处理现有混合所有制企业治理问题的有效方式之一。

①委派代表进入公司监事会

在新《公司法》的基础上产生了"公司自治"的相关定义，由此企业的组织机构也能够开展更为高效的设计活动。对监事、董事以及股东会而言，银行或许会加入董事以及监事会体系中进行治理活动，但是因为其中的利益矛盾问题，银行通常仅仅可安排相关的代表加入监事会，而无法介入董事会的活动。从立法层面效益和成本对比的视角来分析，开放银行加入监事会的模式具备更为便捷、高效以及低成本的特征，因此仅需要《公司法》针对"银行参与公司内部监督"的问题开展详细的规范，银行即可享有对应的参与权，此类模式显然是更为理想的方案。整体而言，监事的具体判断可参照《公司法》是否存在下述规范，也就是：混合所有制企业和银行之间是否存在约定，银行可派遣相关的代表加入混合所有制企业监事会。若是存在该约定，那么银行就享有对应的监督经营活动的权利。

②资本监督

通过对相关《公司法》条文的修订，删除了关于对外投资的各方面约束要件，规范了分期交纳问题，增添了相关出资模式，同时也控制了法定资本存在的限额影响。而且在新《公司法》文件内也对关联交易拟定了更多制度内容，需要混合所有制企业来承担对应的社会责任，同时增添了关于注意义务的各项规定，加入了人格否认的相关规范，完善了现有的各项审计规范，但是要求构建配套的新制度来应对资本体系的变化。详细而言，需要对债权人基础权益保有更高的关注度，充分关注动态资本的发展和相关实缴资本的披露问题。查找域外相关的制度规范，以债权人负责资本监督的情形主要有下述几点。

第一，查阅混合所有制企业财务账册及相关资料。在《日本商法典》的第二百八十二条第二款中提出：债权人、股东可阅览报表的监察报告书，也可以获取对应的抄本等资料。除此之外，《俄罗斯股份公司法》的第一百零五条也有着较为类似的款项，其中规定：账簿记录、递交年报、进行信息披露等活动，都属于公司执行机关的基础义务。通过前述条款的基本内容可发现，管理者有提供相关财务数据的义务，而债权人享有的知情权和股东应是相同的，而且管理者需保证财务信息的完整、真实和及时性，该制度可在《公司法》中进行规制。

第二，要求混合所有制企业缴付出资，保证资本充实。债权人在认定相关的债权保存活动存在必要性的情况下，可依靠法院程序在请求出资活动之前督促混合所有制企业进行对应的出资缴付活动，但前提是要有保存的必要性。针对并未到期的相关债务，混合所有制企业需要依靠担保等方式反驳前述请求；针对到期的相关债务，混合所有制企业需要依靠履行债务的方式来进行反驳。而在没有资产能够偿还债务的情况下，若是因行政方面并未履行法律、章程规范采取保障措施而导致的问题，则需要针对债权人承担对应的责任，债权人在混合所有制企业以及股东并未履行相关请求权的情况下可进行权利的行使活动。若是想要保障整体资产良好的完整性，确保相关主体依据法律或是章程的规范来进行缴付活动，则可要求混合所有制企业以及董事承担资产充实以及出资义务，进而保障混合所有制企业的有效运转。而且管理者需保证财务信息的完整、真实和及时性，该制度可在《公司法》中进行规制。针对债权人因为并没有履行保障财产完整义务而导致的各种责任，由董事来承担。仅有在满足撤销要件的情形中，债权人才可以撤诉，开展相关的和解程序。公司债权人行使诉权与公司放弃诉权的行为不相关联。

第三，违反混合所有制企业分配利润时返还请求权。而在混合所有制企业存在违背前述条款进行股息及红利的分配活动中，债权人可发出相关的退还请求，同时可提出对应的损失赔偿诉求。参照《韩国商法》的第四百六十二条，在违反法律进行利润分配的情况下，债权人可向公司提出返还的诉求。《德国股份法》的第六十二条也有着类似的规定，股东需要将违背法律存在的不当利益做给付返还的处理。在债权人不能有效取得公司的债权清偿时，也可以行使这项权利。第九十三条的第五款规定，若是债权人未能在混合所有制企业中获得应当具备的基础补偿，则可以对混合所有制企业提出相关的赔偿诉求。若是有董事明显违背自身承担的重视以及注意义务，则相关的债权人也可提出对应的赔偿诉求。只有做到有效地监督利润分配，才可以使公司依法经营。这项规定也应该为我国《公司法》所借鉴，以防止债权人利益被混合所有制企业侵害。

第四，混合所有制企业董事对债权人承担基础的责任。而对于违法、违背章程和过失等问题，董事需承担基本的连带责任，即通过加重董事责任的方式来使董事充分履行其义务。在前述四项规定外，债权人还可通过减资保护程序等来达到资本监督的效果。

第五，协议约定参与混合所有制企业治理。"控制风险的基本策略之一，即对企业活动采取配套的控制措施。"在银行和混合所有制企业订立借款协议的情形中，借款人和相关管理者能够参照具体的交易地位以及混合所有制企业状况来判断。例如针对贷款信息的真实性以及完整性问题开展认定活动，在实际负债率高于特定参数的情况下禁止其后续的借款活动，在担保大于资产特定比例的情况下则需承担对应的报告义务，排除普通情形中加入董事会的基础权利外，混合所有制企业还需要参照相关的公司法规范进行治理架构的优化活动，在混合所有制企业将要面临困境的情形中，将相关的控制权转移到债权方面。当前，因为现有的混合所有制企业治理架构欠缺可靠的监督体系，所以有显著的逃废债问题产生。未来的制度完善应当兼顾银行利益以及混合所有制企业监管问题，在信用体系存在短板的市场环境中，让银行加入治理体系属于较为理想的方案之一，有助于形成更为符合市场需求的银企关系。

5.3.3 政府协同治理路径

政府协同治理路径是指政府以及相关主体在特定的职责范围中，依靠公共权威以及治理架构等方式来开展密切的合作，共同开展各方面的公共事务管理工作。该定义存在四个方面的基础内涵：第一，政府角色转换。政府并非简单的治理"代名词"，企业以及公民都可以加入治理活动，其属于民主、和谐社会的集中表现。第二，以相关组织的自愿平等以及协作为基础，依靠协同治理的方式提升综合处理效率。贯彻"整体大于各部分之和"的基础认知，构建高效的协同治理体系，依靠特定的方式使多种要素实现高效整合，其中产生的功能总和会显著超出相关子系统独立、分开情形中相关功能的对应代数和。第三，权威的多样性。尽管治理活动需要一定的权威，但此类权威并非单纯地限制于政府方面，其他相关的治理主体也能够在公共管理体系中彰显对应的权威性。第四，不局限于特殊的治理模式，而属于各种治理模式的有效整合。

由于政府和混合所有制企业之间具有密切的利益联系，使得政府享有加入混合所有制企业利益分类的对应权力，核心集中为下述几点：政府所征收的相关税务，依靠所有权而获得的基本收益、针对利润而收取的所得税等。税收长期以来属于保障政府系统有效运转的关键"燃料和动力"，而混合所有制企业的税负也属于政府收入的核心构成，在混合所有制企业经营体系存在问题，又或是偷税、漏税的情况下，会导致政府收入明显降低，这显然会影响政府行政职能的发挥。政府以保障就业为经济成长的关键目标，而混合所有制企业作为解决就业问题的核心力量，其实际的经营状态会对"产业后备军"造成显著影响，进而对社会的和谐稳定造成一定的间接影响。除此之外，政府所设计的相关购买清单和配套的工程开支规划，也要求混合所有制企业为其提供配套的协作以及扶持。政府属于具备两方面定位的特殊主体，它与混合所有制企业之间存在极为紧密的联系：以社会管理者的定位加入收益划分环节，混合所有制企业需要参照法律的相关规范进行利益分配活动，即税款的征收；以使用投资者的身份进行相关利润的分配活动。所以，政府利益包含显性和隐性多种问题，前者有税款和投资回报，后者则涵盖就业贡献等。

（1）政府协同治理特点

政府协同治理以相关的网络技术为基础，针对相关的业务、管理以及服务体系开展优化与扩展活动。综合的治理架构不仅需要达成本部门的高效协同，进而构建横跨多个部门的协同体系，同时还需要实现多个主体之间的协同。政府协同治理具备显著目标性、开放性以及动态性等协同治理的基础特征，同时还有着主体多维性以及集成性等治理协作的基础特性。具体政府协同有下述五个特点。

第一，目标性。根据协同理论的相关要素，协同将达成系统综合的演进目标充当基础的目的，若是并不存在对应的总体演进目标，那么相关的子系统以及部门也会缺乏基本的协作、支持以及促进效应，进而导致综合系统的发展缺乏明确的方向。通过前述分析能够得出，显著的目标性属于综合系统的基础特征，引导系统中相关的系统属于全局目标，而配套的目标也属于各方主体有效协同的重点。协同治理作为较为特殊的系统，各个子系统的基础协同效应可以有效处理各方面的问题，进而保障综合目标的顺利达成。

第二，开放性。参照协同学和组织理论所提出的系统强调开发的特点，只有构建开放式的体系方才可以和系统外部开展高效的物质、信息以及人才等要素的交换，若非如此则难以实现有序的状态，形成更有利的结构与功能，使整体与局部同步走向更佳的协同发展和自组织过程。电子政务也具有开放性的特征，它是以互联网技术为重要基础的。因此，电子政务环境中的政府协同治理系统一定要持续与外界进行物质、能量等的交换，才能产生协同。

第三，动态性。系统中相关的协同效应并非完全静止的，而是属于特殊的动态化进程。相关系统或部门的联系，在具体的目标达成环节中，需要以系统成长的实际状态为核心，进而采取高效的调控和修正措施，进一步确保整体目标的顺利达成。相关参与者存在的动态演变、需求资源存在的动态变化和相关流程所存在的动态演变等特征，属于动态性的核心表现。除此之外，当前的电子政务体系并不是凭空出现的，而是以原本的电子政务体系作为基础演变而成的。国内政府机关研发以及使用相关的政务系统还在持续发展，大部分系统已经被证实是行之有效的电子政务应用系统，电子政务协同要对原有系统有兼容性，同时，还应当具有可扩充性来面对未来的变数，能不断适应环境等的变化。

第四，主体多维性。在当前电子政务演变体系中，整体的民主意识在不断增强，也有更为丰富的渠道可加入政府治理活动，使得协同治理中存在各种组织、企业以及公民等多维化主体，各主体关系应受治理机制协调，且治理系统中各个主体也存在互补的关系。只有相互之间达成密切合作，政府、企业和第三部门等相关的主体，方才可以解决各自存在的不足，实现更为理想的基础效果。

第五，集成性。集成的英文是 integration，从字面的定义来分析，其中包含整合、集成以及一体化等基本的定义，其代表着为实现整体化的目标，协同治理子系统间可以高效、协调地运作，进一步实现更为理想的整体治理效益。在实际的治理系统中有着较多的子系统，而相关的子系统也存在着极为密切的联系。集成性特征体现为政府在协同治理过程中参照实际的业务方式以及管理思想而进行有效的整合，并非将各方面的模块开展简易的排列工作，在具体情况下，相关的子系统可以开展协调同步的基本治理活动，进而使得地域、部门以及层级等不存在过多的约束，各个主体的信息资源得以高效整合，进而实现在标准化平台中进行高效协同治理的目标。

（2）混合所有制企业与政府的利益冲突分析

混合所有制企业与政府之间在许多方面都有着矛盾。因为混合所有制企业更认可个人主义，而政府则强调集体主义的元素，两者因道德认知不同而不可避免地存在矛盾。例如在纠纷中较为多见的偷漏税问题，混合所有制企业通常会采用各种方式来避税，以此获得更为丰厚的利益，而此类行为显然会侵蚀政府的利益。混合所有制企业、政府以及社区之间出现矛盾的原因之一即社会成本。社会成本的具体演变和混合所有制企业私利活动存在密切的联系，若是决策和行为的着手点以及判别标准是自身的效用或者是股东利益，那么混合所有制企业管理层就会关注到与企业的社会责任相关的问题，从而必须面对社会成本的问题。但是实践中的情形为，大量的混合所有制企业致力于依靠各种方式来提升综合的资本利用率，而给社会造成明显的经济损失。污染环境以及滥用优势垄断等问题，都是因混合所有制企业过度转嫁成本而导致的，此类问题都给社区居民以及政府目标造成了显著的压力。对代表多方利益的政府来说，有必要针对混合所有制企业构建完善的制度体系，从而更好地保护社会利益和秩序，具体而言就是需要对混合所有制企业的各方面活动进行高效的干预以及约束。政府一般对地方的经济建设有较高的关注度，而其和混合所有制企业目标存在显著的差异，进而导致了双方矛盾的产生。

（3）政府参与混合所有制企业协同治理的具体途径

政府作为全体利益关联主体中地位和作用最为独特的存在，其特殊性体现在无论混合所有制企业处于何种状态，政府都会积极地参与混合所有制企业事务。第一，税收以及股权收益等使得政府有着加入利益分配的基础诉求。第二，政府庞大的社会目标要求依靠混合所有制企业的力量来解决，诸如加速就业、解决公共工程的资金需求等，同时混合所有制企业综合的供货以及质量等方面的表现也会显著影响最终的政府绩效。第三，政府基于保障社会利益的角度而针对混合所有制企业进行规范活动，因其属于各方利益的代表者。所以，没有哪个混合所有制企业的经营活动可彻底脱离政府行为的约束，在"无政府"的模式下活动。政府可通过控股的模式来进行内部治理活动，也能够依靠法律、行政和经济等模式开展监管工作，进而完善综合治理活动，例如建立相关的治理指标架构、对经营者采用配套的施压措施等。

政府核心依靠公共契约的模式来管理各方面的混合所有制企业活动，依靠经济、行政以及法律等多个方式的共同运用而实现监管的效果，从而从根源上规制混合所有制企业运转，使得制度体系的基础价值功能得以有效发挥。但是政府需要兼顾监管和自由两方面的问题，并尽可能在保障安全的基础上提高混合所有制企业的运转效率，不得片面强调监管而限制混合所有制企业的运转。在现代化的发展环节中，混合所有制企业监管需要从聚焦资本监管逐渐转移到聚焦资产监管；从最初设立监管机构转移到经营环节实施全周期监督；从原本的静态体系向着动态化的模式转变，避免过度监管造成的负面影响。除此之外，有必要参考域外的相关经验，比如董事会方面构建配套的公共政策委员会，以此来协调政府和混合所有制企业的基础联系。

5.3.4　其他外部利益相关者协同治理路径

（1）顾客参与混合所有制企业协同治理

顾客是企业生存的基础，销售是混合所有制企业发展的源泉，混合所有制企业通过向顾客提供需要的商品来实现销售收入。顾客和供应商的利益要求存在相似之处：供应商期望混合所有制企业可以长期平稳地运营、解决相关的供应需求，并通过特定的模式参与混合所有制企业治理环节；而消费者期望享有优良的产品、理想的价格以及配套的服务等。尽管产品所有权在销售环节中会发生转移，但是其中还涉及售后以及投诉等问题，所以消费者期望混合所有制企业可以稳定地运营，进而确保自身后续的利益免于遭受侵害。

针对用户加入混合所有制企业治理活动的情况，因用户并非混合所有制企业股东，所以无法加入股东大会，而监事会方面也仅仅是处理相关的监督职能，而并未参与决策和管理。所以为实现基础的治理目标，同时有效发挥顾客加入的影响力，本章认为顾客以董事的身份参与混合所有制企业的相关治理以及决策活动，是顾客参与治理的理想方式。

第一，设立顾客委员会，将混合所有制企业挑选的顾客董事人员组成相应的委员会，让混合所有制企业董事层的高层领导人员来组织委员会的相关活动，并切实保障其落实，定期开展会议，真切保障顾客的参与治理权力。该委员会能够对混合所有制企业的具体事务进行表决，同时发表自身意见，提供董事会参考意见。

第二，顾客董事直接成为董事会下专业委员会成员。顾客单方参与供给方企业治理活动，与供需双方彼此成为对方治理主体不同。而在此处，单方参与的概念是需求方参与供给方的一些治理活动，而后者并不成为前者相关公司活动的一员，此类情形下，供给企业对需求企业有着高度的依赖性；而彼此参与的概念是指供需双方均成为对方企业的治理组成人员，此类情形下，二者之间形成的关系更加密切，双方的命运共同体意识更为强大，有战略同盟的意味。

（2）机构投资者参与混合所有制企业协同治理

机构投资者是参照相关的法律文件，具备投资基金以及证券等资质，同时经过基本审批程序完成登记的特殊机构。作为中小投资者的代表者，为实现相关目标，要在规定时间里以及可认同的风险区间中，将各方面的资金进行集合管理，从而达到综合投资效益的最大化。

第一，征集委托投票权。股东大会作为混合所有制企业的权力机构，作为所有股东共同构成的机构，可对混合所有制企业内部的关键事件进行决定，可以选择以及解除相关的董事，同时对混合所有制企业的经营活动有普遍的决策权。普通股东的核心权力是投票权。但对于股权较为分散的国有控股企业而言，普通投资者的份额过小，在大会中进行的投票活动无法左右混合所有制企业的决策。若是期望自身产生理想的影响力，则需要预先进行投票权征集工作，进而说服其他股东将投票权委托给自身，在获得更多投票权的基础上方可获得更强的话语权，以此来影响混合所有制企业的决策。

第二，行使股东提案权。通常情况下，股东在股东大会之中实际提交的、可令大会进行审查以及表态等程序的基础议案以及议题被称为基本的提案权。股东针对特殊目的，能够向股东大会递交相应的细节或详细的议案，如选举董事议案等，也能提出相关的议题。此类权利可以使投资者将相关的问题提交到大会中进行表决，进而对管理层造成压力，提升投资者在混合所有制企业内部的影响力，进一步达成有效的监督以及参与效果。参照新《公司法》的条款："持股超过3%的股东，可在大会之前递交书面提案，董事会在两日内告知相关股东，将提案提交至大会中开展讨论。临时提案内容需要覆盖于大会的职权范畴之中。"该制度可保障表决、审议的效率，而且还可以有效地保护议案权。

第三，机构投资者联合行动。其可通过团结的模式共同活动，例如构建相关的联盟组织，进而控制投资者方面的维权成本，并且相关的机构可依靠联盟组织的模式分享其所获取的混合所有制企业信息，进一步达成集体决策以及共同交流的效果。因为少数投资者的股份难以对抗控股股东，从而导致了投资者的力量相对较弱。而若大量投资者进行协同活动，则可以在股东大会中有效行使自身的权利，管理层也需要尊重其提出的意见以及诉求，从而可依靠此类方式来影响实际的决策，加入治理活动中，保障自身基础的权益免于遭受侵害。

5.4 混合所有制企业外部协同治理的保障系统

5.4.1 制度保障

对于混合所有制企业外部的协同治理，需要有相应的制度来进行保障。

第一，不可缺少的是法律制度，包括混合所有制企业资本法律制度、银行制度、税收制度等。混合所有制企业资本法律制度，是混合所有制企业资本相关的制度总和，混合所有制企业的资产包含自身财产、负债和其他权利，其中自身财产来源于股东出资，负债是向银行贷款构成的。站在法律角度来看，则是法律对资本构成的归纳，主要是国家对混合所有制企业资本的组成、变动、数量、收付、分红等问题的规定。其大致包含：出资方式制度、最低注册资本额制度、出资收付制度、资本变化制度、出资转让制度、分红制度等。银行制度是调节混合所有制企业与债权人之间关系的规定，对混合所有制企业的建立、运作都发挥着重要的作用。银行通过对信贷资金周转情况、存贷款金额的变化、资金投放与回收的差异、转账运算的金额与方向变化情况等，能够将混合所有制企业的运行情况全部体现出来，为领导者做出决策提供可靠的信息。税法制度在混合所有制企业纳税方面进行了相应规定，税收具有经济调节的作用，主要是在增税和减税方面来调节社会各主体的相关利益，进而引导与规范主体的行为，调节资源配置，最后为混合所有制企业的发展指引方向，达到调节经济目的，促进经济发展进步。

第二是政策制度，对混合所有制企业影响较大的有货币政策制度与财政政策制度。货币是一种交易手段，货币能让商品流通起来，这样混合所有制企业才有收益。在现代社会中，货币必不可少，在每个行业都发挥着很大的作用，而货币政策属于国家调控经济政策的一种，在调节混合所有制企业行为上也有着举足轻重的影响，近年来我国的货币政策一直实行的都是稳健型货币政策，该政策不仅能够促使我国经济市场中的货币总量达到相对稳定，并且也能够降低一定的市场风险，对当前我国的经济形势起到了较大促进作用。自党的十八届三中全会后，国家对企业采取了扶持政策，混合所有制企业也不例外，国家给予的资金支持促进了企业发展，也增强了企业的市场竞争力。国家采取了很多年的积极财政政策，近年在此基础上进行了"减法"，即采取减税降费，其结果是能让企业留出更多资金，放在投资项目、技术创新、增加员工福利等方面，进而增强企业竞争力。

其实，除了上述制度外，还有许多制度在不同程度上影响着混合所有制企业外部治理，比如物价政策、产业政策、社会保障政策等。

5.4.2　环境保障

除了制度保障外，对混合所有制企业来说环境保障也是不可或缺的，总结起来，环境保障主要包含了政治环境、经济环境与社会文化环境等。

政治环境主要对企业的政治与法律系统方面产生影响，以及制约其运行效果，主要包含政治制度、军事状况、政治方针、法律法规及体系等方面。在混合所有制企业外部实践来看，混合所有制企业的外部政治关系、政治状态、政治机制等是否有序运行，都对企业的发展起着关键性作用。在有序的政治环境中，通过竞争企业可以得到正当利益，可以更好地生存与发展，在混合所有制企业日常管理时，企业要研究政治环境的稳定性、政治风气、政治状态等。

经济环境是指对企业生存与发展产生影响的经济水平与经济政策，是影响消费者消费结构与支出模式的要素，它包括收入与消费水平的变化等。其主要包括以下方面：经济制度、社会经济结构、经济政策、经济增长水平与将来经济发展方向等。其中，最主要的内容有经济形势、经济环境以及经济发展水平状况等。常用衡量指标包括国民生产总值、国民收入、人均国民收入、物价水平、经济增长速度、收支情况，利率、政府支出、汇率等货币政策，对混合所有制企业的生存和发展有着重要的作用。

任何企业都处在社会文化环境中，社会文化环境主要指企业的社会结构、风俗习惯、宗教信仰、价值观念、行为规范、生活方式、文化传统、人口规模与分布等方面的要素。社会文化环境对企业的日常经营活动有着很大的影响，比如文化传统会直接对人们的需求层次产生影响；风俗习惯或宗教信仰会抵制企业某些活动的开展；人口规模与分布可能会影响商品的供求与消费等，对混合所有制企业外部治理是一种"软性"制约。因此，在混合所有制企业进行外部治理时，要研究企业所处的环境状况，防范可能对企业造成的不良影响，采取措施，提高治理效率。

5.4.3　其他保障

对于混合所有制企业外部协同治理的保障系统来说，除了上述制度保障与环境保障之外，还涉及其他一些保障，比如政府保障、行业组织保障、舆论保障等。

第一，政府保障。政府在企业外部的协同治理上发挥着至关重要的作用，是混合所有制企业达成较高的外部协同治理效果的基础保障。对于政府而言，其要确保能在当地的经济市场始终处于稳定运作的状态，并结合实际的市场特点，进一步制定相关的法律法规，保障各个股东的合法权益不受侵害。早在1993年，我国政府就已经制定出台了《公司法》，这是我国最早的针对企业治理的法律，在混合所有制企业的外部协同治理中起到了积极的影响。

政府对混合所有制企业外部协同治理的保障实际上具有两层含义。从宏观上来看，政府机关可以根据经济市场的实际运营状态以及经济发展规律，进一步制定出针对性较强的法律法规，从而保障市场经济的有序化运行，这就在很大程度上为各个企业创造了积极的外部法治环境。从微观上来看，相关的经济管理部门可以对企业的各项经营活动进行及时的监督和管控，实现对企业的严密约束，这就大大提升了企业运行的效率并使其更加规范。

第二，行业组织保障。行业组织存在于企业外部，对混合所有制企业外部协同治理起到了巨大的助推作用。需要注意的是，行业组织在实际上并不会参与到企业的各项产品交易之中，其具有公正性的特征。行业组织的运行目标就是最大程度上保障该行业的集体合法利益，并以经济业务为依据开展活动。

在本质上，行业组织也是市场主体之一。其存在于企业的外部，又是整个行业中的权威组织，可以对行业中企业的各项运营行为进行及时的监管，在企业与政府的交流沟通中起到了积极协调的作用，除此之外，其还可以根据企业的实际情况提供相应的法律咨询以及资产评估等多项服务。

第三，舆论保障。舆论保障对于外部协同治理而言，起到了不可代替的巨大作用。之前震惊世人的华尔街世通假账案就是一个典型例子，在事件爆发后，各方媒体是最早的事件报告者和行动者，随着社会舆论的不断加剧，其在很大程度上推进了企业治理的水平，对民众以及当地的政府机构都造成了巨大的影响。

5.5 外部协同治理的运行框架

综合前文分析，本章构建了如图 5.2 所示的混合所有制企业外部协同治理运行框架。混合所有制企业外部协同治理是一个庞大的治理系统，其具有开放性、复杂性、巨量性、超越性等特征，要使如此浩大的工程有序地运行，需要调动系统内各个要素，并充分发挥各个要素的功能与优势，实现个体与个体、个体与企业之间相互融合，最终实现整个系统的超越性。

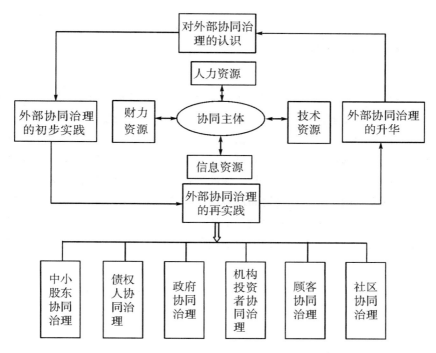

图 5.2　混合所有制企业外部协同治理运行框架

图 5.2 表明，混合所有制企业外部协同治理系统的有序运行离不开外部各主体的参与，它们要能各司其职，充分发挥各自的优势，通过有效地利用各主体的资源，实现资源的整合与再造。这些资源主要包括人力资源、财力资源、信息资源、技术资源等。多元化的资源也是联结外部主体与企业的重要纽带，使各主体与混合所有制企业构成一个完整的、有序的、庞大的、开放的有机系统。在有机系统的有序运行下，各参与主体还需要从外部协同治理的认识出发，经过初步实践、再实践、认识升华、再认识的治理环节，形成一个循环往复和信息反馈的闭环系统。从微观的角度分析，闭环系统主要是由各主体与企业间治理关系支撑着，主要包括中小股东协同治理、债权人协同治理、政府协同治理、机构投资者协同治理、顾客协同治理、社区协同治理等。

5.6　本章小结

本章首先分析了混合所有制企业外部协同治理的结构以及主要特征，重点论述了开放性、复杂性、巨量性、超越性四个特征。其次分析了混合所有制企业外部协同治理多个参与主体，包括中小股东、债权人、政府、其他外部利益相关者等，并详细探讨了混合所有制企业外部协同主体参与企业治理的途径，主要包括中小股东协同治理、债权人协同治理、政府协同治理、机构投资者协同治理、顾客协同治理、社区协同治理等。本章最后分析了混合所有制企业外部协同治理的保障系统，主要包括外部制度保障与外部环境保障，以此为基础构建了混合所有制企业外部协同治理系统的运行框架。

6 混合所有制企业大股东侵占的多因素协同治理研究

本章基于双重委托代理冲突的视角，构建理论模型研究了小股东法律保护、混合所有制企业国有大股东初始持股比例、股权集中度、管理层持股、国有大股东侵占行为和管理层努力行为之间的相互作用机理。通过设定合理范围的参数，使用 Matlab 工具对模型进行了具体的数值模拟和分析。研究发现，混合所有制企业中国有大股东侵占与小股东法律保护程度以及国有大股东初始持股比例成负相关；最优股权集中度与小股东法律保护程度成负相关；最优管理层持股比例与小股东法律保护程度和国有大股东初始持股比例成正相关；对于初始股权集中度较低的混合所有制企业，国有大股东期望收益与小股东法律保护程度成负相关；而在初始股权集中度较高的混合所有制企业，国有大股东期望收益则与小股东法律保护程度成正相关。该研究丰富了大股东侵占治理的相关文献，为我国混合所有制企业大股东侵占的优化治理提供了新的方法和理论依据。

6.1 研究背景

混合所有制改革被确立为当前国企深化改革的重大战略和基本模式。在国有企业混改过程中，国有股东与民营股东之间可能在经营理念、战略制定、利益分配等多方面产生冲突（剧锦文，2016)①。一方面，国有股东往往会利用自己的股份优势，迫使混合所有制企业执行政府政策，而不顾其是否具有商业价值，国企部分民营化后的政策性负担会显著增加，而政策性负担的增加对国

---

① 剧锦文. 国有企业推进混合所有制改革的缔约分析 [J]. 天津社会科学，2016 (1)：93-98.

企部分民营化后的经营绩效有显著负面影响；另一方面，非国有股东具有侵占国有资源、不断壮大自身的动机，从而可能导致国有资产流失。混合所有制中代表不同产权属性的国有大股东和民营小股东之间的利益冲突问题导致混合所有制企业中的大股东侵占问题更为突出。

有关大股东侵占治理的研究也已成为公司治理领域的重要话题。目前，大股东侵占治理研究可大致分为两类：一类研究假设管理层与大股东利益一致，是一致行动人；另一类研究引入管理层持股，认为管理层与大股东之间的利益具有不一致性。就第一类研究而言，现实并非总是如此，2010年"国美控制权之争"以及后来的"万科管理层股权争夺战"就已经说明管理层与大股东之间的利益并非一定一致，尤其是当管理层持股后。第二类研究探讨了管理层持股对大股东侵占行为的影响，认为管理层持股后，成为公司的小股东，管理层的利益与公司的长期利益趋于一致，能够抑制和制衡大股东的侵占行为。然而，这一类研究往往忽略了大股东是激励合约等内部公司治理机制设计和实施的主体。大股东在对管理层进行股权激励时，毫无疑问会考虑管理层持股对自己的侵占行为带来的影响。总体来讲，这两类研究主要都是实证研究，都将小股东法律保护、大股东持股以及管理层持股等多个因素视为影响大股东侵占行为的独立因素，没有考虑这些治理因素的内在联系。

本章认为应当将混合所有制企业大股东侵占行为、小股东法律保护、大股东持股和管理层持股联系起来进行多因素协同治理研究。本章旨在解决的关键问题是：基于双重委托代理冲突的视角①，将小股东法律保护程度和大股东初始持股比例作为治理混合所有制企业大股东侵占行为的外生因素，将股权集中度和管理层持股作为治理混合所有制企业大股东侵占行为的内生因素，构建理论模型研究小股东法律保护、国有大股东初始持股比例、股权集中度、管理层持股、国有大股东侵占行为和管理层努力行为之间的相互作用机理。

6.2　文献综述

大股东侵占是新兴经济体的公司治理面临的主要问题。传统英美国家的公司治理问题主要是管理层与股东之间的委托代理问题。作为代理人的经理与作

---

① 双重委托代理冲突指大股东与小股东之间的利益冲突、管理层与股东之间的利益冲突这两类冲突。

为委托人的股东存在利益冲突（principal-agent conflicts），即第一类委托代理冲突，经理会利用所拥有的生产经营和资本运作的权力，做出偏离股东价值最大化目标的行为。这一问题源于英美公司的股权结构高度分散，所有权和控制权两权分离（Jensen and Meckling，1976）[①]。然而，新兴经济体的公司治理的主要问题不再是管理层的委托代理问题，而是大股东与小股东之间的利益冲突问题（Kothari et al.，2009），即第二类委托代理冲突[②]。新兴经济体中普遍存在的股权集中和有效外部治理机制的缺失共同导致了大股东和小股东之间频繁的冲突。大股东与小股东的利益冲突常常导致大股东对小股东的利益侵占。

同大多数新兴经济体类似，中国大部分上市公司股权高度集中，面临着大股东与小股东利益冲突的问题（Kim and Zhang，2011）[③]。中国的上市公司主要由中央和地方政府直接控股，或者由政府通过作为上市公司控股股东的国有企业和政府拥有的专业机构与组织间接控股。20世纪90年代末的国有企业股份制改革以及2003年国资委的成立，政府将国有企业的控制权更多划转给了国有控股公司，国有控股公司掌握了公司的多数股权和控制权。由此，中国上市公司更多是以国有大股东控制下的管理层实际经营的模式出现。在这条控制链中，大股东的代理问题也随之产生。大股东往往将自身的私人利益凌驾于公司利益之上。大量实证研究表明，在中国上市公司中，大股东为了自身利益而转移上市公司资源、掏空上市公司价值的行为严重。国有大股东同样存在为满足自身利益掏空上市公司的现象。而且，由于国有大股东不是最终的委托人，仍然是代理人，其私人利益与所控制的上市公司利益发生偏离的可能性及程度相较于非国有控股的上市公司更大。

新兴经济体面临与英美国家不一样的公司治理问题，需要研究者构建不同的理论模型来加以解释并进行相应的实证检验。已有关于大股东侵占治理的文献主要集中于法律监管、股权结构和管理层股权激励等因素对大股东侵占行为的影响的研究。

在研究小股东法律保护程度对大股东侵占行为的影响文献中，La Porta et al.（2002）通过建立"抗董事权力指数"（anti-director rights index）发现，

① JENSEN M C, MECKLING W H. Theory of the firm: Managerial behavior, agency costs, and ownership structure [J]. Journal of Financial Economics, 1976 (4): 305-360.

② KOTHARI S P, SHU S, WYSOCKI P D. Do managers withhold bad news? [J]. Journal of Accounting Research, 2009, 47 (1): 241-276.

③ Kim J, Li Y, Zhang L. Corporate tax avoidance and stock price crash risk: Firm-level analysis [J]. Journal of Financial Economics, 2011, 100 (3): 639-662.

小股东受到法律保护的程度越好，大股东侵占程度越低①。Ge et al.（2012）研究发现，企业内部治理机制与法律制度够降低大股东掠夺的代理风险，提高银行的贷款意愿②。郑国坚等（2013）研究发现，当大股东遇到财务困境时，法律监管可以有效地抑制大股东的掏空行为，起到外部治理作用③。

在研究大股东持股比例对大股东侵占行为的影响文献中，Johnson et al.（2000）④、Claessens et al.（2002）⑤ 和 Lemmon and Lins（2003）⑥ 都发现，大股东持股比例越高，大股东侵占程度越低，公司价值越高。吴育辉等通过建立理论模型发现，大股东对公司越了解，大股东的专业能力越强，中小投资者保护水平与大股东持股比例越高，越会降低大股东的掏空意愿和掏空水平。

在研究管理层股权激励对大股东侵占行为的影响文献中，Wang and Xiao（2011）指出大股东会通过与高管合谋的方式侵占中小股东利益，这种行为虽然会降低企业业绩，但对管理层实施股权激励能够增强高管薪酬敏感性，从而抑制大股东与高管合谋的意愿⑦。

相较于第一类关于大股东侵占治理的文献，第二类文献考虑了管理层与大股东之间利益的不一致性。但两类文献共同的不足之处在于，将影响大股东侵占行为的这些因素，不论是小股东法律保护、大股东持股、股权集中度还是管理层持股都简单当做独立的自变量引入实证模型，没有考虑这些自变量内在的关系。

本章认为混合所有制企业管理层的持股比例由大股东决定，与大股东的初始持股比例有关，而混合所有制企业的股权集中度是大股东授予管理层股份之后的持股比例。这些治理因素的内在关系可以简单表述为：在混合所有制企业

① RAFAEL LA PORTA, FLORENCIO LOPEZ-DE-SILANES, ANDREI SHLEIFER et al. Investor protection and corporate valuation [J]. The Journal of Finance, 2002, 57 (3)：1147-1170.

② GE W X, KIM J B, SONG B Y. Internal governance, legal institutions and bank loan contracting around the world [J]. Journal of Corporate Finance, 2012, 18 (3)：413-432.

③ 郑国坚，林东杰，张飞达. 大股东财务困境、掏空与公司治理的有效性——来自大股东财务数据的证据 [J]. 管理世界，2013 (5)：163-174.

④ JOHNSON S, La P R, LOPEZ-DE-SILANES F et al. Tunneling [J]. American Economic Review, 2000, 90 (2)：22-27.

⑤ CLAESSENS S, DJANKOV S, Fan J P H. Disentangling the incentive and entrenchment effects of large shareholdings [J]. Journal of Finance, 2002, 57 (6)：2741-2771.

⑥ LEMMON M, LINS K. Ownership structure et al. Evidence from the East Asian financial crisis [J]. Journal of Finance, 2003, 58 (4)：1445-1468.

⑦ WANG K, XIAO X. Controlling shareholders' tunneling and executive compensation：Evidence from China [J]. Journal of Accounting and Public Policy, 2011, 30 (1)：89-100.

中，首先，小股东法律保护程度和大股东初始持股比例影响着大股东对股权集中度和管理层持股比例的选择；其次，股权集中度和管理层持股比例影响着大股东侵占行为和管理层努力水平；最后，小股东法律保护程度、大股东初始持股比例、股权集中度、管理层持股比例、大股东侵占行为和管理层努力水平之间形成了一个复杂的关系。

6.3 假设提出与模型构建

6.3.1 假设提出

混合所有制企业的大股东是国有股东，小股东为民营股东或其他属性不同的股东。国有大股东（L）初始的持股比例为 $r \in (0, 1)$，剩下 $1 - r$ 的股份分散在小股东之间。国有大股东（L）授予管理层（M）的股份比例为 β，国有大股东（L）授予管理层（M）股份之后的持股比例为 α，$\alpha + \beta = r$，α 可代表股权集中度。管理层持股后，成为公司的小股东，参与分享公司剩余收益。所有股东，包括管理层，都是风险中性的。

管理层观察国有大股东的侵占行为，管理层选择努力水平 $e \geqslant 0$，成本为 $c(e)$，$\dfrac{dc(e)}{de} \geqslant 0, \dfrac{d^2c(e)}{de^2} \geqslant 0, \dfrac{dc(0)}{de} = 0$。

国有大股东观察管理层的努力带来的产出，选择侵占小股东利益的行为 $m \geqslant 0$，成本为 $c(m)$，$\dfrac{dc(m)}{dm} \geqslant 0, \dfrac{d^2c(m)}{dm^2} \geqslant 0, \dfrac{dc(0)}{dm} = 0$。在本章模型中，国有大股东侵占按 Shleifer 等的观点可以理解为国有大股东将公司利益从小股东转移给自己。小股东法律保护程度 γ 和国有大股东侵占行为 m 共同决定了国有大股东侵占公司产出的份额 $\varphi \in [0, 1]$，定义为 $\varphi = \varphi(m, \gamma)$，$\dfrac{\partial \varphi}{\partial \gamma} < 0$，$\dfrac{\partial \varphi}{\partial m} > 0, \dfrac{\partial^2 \varphi}{\partial m^2} \leqslant 0, \dfrac{\partial^2 \varphi}{\partial m \partial \gamma} < 0, \varphi(0, \gamma) = 0, \dfrac{\partial \varphi(0, \gamma)}{\partial m} > 0$。

管理层努力水平 e 带来的产出为 $\pi = \pi(e) + \varepsilon$，$\dfrac{d\pi(e)}{de} \geqslant 0, \dfrac{d^2\pi(e)}{de^2} \leqslant 0$，$\dfrac{d\pi(0)}{de} = 1$，$\varepsilon$ 是均值为零，方差为 σ_1^2 的正态分布随机变量，代表假设管理层努力带来的产出所面临的外生不确定性因素。产出 π 被用于向所有股东（包

括持股的管理层）支付股利或被国有大股东部分侵占。可分配的股利为 $(1 - \varphi) \pi$，国有大股东的侵占所得为 $\varphi \pi$。

管理层努力水平 e 不能被观测，国有大股东侵占行为 m 能被管理层观测，产出 π 能被国有大股东和管理层观测，但不能被第三方证实，国有大股东侵占公司后的产出 $(1 - \varphi) \pi$ 能被第三方证实。

管理层的期望收益 Ev_M 为 $\beta(1 - \varphi(m, \gamma)) \pi(e) - c(e)$，国有大股东的期望收益 Ev_L 为 $[\varphi(m, \gamma) + \alpha(1 - \varphi(m, \gamma))] \pi(e) - c(m)$，小股东的期望收益 Ev_S 为 $(1 - r)(1 - \varphi(m, \gamma)) \pi(e)$，扣除管理层所得后的总股东财富 Ev 为 $(1 - \beta)(1 - \varphi(m, \gamma)) \pi(e)$。

6.3.2 模型构建

在一定的小股东法律保护程度和混合所有制企业国有大股东初始持股比例下，国有大股东面临授予管理层持股比例（股权集中度）和侵占行为的选择。在国有大股东选择授予管理层持股比例之后，国有大股东侵占行为的选择和管理层努力水平的选择相互影响。当国有大股东侵占程度严重时，管理层将选择降低努力水平，国有大股东可侵占的总产出在减小，其侵占所得不一定会增加。另外，国有大股东可以选择授予管理层更多的股份，激励管理层选择更高的努力水平，从而影响国有大股东侵占行为的选择。追求自我利益最大化的国有大股东面临侵占行为和授予管理层持股比例（股权集中度）的权衡。而这一权衡最终依赖于作为外生变量的小股东法律保护程度和国有大股东初始持股比例。

本章先是分析了在给定小股东法律保护程度 γ、国有大股东初始持股比例 r、股权集中度 α 和管理层持股比例 β 的情况下，国有大股东侵占行为 m 的选择和管理层努力水平 e 的选择。然后，本章分析了最优管理层持股比例 β^* 和最优股权集中度 α^* 与小股东法律保护程度 γ 和国有大股东初始持股比例 r 之间的关系。

给定小股东法律保护程度 γ、国有大股东初始持股比例 r、股权集中度 α 和管理层持股比例 β，管理层观察国有大股东的侵占行为 m，选择努力水平 e，则管理层的激励约束为：

$$\beta(1 - \varphi(m, \gamma)) \frac{\mathrm{d}\pi(e)}{\mathrm{d}e} = \frac{\mathrm{d}c(e)}{\mathrm{d}e} \qquad (6.1)$$

$\hat{e}(\gamma, \beta, m)$ 表示一阶条件式（6.1）的解。

假设 $\dfrac{\mathrm{d}\pi(e)}{\mathrm{d}e} \geqslant 0$，$\dfrac{\mathrm{d}^2\pi(e)}{\mathrm{d}e^2} \leqslant 0$，$\dfrac{\mathrm{d}c(m)}{\mathrm{d}m} \geqslant 0$，$\dfrac{\mathrm{d}^2c(m)}{\mathrm{d}m^2} \geqslant 0$ 确保了

$\hat{e}(\gamma, \beta, m)$ 的唯一性。

分别求 $\hat{e}(\gamma, \beta, m)$ 关于小股东法律保护程度 γ、管理层持股比例 β 和国有大股东侵占行为 m 的偏导数，可得式（6.2）、式（6.3）和式（6.4）。

$$\frac{\partial \hat{e}}{\partial \gamma} = \frac{\beta \dfrac{\mathrm{d}\pi(e)}{\mathrm{d}e} \dfrac{\partial \varphi(m, \gamma)}{\partial \gamma}}{\beta(1 - \varphi(m, \gamma)) \dfrac{\mathrm{d}^2 \pi(e)}{\mathrm{d}e^2} - \dfrac{\mathrm{d}^2 c(e)}{\mathrm{d}e^2}} \qquad (6.2)$$

$$\frac{\partial \hat{e}}{\partial \beta} = \frac{-(1 - \varphi(m, \gamma)) \dfrac{\mathrm{d}\pi(e)}{\mathrm{d}e}}{\beta(1 - \varphi(m, \gamma)) \dfrac{\mathrm{d}^2 \pi(e)}{\mathrm{d}e^2} - \dfrac{\mathrm{d}^2 c(e)}{\mathrm{d}e^2}} \qquad (6.3)$$

$$\frac{\partial \hat{e}}{\partial m} = \frac{\beta \dfrac{\mathrm{d}\pi(e)}{\mathrm{d}e} \dfrac{\partial \varphi(m, \gamma)}{\partial m}}{\beta(1 - \varphi(m, \gamma)) \dfrac{\mathrm{d}^2 \pi(e)}{\mathrm{d}e^2} - \dfrac{\mathrm{d}^2 c(e)}{\mathrm{d}e^2}} \qquad (6.4)$$

根据上面的假设，可得 $\dfrac{\partial \hat{e}}{\partial \gamma} \geqslant 0$，$\dfrac{\partial \hat{e}}{\partial \beta} \geqslant 0$，$\dfrac{\partial \hat{e}}{\partial m} \leqslant 0$，由此得到假设 1、假设 2 和假设 3。

假设 1：给定管理层持股比例和国有大股东侵占行为，混合所有制企业管理层努力水平随小股东法律保护程度的增加而提高。

假设 2：给定小股东法律保护程度和国有大股东侵占行为，混合所有制企业管理层努力水平随管理层持股比例的增加而提高。

假设 3：给定小股东法律保护程度和管理层持股比例，混合所有制企业管理层努力水平随国有大股东侵占行为的增加而降低。

给定小股东法律保护程度 γ、国有大股东初始持股比例 r、股权集中度 α 和管理层持股比例 β，国有大股东观察管理层努力水平 e 带来的产出 π，选择侵占行为 m，最大化他的期望收益 Ev_L。即

$$\max_m [\varphi(m, \gamma) + \alpha(1 - \varphi(m, \gamma))] \pi(e) - c(m)$$

上式的一阶条件式为：

$$(1 - \alpha) \pi(e) \frac{\partial \varphi(m, \gamma)}{\partial m} = \frac{\mathrm{d}c(m)}{\mathrm{d}m} \qquad (6.5)$$

$\hat{m}(\gamma, \alpha, e)$ 表示一阶条件式（6.5）的解。

假设 $\dfrac{\partial \varphi}{\partial m} > 0$，$\dfrac{\partial^2 \varphi}{\partial m^2} \leqslant 0$，$\dfrac{\mathrm{d}c(m)}{\mathrm{d}m} \geqslant 0$，$\dfrac{\mathrm{d}^2 c(m)}{\mathrm{d}m^2} \geqslant 0$ 确保了 $\hat{m}(\gamma, \alpha, e)$ 的唯

一性。

分别求 $\hat{m}(\gamma, \alpha, e)$ 关于小股东法律保护程度 γ、股权集中度 α 和管理层努力水平 e 的偏导数，可得式（6.6）、式（6.7）和式（6.8）。

$$\frac{\partial \hat{m}}{\partial \gamma} = \frac{(1-\alpha)\,\pi(e)\,\dfrac{\partial^2 \varphi(m, \gamma)}{\partial m \partial \gamma}}{\dfrac{d^2 c(m)}{dm^2} - (1-\alpha)\,\pi(e)\,\dfrac{\partial^2 \varphi(m, \gamma)}{\partial m^2}} \tag{6.6}$$

$$\frac{\partial \hat{m}}{\partial \alpha} = \frac{\pi(e)\,\dfrac{\partial \varphi(m, \gamma)}{\partial m}}{(1-\alpha)\,\pi(e)\,\dfrac{\partial^2 \varphi(m, \gamma)}{\partial m^2} - \dfrac{d^2 c(m)}{dm^2}} \tag{6.7}$$

$$\frac{\partial \hat{m}}{\partial e} = \frac{(1-\alpha)\,\dfrac{d\pi(e)}{de}\,\dfrac{\partial \varphi(m, \gamma)}{\partial m}}{\dfrac{d^2 c(m)}{dm^2} - (1-\alpha)\,\pi(e)\,\dfrac{\partial^2 \varphi(m, \gamma)}{\partial m^2}} \tag{6.8}$$

根据上面的假设，可得 $\dfrac{\partial \hat{m}}{\partial \gamma} \leqslant 0$，$\dfrac{\partial \hat{m}}{\partial \alpha} \leqslant 0$，$\dfrac{\partial \hat{m}}{\partial e} \geqslant 0$，由此得到假设4、假设5和假设6。

假设4：给定股权集中度和管理层努力水平，混合所有制企业国有大股东侵占行为随小股东法律保护程度的增加而减少。

假设5：给定小股东法律保护程度和管理层努力水平，混合所有制企业国有大股东侵占行为随股权集中度的提高而减少。

假设6：给定小股东法律保护程度和股权集中度，混合所有制企业国有大股东侵占行为随管理层努力水平的提高而增加。

给定小股东法律保护程度 γ 和国有大股东初始持股比例 r，国有大股东在式（6.9）的约束条件下选择授予管理层持股比例 β 和股权集中度 α，使其期望收益 Ev_L 最大化。即

$$\max_{\alpha, \beta} Ev_L = [\varphi(m, \gamma) + \alpha(1 - \varphi(m, \gamma))]\,\pi(e) - c(m) \tag{6.9}$$

s.t.

$$\beta(1 - \varphi(m, \gamma))\,\frac{d\pi(e)}{de} = \frac{dc(e)}{de}$$

$$(1-\alpha)\,\pi(e)\,\frac{\partial \varphi(m, \gamma)}{\partial m} = \frac{dc(m)}{dm}$$

$$\alpha + \beta = r$$

6.4 数值模型与结果分析

6.4.1 数值模型

本部分主要采用数值模拟的方法揭示小股东法律保护、国有大股东初始持股比例、股权集中度、管理层持股、国有大股东侵占行为和管理层努力行为之间的显性量化关系以及模型的经济意义。

参考相关的研究成果,不失一般性的假定式(6.9)中的 $\pi(e) = 2e^{\frac{1}{2}} + \varepsilon$,$c(e) = \frac{1}{2}e^2, c(m) = \frac{1}{2}m^2, \varphi(m, \gamma) = (\arctan m)(1 - \gamma)$,$\gamma \in (0, 1)$ 。

在进行数值模拟时,设定外生因素小股东法律保护程度和国有大股东初始持股比例的参数取值范围为:小股东法律保护程度 $\gamma = [0.1, 0.5, 0.9]$,国有大股东初始持股比例 $r = 0.29(0.01)0.99$ ($r = 0.29(0.01)0.99$ 表示在 0.29~0.99 每隔 0.01 选取一个数赋值给 r)。小股东法律保护程度的参数设定参考 Morellec et al.(2002)、沈艺峰等(2004)的研究,国有大股东持股比例的参数设定参考顾乃康等的研究。以上两个参数均在所设定的取值范围内变动,相应求解式(6.9)的最优化问题,从而测定出其对最优股权集中度 α^*,最优管理层持股比例 β^*,均衡国有大股东侵占行为 m^*,均衡管理层努力水平 e^*,均衡国有大股东侵占公司产出份额 φ^*,均衡管理层期望收益 $Ev_M{}^*$,均衡国有大股东期望收益 $Ev_L{}^*$,均衡小股东期望收益 $Ev_S{}^*$ 和均衡扣除管理层所得后总股东财富 Ev^* 的影响程度。

根据图 6.1 (a),得到结果 1、结果 2 和结果 3。结果 1 显示,当小股东法律保护程度一定时,混合所有制企业最优管理层持股比例随国有大股东初始持股比例的增加而增加。结果 2 显示,当国有大股东初始持股比例一定时,混合所有制企业最优管理层持股比例随小股东法律保护程度的增加而增加。结果 3 显示,当国有大股东初始持股比例一定时,混合所有制企业最优股权集中度随小股东法律保护程度的增加而降低。

根据图 6.1 (b),得到结果 4、结果 5、结果 6 和结果 7。结果 4 显示,当小股东法律保护程度一定时,混合所有制企业国有大股东侵占行为随国有大股东初始持股比例的增加而减少。结果 5 显示,当小股东法律保护程度一定时,混合所有制企业管理层努力水平随国有大股东初始持股比例的增加而提高。结果 6 显示,当国有大股东初始持股比例一定时,混合所有制企业国有大股东侵占行为随小股东法律保护程度的增加而减少。结果 7 显示，当国有大股东初始持股比例一定时，混合所有制企业管理层努力水平随小股东法律保护程度的增加而提高。

根据图 6.1（c），得到结果 8 和结果 9。结果 8 显示，当小股东法律保护程度一定时，混合所有制企业国有大股东侵占公司产出份额随国有大股东初始持股比例的增加而减少。结果 9 显示，当国有大股东初始持股比例一定时，混合所有制企业国有大股东侵占公司产出份额随小股东法律保护程度的增加而减少。

根据图 6.1（d），得到结果 10、结果 11、结果 12 和结果 13。结果 10 显示，当小股东法律保护程度一定时，均衡管理层期望收益、均衡国有大股东期望收益和均衡扣除管理层所得后总股东财富，随混合所有制企业国有大股东初始持股比例的增加而增加。结果 11 显示，当小股东法律保护程度一定时，均衡小股东期望收益随混合所有制企业国有大股东初始持股比例的增加而减少。结果 12 显示，当国有大股东初始持股比例一定时，均衡管理层期望收益均衡小股东期望收益和均衡扣除管理层所得后总股东财富，随小股东法律保护程度的增加而增加。结果 13 显示，当国有大股东初始持股比例较小时，均衡国有大股东期望收益，随小股东法律保护程度的增加而减少；当国有大股东初始持股比例较大时，均衡国有大股东期望收益随小股东法律保护程度的增加而增加。

6.4.2　结果分析

本章对以上数值模拟结果做了进一步的分析。结果 1、结果 4、结果 5 和结果 10 共同表明，不论小股东法律保护程度的强弱，混合所有制企业大股东的初始持股比例越高，越愿意授予管理层更多的股份，从而激发管理层选择更高的努力水平，同时减少自己对公司的侵占掏空行为，使得自己的利益最大化。这一结论说明，在不同的小股东法律保护程度的外部治理环境下，混合所有制企业国有大股东不论是绝对控股还是相对控股，管理层持股作为约束国有大股东侵占行为的内部治理机制都是可行和有效的，这为我国混合所有制企业大股东侵占协同治理的有效性提供了理论依据。这一结果还说明，从理论上可以解答大股东在公司中扮演的角色究竟是"监督者"还是"掏空者"这一学术界一直争论的热点话题。随着大股东初始持股比例的增加，一方面容易出现"一股独大"的现象，大股东更容易控制企业，从而侵占能力增强，这会增加侵占行为；另一方面，随着大股东持股比例的上升，大股东和小股东的利益更趋于一致，从而降低了大股东侵占的动机。本章认为从理论上研究"何种效应占据主导"的关键之处在于引入管理层持股。理论模型中一旦引入管理层持股比例这一变量，就可以得出初始持股比例越高的大股东越愿意减少侵占行为的结论。

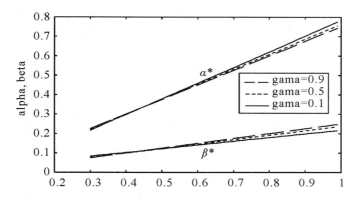

图 6.1（a）　$\gamma = 0.1$，$\gamma = 0.5$ 和 $\gamma = 0.9$，α^* 和 β^* 与 γ 的关系

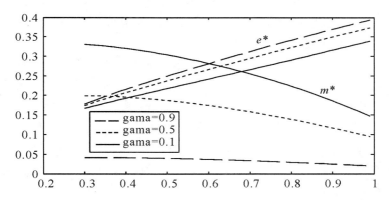

图 6.1（b）　$\gamma = 0.1$，$\gamma = 0.5$ 和 $\gamma = 0.9$，m^* 和 e^* 与 γ 的关系

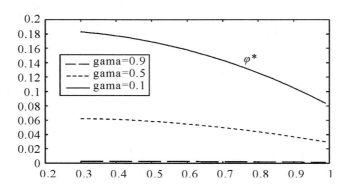

图 6.1（c）　$\gamma = 0.1$，$\gamma = 0.5$ 和 $\gamma = 0.9$，φ^* 与 γ 的关系

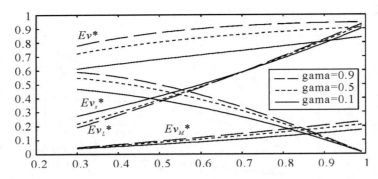

图 6.1 (d)　　$\gamma=0.1$，$\gamma=0.5$ 和 $\gamma=0.9$，Ev_m^*，Ev_L^* 和 Ev_S^* 与 γ 的关系

图 6.1　外生因素对国有大股东侵占行为相关变量的影响的模拟结果

结果 2 和结果 3 表明，不论混合所有制企业大股东初始持股比例的大小，最优股权集中度都随小股东法律保护程度的增加而降低，最优管理层持股比例随小股东法律保护程度的增加而提高。

结果 6 和结果 7 表明，不论混合所有制企业大股东初始持股比例的大小，大股东侵占行为都随小股东法律保护程度的增加而减少，管理层努力水平随小股东法律保护程度的增加而提高。这一结论说明随着小股东法律保护环境的改善，国有大股东通过侵占掏空公司利益来增加自己私人收益的成本越来越高，国有大股东会减少侵占行为，同时选择增加对管理层的股权激励，激发管理层选择更高的努力水平，带来更大的产出，从而使国有大股东可以通过分享公司更大的剩余收益来获益。

结果 13 表明，在大股东初始持股比例较低的混合所有制企业，即在初始股权集中度较低的混合所有制企业，大股东的期望收益随小股东法律保护程度的增加而减少；在大股东初始持股比例较高的混合所有制企业，即在初始股权集中度较高的混合所有制企业，大股东的期望收益随小股东法律保护程度的增加而增加。这一结论可以理解为当国有大股东初始持股比例较低时，随着小股东法律保护程度的增加，国有大股东通过授予管理层更多的股份所获取的收益还不能弥补减少侵占行为所带来的损失，因此国有大股东的期望收益会减少；当国有大股东初始持股比例较高时，随着小股东法律保护程度的增加，国有大股东通过授予管理层更多的股份所获取的收益超过减少侵占行为所带来的损失，因此国有大股东的期望收益会增加。

6.5　本章小结

本章基于双重委托代理冲突的视角，将小股东法律保护程度和大股东初始持股比例作为治理混合所有制企业大股东侵占行为的外生因素，将股权集中度和管理层持股作为治理混合所有制企业大股东侵占行为的内生因素，构建理论模型研究了小股东法律保护、国有大股东初始持股比例、股权集中度、管理层持股、国有大股东侵占行为和管理层努力行为之间的相互作用机理。

通过数值模拟发现，在外生因素小股东法律保护程度和混合所有制企业大股东初始持股比例给定的情况下，研究结果表明，在混合所有制企业中，国有大股东侵占行为随内生因素股权集中度的提高而减少，随内生因素管理层持股的增加而增加。进一步，在外生因素小股东法律保护程度和混合所有制企业大股东初始持股比例可变的情况下，研究结果表明，不论小股东法律保护程度的强弱，国有大股东的初始持股比例越高，越愿意授予管理层更多的股份，从而激发管理层选择更高的努力水平，同时减少自己对公司的侵占掏空行为，使得自己的利益最大化；不论国有大股东初始持股比例的大小，国有大股东侵占行为随小股东法律保护程度的增加而减少，管理层努力水平随小股东法律保护程度的增加而提高。研究结果还表明，从理论上可以解答大股东在混合所有制企业中扮演的角色究竟是"监督者"还是"掏空者"这一学术界一直争论的热点话题。从理论上研究"何种效应占据主导"的关键之处在于引入管理层持股，理论模型中一旦引入管理层持股比例这一变量，就可以得出初始持股比例越高的大股东越愿意减少侵占行为的结论。

本章提出如下政策性建议：①在不同的小股东法律保护程度的外部治理环境下，混合所有制企业大股东不论是绝对控股还是相对控股，管理层持股作为约束大股东侵占行为的内部治理机制都是可行和有效的。因此，推行我国混合所有制企业管理层股权激励机制有利于对大股东侵占行为的治理。②随着小股东法律保护程度的外部治理环境的改善，混合所有制企业大股东通过对公司利益的侵占掏空来增加自己的私人收益的成本越来越高，大股东会减少侵占行为，同时选择增加对管理层的股权激励，激发管理层选择更高的努力水平，带来更大的产出，从而使大股东可以通过分享公司更大的剩余收益来获益。因此，加强对中小投资者的保护、提高国有大股东的侵占成本是治理大股东侵占行为的有效外部制度。

7 混合所有制企业管理层激励调整机制研究

本章以中国沪深 A 股上市的混合所有制企业作为研究对象，通过实证方法考察和检验了我国政府差异化的薪酬管制政策对混合所有制企业管理层货币薪酬、股权激励、在职消费等多种激励方式的影响。研究发现，当政府薪酬管制强度发生变化时，混合所有制企业管理层的货币薪酬和在职消费会发生非对称性调整，表现出显著的刚性特征，而股权激励的非对称性调整并不明显。进一步结合混合所有制企业分类特征可以发现，主业处于非充分竞争行业、政府直接持股、中央管理的混合所有制企业由于面临更强的政府干预和监督，因而其管理层激励调整的非对称性显著减弱或消失。从最终效果来看，政府薪酬管制行为降低了混合所有制企业高管薪酬业绩的敏感性，弱化了激励效果，并且对竞争型混合所有制企业产生了更强的负向影响。该结论表明我国政府应通过对混合所有制企业管理层实施差异化的激励方式，保证激励的充分和均衡，从而推动混合所有制企业公司治理和经营机制的改革创新。

7.1 研究背景

管理层激励机制是改善公司治理问题的核心，近年来管理层薪酬的不断攀升和天价薪酬的不断涌现尤其引人注目。已有文献表明，内部治理机制失效引发的管理层权力滥用、管理层间薪酬攀比产生的棘轮效应，以及对管理层能力提升和面临风险上升的补偿可能共同导致了过去十多年管理层薪酬的持续上涨

（Bebchuk et al.，2002①；刘星 等，2012②；步丹璐 等，2012③；王新 等，2015④）。

本章选取 2003—2014 年的混合所有制上市公司作为研究对象，利用实证模型，主要考察和检验了政府薪酬管制政策对混合所有制企业管理层货币薪酬、股权激励、在职消费等激励方式的影响效果，并重点关注了混合所有制企业中国有股权的分类特征在管理层激励调整机制过程中的差异化表现及其经济后果。本章可能在以下几个方面有所贡献：第一，揭示了我国混合所有制企业薪酬分配制度在实际执行过程中遇到的主要矛盾和难点问题，推动了国企改革"1+N"政策体系中关于混合所有制企业薪酬分配制度改革的决定；第二，通过实证方法检验了政府针对混合所有制企业所实施的差异化激励机制的有效性，为我国各级国有资产管理和监督部门的决策提供了参考和借鉴；第三，通过该研究厘清和探索了混合所有制企业管理层激励机制的内部调整规律，为优化我国混合所有制企业治理提供了科学的方法和指导。

7.2 文献综述与研究假设

我国政府对国有持股企业管理层薪酬的管理实际上是一种"半市场化"机制，政府会依据社会公平、人口就业、经济效率等因素对国有持股企业管理层薪酬实施动态化的干预，时而放松管制，时而增强管制，二者并不是"非此即彼"的关系。当政府的薪酬管制程度发生变动时，国有持股企业管理层薪酬的调整机制可能存在差异。当政府薪酬管制程度放松时，国有持股企业的管理层薪酬制度更符合市场化规律，对管理层能力提升和所面临风险上升的补偿、内部机制失效引发的管理层权力滥用，以及管理层薪酬攀比产生的棘轮效应可能共同导致管制放松时管理层薪酬大幅增加。而在政府薪酬管制程度增强时，货币薪酬的保健因素会导致管理层薪酬具有刚性的特征，即管理层薪酬会

① BEBCHUK L，J FRIED，D WALKER. Managerial power and rent extraction in the design of executive compensation [J]. The University of Chicago Law Review，2002，69（3）：751-846.

② 刘星，徐光伟. 政府管制、管理层权力与国企管理层薪酬刚性 [J]. 经济科学，2012（1）：86-102.

③ 步丹璐，张晨宇. 产权性质、风险业绩和薪酬粘性 [J]. 中国会计评论，2012（3）：325-346.

④ 王新，毛慧贞，李彦霖. 经理人权力、薪酬结构与企业业绩 [J]. 南开管理评论，2015（1）：130-140.

出现"准涨不准跌"的现象（Firth et al., 2006[①]；权小锋 等, 2010[②]；刘星等, 2012[③]；步丹璐 等, 2012[④]；王新 等, 2015[⑤]），而且薪酬下降通常意味着个人社会地位的降低，这会向市场传递负面的信号，因而管理层更不愿意接受薪酬下降（Bebchuk et al., 2003[⑥]；Jensen et al., 1990[⑦]。因此，混合所有制企业管理层货币薪酬在管制背景下会发生非对称性调整，由于股权激励属于管理层显性薪酬的一部分（Balsam et al., 2014）[⑧]，因此也会出现上述类似的调整（Bergstresser et al., 2006）[⑨]。

在中国现有制度背景下，国有持股企业面临薪酬管制和多重政策性负担，在显性激励不足的情况下，作为激励契约的不完备性产物，在职消费作为一种替代性隐性激励方式被广泛接受（王曾 等, 2014）[⑩]。因此，当政府薪酬管制程度上升时，在职消费作为管理层显性激励的一种替代，管理层对其的需求会显著高于薪酬管制程度下降时的需求。基于以上分析，关于薪酬管制对混合所有制企业管理层激励机制调整的影响，本章提出如下假设：

H₁：在其他条件一定的情况下，政府薪酬管制程度增强时，混合所有制企业管理层显性激励（货币薪酬、股权激励）下降的幅度会显著小于薪酬管制程度放松时管理层显性激励上升的幅度。

H₂：在其他条件一定的情况下，政府薪酬管制程度增强时，混合所有制

① FIRTH M, P M Y FUNG, O M RUI. Corporate performance and CEO compensation in China [J]. Journal of Corporate Finance, 2006, 12 (4): 693-714.

② 权小锋, 吴世农, 文芳. 管理层权力、私有收益与薪酬操纵 [J]. 经济研究, 2010 (11): 75-89.

③ 刘星, 徐光伟. 政府管制、管理层权力与国企管理层薪酬刚性 [J]. 经济科学, 2012 (1): 86-102.

④ 步丹璐, 张晨宇. 产权性质、风险业绩和薪酬黏性 [J]. 中国会计评论, 2012 (3): 325-346.

⑤ 王新, 毛慧贞, 李彦霖. 经理人权力、薪酬结构与企业业绩 [J]. 南开管理评论, 2015 (1): 130-140.

⑥ BEBCHUK L, J FRIED. Executive compensation as an agency problem [J]. Journal of Economic Perspectives, 2003, 17 (3): 71-92.

⑦ JENSEN M C, K MURPHY. CEO Incentives: It's not how much you pay, but how [J]. Journal of Applied Corporate Finance, 1990, 3 (3): 64-76.

⑧ BALSAM S, W JIANG, B LU. Equity incentives and internal control weaknesses [J]. Contemporary Accounting Research, 2014, 31 (1): 178-201.

⑨ Bergstresser D, T Philippon. CEO incentives and earnings management [J]. Journal of Financial Economics, 2006, 80 (3): 511-529.

⑩ 王曾, 符国群, 黄丹阳, 等. 国有企业 CEO "政治晋升"与"在职消费"关系研究 [J]. 管理世界, 2014 (5): 157-171.

企业管理层隐性激励（在职消费）上升的幅度会显著大于薪酬管制程度放松时管理层隐性激励上升的幅度。

2003 年颁布的《中央企业负责人经营业绩考核暂行办法》指出对国有持股企业管理层的考核原则应为"依法考核、分类考核、约束和激励机制相结合"，对国有持股企业管理层实施分类考核的思路就此被提及。2014 年《中央管理企业负责人薪酬制度改革方案》以及十八届三中全会后出台的关于深化国有持股企业改革的"1+N"政策体系，其中最核心的内容就是明确了下一步将对国有持股企业负责人采取差异化的激励机制。那么，政府分类管理模式是否会对国有持股企业管理层激励调整产生差异化的影响呢？本章提出了如下三方面假设：

H_3：在其他条件一定的情况下，当政府的薪酬管制程度发生变动时，相对于主业处于充分竞争行业的混合所有制企业，主业处于非充分竞争行业的混合所有制企业管理层激励的非对称性调整程度会显著减弱或消失。

H_4：在其他条件一定的情况下，当政府的薪酬管制程度发生变动时，相对于政府间接持股的混合所有制企业，政府直接持股的混合所有制企业的管理层激励的非对称性调整程度会显著减弱或消失。

H_5：在其他条件一定的情况下，当政府的薪酬管制程度发生变动时，相对于地方混合所有制企业，中央混合所有制企业管理层激励的非对称性调整程度会显著减弱或消失。

7.3 研究设计

7.3.1 样本选取与数据来源

2003 年，国务院国有资产监督管理委员会颁布的《中央企业负责人经营业绩考核暂行办法》，标志我国国有持股企业管理层薪酬制度正式步入规范化的轨道，为了能够清晰地呈现出混合所有制企业管理层激励的整体情况，本章选取 2003—2014 年沪深两市 A 股上市公司为样本，首先界定了上市公司各个股东的性质，但由于从上市公司年报以及其他公开渠道无法获取上市公司所有股东的性质和持股信息，所有只对年报中前十大股东的性质和持股信息进行了研究，并将上市公司的股东划分为国有股东（政府部门、国有企业法人、四大资产管理公司及其子公司等）、民营股东（非国有企业法人和自然人）、金融类股东（证券投资基金、保险投资账户、社保基金等）、外资股东（境外法人和境外自然人等）、其他（不能判断股东性质的股东）5 种类型。借鉴 Laeven 和 Levine（2008）、郝阳和龚六堂（2017）等学者将国有控股公司前十大股东中民营参股股东持股比例超过 10% 的企业，以及民营控股公司前十大股东中国有参股股东持股比例超过 10% 的企业，界定为混合所有制企业，称其具有"混合所有制"的股权结构。其中，本章管理层薪酬、会计和治理数据主要来源于 CSMAR 数据库，在职消费和股权激励计划数据通过手工收集和整理获得。

7.3.2 模型设计与变量定义

参照现有政府薪酬管制与管理层激励的文献（Brick et al.，2006[①]；王新，2009[②]；Conyon et al.，2011[③]；罗宏，2014[④]），此处设置如下回归模型：

$$Rpay_{i,t} = \beta_0 + \beta_1 Roa_{i,t} + \beta_2 Roa_{i,t-1} + \beta_3 Size_{i,t} + \beta_4 Lev_{i,t} + \beta_5 Dual_{i,t} + \beta_6 Scale_{i,t} + \beta_7 Idd_{i,t} + \beta_8 Excushr_{i,t} + \beta_9 Shrcr_{i,t} + \beta_{10} Ind + \beta_{11} Year + \varepsilon \tag{7.1}$$

$$Regulation_{i,t} = predict（Rpay_{i,t}）- Rpay_{i,t} \tag{7.2}$$

上述模型（7.1）、（7.2）为薪酬管制的衡量模型，其中 $Rpay_{i,t}$ 为管理层相对薪酬，$Regulation_{i,t}$ 为薪酬管制程度。政府薪酬管制程度的衡量分为两步：

一是，从企业业绩、资产规模、内外部治理效应、行业特征、年度特征五个方面对相对薪酬模型进行定义，得到模型（7.1）。

二是，采用更接近市场化水平的非国有企业样本估计模型（7.1）的系数，之后带入混合所有制企业样本，从而估计混合所有制企业管理层相对薪酬的期望值，通过模型（7.2）混合所有制企业管理层相对薪酬的期望值与实际值之间的差额来衡量薪酬管制程度[⑤]。

---

① BRICK I E, O PALMON, K WALD. CEO Compensation, director compensation, and firm performance: Evidence of cronyism? [J]. Journal of Corporate Finance, 2006, 12 (3): 403-423.

② 王新. 国有企业管理层薪酬管制与会计信息透明度的关系研究 [D]. 四川: 西南财经大学, 2009.

③ CONYON M J, L HE. Executive Compensation and corporate governance in China [J]. Journal of Corporate Finance, 2011, 17 (4): 1158-1175.

④ 罗宏. 我国垄断企业管理层薪酬机制研究: 薪酬管制的视角 [M]. 上海: 立信会计出版社, 2014.

⑤ 差值为正表示混合所有制企业管理层薪酬受到管制，并且正值越大意味着其管理层所受到的薪酬管制越严重，差值为负表示混合所有制企业管理层薪酬不受管制。采用上述差值方法对薪酬管制进行计量是因为影响管理层相对薪酬的因素不仅包含了政府薪酬管制因素，还包含了其他影响管理层相对薪酬的企业经济因素，那么将这些企业经济因素排除后，就可以合理地估计出政府薪酬管制对管理层相对薪酬的影响。

$$\text{DeltaLnIncentive}_{i,t} = \beta_0 + \beta_1 \text{DeltaRegulation}_{i,t} + \beta_2 Inc_{i,t} + \beta_3 \text{DeltaRegulation}_{i,t} \times Inc_{i,t} + \beta_4 \text{Control}_{i,t} + \varepsilon \tag{7.3}$$

上述模型为薪酬管制变动与混合所有制企业管理层激励调整的回归模型，$\text{DeltaLnIncentive}_{i,t}$ 为管理层激励数额变化的自然对数，其中，管理层激励数额（$Incentive_{i,t}$）分别用管理层的货币薪酬、股权激励和在职消费表示；$\text{DeltaRegulate}_{i,t}$ 为薪酬管制程度变化的自然对数；$Inc_{i,t}$ 为 $t-1$ 期到 t 期所受到的薪酬管制程度是否上升的哑变量。

系数 β_1 的绝对值表示薪酬管制程度放松 1%，管理层激励变动的百分比；系数 $\beta_1+\beta_3$ 的绝对值表示薪酬管制程度增强 1% 时，管理层激励变动的百分比；β_3 为衡量薪酬管制变动时管理层激励是否存在"刚性"的指标，其正向值越高，表明管理层激励变动的非对称性程度越高。进一步，本章将按照混合所有制企业的功能定位、政府控制程度、政府控制层级分样本进行回归，检验混合所有制企业特征与管理层激励的差异化调整情况。本章的变量及解释见表 7.1。

表 7.1　变量及解释

变量类型	变量符号	变量名称	计算方法
被解释变量	Rpay	管理层相对薪酬	经行业调整后的收入前三位管理层的人均薪酬与职工人均薪酬之比值
	Regulation	薪酬管制程度	用（管理层相对薪酬期望值－管理层相对薪酬实际值）表示
	DeltaLnPay	管理层货币薪酬的变动	各企业 $t-1$ 期到 t 期管理层货币薪酬变化的自然对数，管理层货币薪酬用"薪酬最高的前三位高级管理人员"的平均薪酬表示
	DeltaLnESI	管理层股权激励的变动	各企业 $t-1$ 期到 t 期管理层股权激励变化的自然对数，管理层股权激励由管理层持有的股票期权、限制性股票和流通股三者市值之和构成
	DeltaLnPerk	管理层在职消费的变动	各企业 $t-1$ 期到 t 期管理层在职消费变化的自然对数，在职消费主要通过手工收集上市公司年报附注中"支付的其他与经营活动相关的现金流量"这一明细项目得到

表7.1(续)

变量类型	变量符号	变量名称	计算方法
解释变量	DeltaLnRegulate	政府薪酬管制程度的变动	各企业 $t-1$ 期到 t 期所受到的薪酬管制程度变化的自然对数
	Inc	薪酬管制程度上升	（Regulate$_t$－Regulate$_{t-1}$）大于0取1，否则取0
	Monopoly	非充分竞争行业的混合所有制企业①	企业处于非充分竞争行业取1，否则取0
	Soe	政府直接持股的混合所有制企业	直接控股股东为政府的企业取1，否则取0
	Centra	中央管理的混合所有制企业	最终控制人为中央政府的取1，否则取0
控制变量	Roa	盈利能力	企业净利润/企业总资产平均余额
	Size	企业规模	企业资产总额的自然对数
	Lev	偿债能力	负债总额/企业总资产
	Dual	二职合一	若总经理兼任董事长取1，否则取0
	Scale	董事会规模	董事会成员的人数
	Idd	董事会独立性	独立董事占董事会总人数的比例
	Excushr	管理层持股	年末管理层持有的股份占总股本的比例
	Shrcr	第一大股东持股比例	第一大股东持有的股份占总股本的比例

7.4　实证分析

7.4.1　描述性统计分析

本章先采用非国有企业样本估计高管相对薪酬回归模型（7.1）的系数，

---

　　①　行业竞争程度主要根据企业主营业务收入占行业收入比重和赫芬达尔-赫希曼指数两项指标综合判定。

获得了正常相对薪酬的预测模型。回归结果见表7.2。将混合所有制企业样本的相关变量代入相对薪酬的预测模型（7.1）中，对混合所有制企业高管相对薪酬进行预测，接着利用模型（7.2）计算相对薪酬预测值与实际值之间的差额，即可得到政府薪酬管制的强度。

表 7.2　相对薪酬预测模型回归结果

变量	系数	T 值
Roa_t	8.131***	7.64
Roa_{t-1}	5.798***	5.97
Size	1.790***	27.24
Lev	0.098	0.32
Dual	0.976***	6.94
Scale	0.142***	3.22
Idd	2.342*	1.71
Excushr	−1.188***	−3.61
Shrcr	−1.633***	−3.72
cons	−31.930***	−19.83
Ind	控制	—
Year	控制	—
$Adj-R^2$	0.137 2	—
N	8 621	

注：*、*** 分别表示统计显著水平 0.10、0.01。

主要变量的描述性统计分析见表7.3。混合所有制企业货币薪酬的平均变化率为0.13，最高达1.43。混合所有制企业股权激励的平均变化率为0.07，最高达4.84。混合所有制企业在职消费的平均变化率为0.12，最高达1.66。薪酬管制程度的平均变化率为−0.04，最小值为−12.71，最大值为10.67。大多数混合所有制企业所受到的薪酬管制程度都是逐年增强的，均值为0.51。

表 7.3　主要变量的描述性统计分析

主要变量	均值	中值	最小值	最大值	标准差
DeltaLnPay	0.13	0.79	−0.93	1.43	0.35
DeltaLnESI	0.07	0.04	−3.3	4.84	0.84

表7.3(续)

主要变量	均值	中值	最小值	最大值	标准差
DeltaLnPerk	0.12	0.12	−1.54	1.66	0.47
DeltaLnRegulate	−0.04	0.05	−12.71	10.67	2.95
Inc	0.51	1	0	1	0.5
Roa	0.04	0.03	−0.25	0.29	0.07
Size	21.92	21.74	18.85	25.36	1.28
Lev	0.51	0.52	0.46	1.49	0.21
Dual	0.1	0	0	1	0.3
Scale	9.6	9	5	15	1.97
Idd	0.36	0.33	0.25	0.56	0.05
Shrcr	0.41	0.41	0.09	0.75	0.16

表7.4的分析结果表明,在均值检验方面:首先,政府薪酬管制程度增强时,混合所有制企业管理层货币薪酬下降的幅度为0.02;薪酬管制程度减弱时,混合所有制企业管理层货币薪酬上升的幅度为0.269;混合所有制企业管理层货币薪酬发生了非对称性调整,并在1%的水平上显著。其次,无论薪酬管制程度增强还是减弱,混合所有制企业管理层股权激励强度都会上升,但统计上二者差异不显著。最后,政府薪酬管制程度增强时,混合所有制企业管理层在职消费程度上升的幅度为0.156;薪酬管制程度减弱时,混合所有制企业管理层在职消费程度上升的幅度为0.08,混合所有制企业管理层在职消费也发生了非对称性调整,这一结果在1%的水平上显著。中值检验具有类似的结果。

表7.4 混合所有制企业管理层激励调整的单变量分析

管理层激励变动	分组	均值	t检验	中值	z检验	样本量
货币薪酬变动	增强薪酬管制	0.020	−17.99***	0	−34.62***	2 783
	放松薪酬管制	0.269		0.188		2 641
股权激励变动	增强薪酬管制	0.191	1.12	0.047	−1.38	704
	放松薪酬管制	0.140		0.198		601
在职消费变动	增强薪酬管制	0.156	2.80***	0.129	2.45**	628
	放松薪酬管制	0.080		0.105		562

注:**、*** 分别表示统计显著水平0.05、0.01。

7.4.2　回归分析

（1）薪酬管制对管理层激励机制调整的影响分析

表7.5是薪酬管制与混合所有制企业管理层货币薪酬变动的回归结果。具体地，本章首先分别就政府薪酬管制程度增强和减弱两种情况，单独考察了管理层货币薪酬的变动情况，然后采用交乘项的设计，综合考察了薪酬管制程度变动对管理层货币薪酬变动的影响。表7.6的第（1）列显示，当政府薪酬管制程度增强时，混合所有制企业管理层货币薪酬下降的幅度为0.059 5，并在1%的水平上显著；第（2）列显示，当政府薪酬管制程度减弱时，混合所有制企业管理层货币薪酬上升的幅度为0.111，并在1%的水平上显著；第（3）列综合回归显示，交叉项DeltaLnRegulate×Inc的回归系数显著大于0。

以上三列回归结果共同表明了混合所有制企业管理层货币薪酬变动的非对称性存在，并且政府薪酬管制程度增强时，混合所有制企业管理层货币薪酬下降的幅度小于薪酬管制程度减弱时管理层货币薪酬上升的幅度，即混合所有制企业管理层薪酬面临管制时，虽然管理层薪酬的水平会下降，但下降的幅度并没有达到预期，管理层薪酬存在向下的刚性。

表7.5　薪酬管制与混合所有制企业管理层货币薪酬变动的回归分析

自变量	因变量：DeltaLnPay		
	（1）管制增强	（2）管制减弱	（3）综合
DeltaLnRegulate	$-0.059\ 5^{***}$ （-21.06）	$-0.111\ 0^{***}$ （-21.21）	$-0.110\ 0^{***}$ （-22.54）
Inc			$-0.076\ 5^{***}$ （-6.96）
DeltaLnRegulate× Inc			$0.050\ 1^{***}$ （8.71）
Roa	$1.131\ 0^{***}$ （13.12）	$1.111\ 0^{***}$ （9.95）	$1.080\ 0^{***}$ （15.49）
Size	$-0.003\ 9$ （-0.87）	$-0.023\ 1^{***}$ （-4.02）	$-0.012\ 2^{***}$ （-3.38）
Lev	$0.070\ 4^{***}$ （2.70）	$0.185\ 0^{***}$ （5.47）	$0.124\ 0^{***}$ （5.84）
Dual	$0.051\ 8^{***}$ （3.56）	$0.001\ 6^{***}$ （4.08）	$0.030\ 3^{***}$ （3.53）

表7.5(续)

自变量	因变量：DeltaLnPay		
	（1）管制增强	（2）管制减弱	（3）综合
Scale	0.032 0*** (3.25)	−0.031 0*** (−4.97)	−0.001 1*** (−4.05)
Idd	0.052 6 (0.57)	0.040 5 (0.34)	0.031 9 (0.43)
Shrcr	−0.095 0*** (−3.00)	0.056 5*** (4.44)	−0.027 1*** (−3.07)
Cons	0.224 0** (2.39)	0.516 0*** (4.16)	0.271 0*** (3.55)
Ind	控制	控制	控制
Year	控制	控制	控制
Adj. R^2	0.221 9	0.259 3	0.378 8
N	2 783	2 641	5 424

注：**、*** 分别表示统计显著水平 0.05、0.01。

表 7.6 是薪酬管制与混合所有制企业管理层股权激励变动的回归结果。具体地，本章首先分别就政府薪酬管制程度增强和减弱两种情况，单独考察了管理层股权激励的变动情况，然后采用交乘项的设计，综合考察了薪酬管制程度变动对管理层股权激励变动的影响。表 7.7 的第（1）列显示，当政府薪酬管制程度增强时，混合所有制企业管理层股权激励下降的幅度为 0.009 6，但统计上不显著；第（2）列显示，当政府薪酬管制程度减弱时，混合所有制企业管理层股权激励上升的幅度为 0.009 5，但统计上不显著；第（3）列综合回归显示，交叉项 DeltaLnRegulate×Inc 的回归系数大于 0，但在统计上不显著，混合所有制企业管理层股权激励变动的非对称性不存在，以上三列回归结果表明政府薪酬管制程度增强和减弱时，混合所有制企业管理层股权激励强度并未发生显著变动，并且其变动幅度也没有显著的差异，这可能与我国政府薪酬管制政策并未涉及具体的股权激励管理办法有关。

表 7.6　薪酬管制与混合所有制企业管理层股权激励变动的回归分析

自变量	因变量：DeltaLnESI		
	（1）管制增强	（2）管制减弱	（3）综合
DeltaLnRegulate	−0.009 6 （−0.66）	−0.009 5 （−1.27）	−0.014 1 （−1.10）
Inc			0.023 5 （0.43）
DeltaLnRegulate× Inc			0.004 7 （0.24）
Roa	1.698 0*** （3.04）	2.181 0*** （4.76）	2.150 0*** （4.64）
Size	−0.013 8*** （−3.48）	0.001 6*** （5.07）	0.000 7** （3.04）
Lev	0.183 0 （1.04）	0.185 0 （1.36）	0.182 0 （1.33）
Dual	0.048 9** （2.57）	0.003 1** （2.05）	0.001 6** （2.02）
Scale	0.019 5 （1.17）	0.004 7 （0.37）	0.004 9 （0.38）
Idd	0.604 0 （1.06）	−0.033 1 （−0.08）	−0.026 9 （−0.06）
Shrcr	−0.200 0*** （−4.96）	−0.181 0*** （−5.15）	−0.176 0** （−3.11）
Cons	−0.259 0 （−0.44）	−0.448 0 （−0.95）	−0.450 0 （−0.94）
Ind	控制	控制	控制
Year	控制	控制	控制
Adj. R^2	0.146 6	0.146 8	0.145 6
N	704	1 305	1 305

注：**、*** 分别表示统计显著水平 0.05、0.01。

　　表 7.7 是薪酬管制与混合所有制企业管理层在职消费变动的回归结果。具体地，本章首先分别就政府薪酬管制程度增强和减弱两种情况，单独考察了管理层在职消费的变动情况，然后采用交乘项的设计，综合考察了薪酬管制程度变动对管理层在职消费变动的影响。表 7.8 的第（1）列显示，当政府薪酬管制程度增强时，混合所有制企业管理层在职消费上升的幅度为 0.016 7，在

10%的水平上显著；第（2）列显示，当政府薪酬管制程度减弱时，混合所有制企业管理层在职消费上升的幅度为 0.010 7，在 5% 的水平上显著；第（3）列的综合回归显示，当薪酬管制减弱时，混合所有制管理层企业在职消费的变动为 0.011，当薪酬管制增强时，混合所有制管理层企业在职消费的变动为 0.016（0.027-0.011），交叉项 DeltaLnRegulate×Inc 的回归系数大于 0，并在 5% 的水平上显著，这与管理层在职消费变动的单变量分析结果类似。以上三列回归结果共同表明无论薪酬管制程度增强还是减弱，混合所有制企业管理层在职消费水平都会上升，并且政府薪酬管制程度增强时管理层在职消费上升的幅度显著大于薪酬管制程度减弱时管理层在职消费上升的幅度。

表 7.7　薪酬管制与混合所有制企业管理层在职消费变动的回归分析

自变量	因变量：DeltaLnPerk		
	（1）管制增强	（2）管制减弱	（3）综合
DeltaLnRegulate	0.016 7[*] (1.78)	−0.010 7[**] (−2.04)	−0.011 0[*] (−1.75)
Inc			0.071 0[**] (1.99)
DeltaLnRegulate× Inc			0.027 0[**] (2.27)
Roa	0.772 0[**] (2.04)	0.472 0[**] (2.07)	0.711 0[***] (2.73)
Size	−0.017 0[**] (−3.85)	0.045 9[**] (2.25)	0.010 1[***] (4.71)
Lev	0.138 0 (1.16)	0.046 1 (0.39)	0.106 0 (1.28)
Dual	0.095 2[**] (2.07)	−0.014 5[**] (−1.99)	0.026 8[*] (1.78)
Scale	0.008 9 (0.78)	−0.021 3[**] (−2.00)	−0.004 1 (−0.53)
Idd	−0.518 0 (−1.35)	−0.348 0[**] (−1.89)	−0.420 0[**] (−1.84)
Shrcr	0.027 6[**] (4.19)	0.033 3[***] (4.25)	0.052 9[***] (5.54)
Cons	0.564 0[***] (4.28)	−0.551 0[***] (−3.04)	−0.081 3[***] (−5.27)

表7.7(续)

自变量	因变量：DeltaLnPerk		
	（1）管制增强	（2）管制减弱	（3）综合
Ind	控制	控制	控制
Year	控制	控制	控制
Adj. R^2	0.105 9	0.105 5	0.109 5
N	628	562	1 190

注：**、*** 分别表示统计显著水平 0.05、0.01。

（2）企业分类特征与管理层激励差异化调整分析

进一步，根据混合所有制企业国有股权的功能定位、政府控制程度、政府控制层级分样本对管理层货币薪酬和在职消费的调整情况进行回归。根据表7.8 的回归结果，第（2）、（4）、（6）列的交乘项系数显著为正，并与第（1）、（3）、（5）列的交乘项系数存在显著差异，表明由于处于非充分竞争行业的混合所有制企业、政府直接持股的混合所有制企业、中央混合所有制企业由于受到更多的干预和管制，管理层货币薪酬调整的非对称性减弱或消失了。

薪酬管制、混合所有制企业分类特征与管理层货币薪酬调整的回归分析如表 7.8 所示。

表7.8　薪酬管制、混合所有制企业分类特征与管理层货币薪酬调整的回归分析①

自变量	DeltaLnPay					
	（1）非充分竞争行业	（2）充分竞争行业	（3）政府直接持股	（4）政府间接持股	（5）中央	（6）地方
Delta LnRegulate	-0.082 9 *** (-15.07)	-0.051 2 *** (-22.32)	-0.067 2 *** (-8.35)	-0.053 9 *** (-24.54)	-0.063 *** (-10.63)	-0.054 *** (-23.81)
Inc	-0.125 0 *** (-6.50)	-0.115 0 *** (-10.84)	-0.164 0 *** (-4.60)	-0.118 0 *** (-12.20)	-0.063 *** (-2.72)	-0.130 *** (-12.74)
DeltaLnIntentive×Inc	0.004 3 (1.22)	0.029 9 *** (3.70)	0.006 2 * (1.85)	0.021 1 * (1.79)	0.005 8 (0.59)	0.007 6 ** (2.23)
控制变量	控制	控制	控制	控制	控制	控制

---

① 不同混合所有制企业特征下，货币薪酬调整模型中交叉项组间系数比较的卡方值分别为 23.21、25.44、0.91。

表7.8(续)

自变量	DeltaLnPay					
	(1) 非充分 竞争行业	(2) 充分 竞争行业	(3) 政府直 接持股	(4) 政府 间接持股	(5) 中央	(6) 地方
Adj. R^2	0.420 7	0.373 5	0.465 7	0.371 7	0.409 5	0.375 8
N	1 204	4 220	384	5 022	716	4 708

注：*、**、*** 分别表示统计显著水平零0.10、0.05、0.01。

另外，根据表7.9关于薪酬管制政策下混改企业分类特征与管理层在职消费调整的回归结果，第（2）、（4）、（6）列的交乘项系数显著为正，并与第（1）、（3）、（5）列的交乘项系数存在显著差异，表明处于非充分竞争行业的混合所有制企业、政府直接持股的混合所有制企业、中央混合所有制企业由于受到更多的干预和管制，也包括对其职务消费更强的监督，所以其在职消费变动的非对称性降低了。

薪酬管制、混合所有制企业分类特征与管理层在职消费调整的回归分析如表7.9所示。

表7.9 薪酬管制、混合所有制企业分类特征与管理层在职消费调整的回归分析①

自变量	DeltaLnPerk					
	(1) 非充分 竞争行业	(2) 充分竞争 行业	(3) 政府直接 持股	(4) 政府间接 持股	(5) 中央	(6) 地方
Delta LnRegulate	−0.014 3 (−0.79)	−0.012 4 * (−1.71)	0.076 0 (1.65)	−0.015 1 * (−1.84)	−0.001 9 (−0.05)	−0.015 0 * (−1.86)
Inc	0.031 4 (0.45)	0.091 8 ** (2.18)	−0.056 1 (−0.42)	0.073 8 ** (1.97)	−0.136 0 (−1.08)	0.104 0 *** (2.79)
DeltaLnInten- tive×Inc	0.017 9 (0.56)	0.027 4 ** (2.02)	−0.003 9 (−0.06)	0.031 3 ** (2.06)	0.021 4 (0.88)	0.054 1 * (1.93)
控制变量	控制	控制	控制	控制	控制	控制
Adj. R^2	0.103 4	0.117 6	0.199 8	0.108 5	0.121 3	0.114 4
N	289	901	74	1 110	160	1 030

注：*、**、*** 分别表示统计显著水平0.10、0.05、0.01。

---

① 不同混合所有制企业特征下，在职消费调整模型中交叉项组间系数比较的卡方值分别为4.53、44.54、3.01。

（3）差异化薪酬管制政策的效果分析

本章构建了模型（7.4）、模型（7.5）来对我国薪酬管制政策的效果进行进一步检验。

$$\mathrm{Pay}_{i,t} = \beta_0 + \beta_1 \mathrm{Roa}_{i,t} + \beta_2 \mathrm{Regulate}_{i,t} + \beta_3 \mathrm{Roa}_{i,t} \times \mathrm{Regulate}_{i,t} + \beta_4 \mathrm{Control}_{i,t} + \varepsilon \quad (7.4)$$

$$\mathrm{Roa}_{i,t+1} = \beta_0 + \beta_1 \mathrm{Regulate}_{i,t} + \beta_2 \mathrm{Control}_{i,t} + \varepsilon \quad (7.5)$$

模型（7.4）用于检验政府薪酬管制对混合所有制企业高管薪酬业绩敏感性的影响，模型（7.5）用于检验薪酬管制政策对混合所有制企业未来业绩的影响。其中，被解释变量 Pay 为高管薪酬，Roa 为企业业绩指标，Regulate 为政府薪酬管制的哑变量，当政府薪酬管制程度大于 0 时取 1，当政府薪酬管制程度小于或等于 0 时取 0，Control 为与前文相同的一组控制变量。

表 7.10 是薪酬管制对混合所有制企业高管薪酬业绩敏感性影响的回归结果。表中第（1）列结果显示高管薪酬与业绩敏感的相关性显著为正，表明我国混合所有制企业高管基于企业业绩的薪酬激励机制已经形成。第（2）列交乘项系数显著为负，表明当政府实施薪酬管制后，混合所有制企业薪酬业绩敏感性降低为 2.495（3.204 − 0.709），削弱效果达 22%，以上结果均在 1% 的水平上显著。通过第（3）、（4）列的结果，可以看到垄断型混合所有制企业交乘项的系数为 −0.212，只在 10% 的水平上显著，而竞争型混合所有制企业交乘项的系数为 −0.829，在 5% 的水平上显著，并且两列交乘项组间系数比较的卡方值为 4.59，在 10% 的水平上显著，可见竞争型混合所有制企业高管薪酬业绩敏感性受到的削弱程度更大。

表 7.10　薪酬管制对混合所有制企业高管薪酬业绩敏感性的影响

自变量	因变量：Pay			
	（1）全样本回归	（2）全样本回归	（3）分样本回归：非充分竞争行业	（4）分样本回归：充分竞争行业
Roa	2.784 *** （22.78）	3.204 *** （16.05）	2.301 *** （5.26）	3.291 *** （14.75）
Regulate		−0.587 *** （−35.05）	−0.516 *** （−13.00）	−0.600 *** （−32.43）
Roa×Regulate		−0.709 *** （−3.14）	−0.212 * （−1.75）	−0.829 ** （−2.40）
Control	控制	控制	控制	控制
Adj. R^2	0.536 0	0.630 3	0.644 0	0.637 4

表7. 10(续)

自变量	因变量：Pay			
	（1）全样本回归	（2）全样本回归	（3）分样本回归：非充分竞争行业	（4）分样本回归：充分竞争行业
N	7 341	6 650	1 459	5 191

注：*、**、*** 分别表示统计显著水平 0. 10、0. 05、0. 01。

表 7. 11 是差异化薪酬管制对混合所有制企业未来业绩影响的回归结果。表中第（1）列为全样本的回归结果，薪酬管制变量的系数显著为负，且在1%的水平上显著，表明政府的薪酬管制损害了企业的价值。表中第（2）、（3）列是根据混合所有制企业功能定位分样本的回归结果，可以看到垄断型混合所有制企业薪酬管制变量的系数虽为负，但在统计上并不显著，而竞争型混合所有制企业薪酬管制变量的系数为负，且在 1%的水平上显著，并且两列薪酬管制变量组间系数比较的卡方值为 4. 82，在 1%的水平上显著。以上结果表明，薪酬管制显著削弱了混合所有制企业高管激励的有效性，竞争型混合所有制企业业绩受到的负向影响更强。

表 7. 11　薪酬管制对混合所有制企业未来业绩的影响

自变量	因变量：$Roa_{i,t+1}$		
	（1）全样本回归	（2）分样本回归：非充分竞争行业	（3）分样本回归：充分竞争行业
Regulate	−0. 000 521*** (−3. 46)	−0. 000 339 (−1. 56)	−0. 000 980*** (−2. 78)
Control	控制	控制	控制
Adj. R^2	0. 100 5	0. 210 4	0. 081 3
N	6 008	1 307	4 701

注：*** 表示统计显著水平 0. 01。

7.5　研究结论与政策建议

7.5.1　研究结论

本章通过实证方法考察和检验了政府薪酬管制政策对混合所有制企业管理

层货币薪酬、股权激励、在职消费等激励方式的影响效果，并进一步研究了混合所有制企业分类特征对管理层激励调整机制的差异化影响。研究发现，政府薪酬管制程度变动时，混合所有制企业管理层货币薪酬和在职消费会进行非对称性的调整，但由于主业处于非充分竞争行业的混合所有制企业、政府直接持股的混合所有制企业、中央混合所有制企业面临着更强的干预和监督，其管理层激励调整的非对称性显著减弱或消失。从最终效果来看，政府薪酬管制行为降低了混合所有制企业高管薪酬业绩的敏感性，弱化了激励效果，并且对竞争型混合所有制企业产生了更强的负向影响。上述研究结果表明，政府应提升薪酬管制政策的针对性和科学性，以保证我国混合所有制企业薪酬分配制度的有效性。

7.5.2　政策建议

（1）混合所有制企业分类管理与管理层激励机制构建

我国混合所有制企业数量庞大，业务多元，企业业绩的好坏不能一概而论。有些企业承担了政府交予的较重的政策性任务，或是因经营业务处于关系国家安全、国民经济命脉的重要行业和关键领域，或是处于自然垄断的行业，具备这些特征的混合所有制企业应与处于完全竞争行业的混合所有制企业相区分。以前缺乏多样性的薪酬管理体制严重影响了混合所有制企业管理层工作的积极性，因而亟须对我国混合所有制企业进行更加细致的研究和划分，实行差异化的管控。

（2）混合所有制企业负责人分类管理与管理层激励机制构建

除了依据混合所有制企业分类对其实施差异化的薪酬管理模式，政府还应根据管理层不同的选拔任用机制实施差异化的薪酬管控模式。具体地，可以将混合所有制企业管理层分为"行政类管理层"和"市场类管理层"。"行政类管理层"是指通过组织部任命、上级委派或调任等行政任命方式选拔的管理层，而"市场类管理层"指的是通过市场化应聘的职业经理人。相应的"行政类管理层"的薪酬应参照公务员的薪酬模式，而"市场类管理层"应享有市场化的待遇。

7.6　本章小结

本章通过实证方法对混合所有制企业管理层激励机制的相关问题进行了探讨和研究。总体来看，本章主要包括三方面内容：首先，对我国薪酬管制的背景进行了阐述，详细分析了我国薪酬管制产生的原因。其次，通过文献引入和逻辑剖析，提出了我国政府薪酬管制政策会导致混合所有制企业管理层激励出现非对称性调整的观点。最后，以中国沪深 A 股上市的混合所有制企业作为研究对象，通过实证方法考察了我国政府差异化的薪酬管制政策对混合所有制企业管理层货币薪酬、股权激励、在职消费等多种激励方式的影响，并进一步检验了混合所有制企业分类特征与管理层激励调整的关系，提出了对混合所有制企业及其管理层实施分类管理的政策建议。

8 混合所有制企业管理层约束机制研究

本章以 A 股混合所有制企业为研究样本，探究了"八项规定"与政府控制力对企业管理层薪酬的影响。研究表明，"八项规定"的实施没有有效降低混合所有制企业管理层货币薪酬的总额，但对管理层在职消费具有显著的抑制作用；与地方国企相比，"八项规定"对中央国企管理层在职消费的抑制作用更强；同时，随着国有企业混合所有制改革步伐的加快，政府控制力的减弱并未削弱政策干预的实效，反而将进一步降低国企管理层的货币薪酬与在职消费，其效果对于地方国企管理层更为显著；此外，政府对国有企业控制力的减弱将会增强"八项规定"对管理层在职消费的抑制作用。因此，国有企业在推进混合所有制改革的同时要继续落实和贯彻"八项规定"精神，进一步提高政策干预的科学性与针对性，对混合所有制企业管理层薪酬实施区别干预，从根本上防止管理层出现奢靡腐败的行为。

8.1 研究背景

管理层薪酬一直是学术界与实务界热议的话题，"天价薪酬"与"零薪酬"同时引发了社会公众对企业管理层薪酬的种种质疑，如何制定合理、有效的管理层薪酬也成为亟待解决的难题。李紫薇（2015）通过上市公司的数据揭示了部分国企在利润负增长或亏损的情况下，管理层依旧可以"旱涝保收"的怪象①。那么，管理层年薪的制定机制到底是什么？"天价薪酬"背后是否隐藏着贪污腐败的现象呢？在反腐倡廉运动日益高涨的情况下，中共中央

---

① 李紫薇. 中国国有上市公司薪酬激励与企业价值相关性研究 [J]. 金融经济，2015（8）：156-157.

先后针对国有企业高层管理者薪酬出台了一系列政策，其中包括 2009 年 9 月 16 日国务院六部委联合发文的"限薪令"，规范了国企管理层的货币薪酬和在职消费；2012 年 12 月 4 日，习近平总书记主持召开中共中央政治局会议并审议通过了《关于改进工作作风，密切联系群众的八项规定》，此项政策更为详细地对招待、宴请和生活待遇等方面做出了严格规定。可见中共中央已将国企管理层的货币薪酬待遇与在职消费问题视为重点监督对象。时至今日，"八项规定"的实施对国企混改后的混合所有制企业管理层薪酬的制约效果以及持续影响力究竟如何，需要进一步检验。

在反腐倡廉大力开展的同时，国有企业混合所有制改革也在加快步伐，国企渐渐从行政型治理转变为经济型治理。其意义在于"去行政化"的过程消除了国有企业的"诟病"，推进了国企现代化制度的建设。然而，随着民间资本与外资资本的不断介入，国有股比例在一定程度上被稀释，意味着以往"一枝独秀"的国有企业已逐渐变成"百花齐放"的混合所有制企业。国有股权体现的是政府治理国企的重要手段，从某种程度上讲，国有股比例代表了政府对企业的控制力度。政府通过持有企业股权直接或间接地影响着企业的治理活动，其中也包括对管理层薪酬制定的影响，在国企治理途径转变的过程中，研究政府控制力对管理层薪酬的影响具有十分重要的意义。那么，随着国企混改的快速推进，政府对混合所有制企业控制力的变化是否将对国企管理层薪酬产生影响？"八项规定"主要针对的是国有持股企业，随着国有企业行政治理途径的转变，政府控制力的变动又是否影响了"八项规定"对国有持股的混合所有制企业管理层薪酬的制约作用？到底是增强还是削弱了政策作用？本章将对上述问题进行系统检验。

8.2　文献综述

所有权与经营权相分离是现代公司制企业典型的特征，而所有者权与经营者的利益目标通常不一致，为了协调他们之间利益冲突，所有者会以激励的方式约束管理者的目标意志，设计合理完善的薪酬标准被认为是解决委托代理矛盾的有效办法（高琪，2015）①。关于国有企业管理层薪酬的构成结构，2015 年 1 月 1 日，中共中央政治局通过了《中央管理企业负责人薪酬制度改革方

---

① 高琪. 股权结构、公司业绩与高管薪酬 [J]. 会计之友，2015（7）：41-45.

案》，将国有企业管理层薪酬激励规定为基本年薪、绩效年薪、任期激励收入三大部分（徐霞，2016）[①]。但该方案仅仅对管理层显性激励部分做了规定，而关于隐性激励却未做出详细说明。杨蓉（2011）认为国企管理层薪酬由货币性薪酬和控制权薪酬组成。其中货币性薪酬包括年薪与股权激励等，控制权薪酬则包括由权力带来的在职消费以及自我晋升的满足感，在职消费作为一种隐蔽的福利，吸引了不少学者探讨其存在的意义与隐藏的"秘密"[②]。2012 年中国铁建 8.37 亿元的业务招待费再次引起公众对在职消费的热议。高额的在职消费是否扮演着管理层货币薪酬的另一替代者？梅洁（2016）从"效率观"与"代理观"的角度，说明了在职消费的双重性。"效率观"强调的是管理层正常履行管理职责产生的费用，此时在职消费对管理层具有激励的效果[③]。"代理观"则注重的是管理层过度的消费，对公司资源具有破坏与侵蚀的后果，同时也指出超额的在职消费是需要进行政策干预的。陈冬华等（2005）曾指出，面临货币薪酬的约束，在职消费往往是一个替代选择[④]。因此，本章认为在衡量管理层薪酬激励时，货币薪酬与在职消费是不可分离的两部分，只有梳理清楚账面上与账面下的激励，才能真正认识清楚混合所有制企业的管理层薪酬。

中共中央针对管理层薪酬相继出台了一些重要政策，对相关政策实施效果的检验，许多学者进行了深入的探究，杨蓉（2016）从管理层控制权的角度实证检验了"八项规定"不仅抑制了管理层的在职消费，而且对异常在职消费有抑制作用[⑤]。叶康涛等（2016）考察了"八项规定"的实施效果，研究发现该政策实施后企业当期管理费用有明显下降[⑥]。除了政策干预对管理层薪酬的作用，国内外学者也从不同角度研究了影响管理层薪酬的其他因素，Kaplan

① 徐霞.股权结构、企业业绩与高管薪酬粘性关系研究 [J].财会通讯，2016（30）：74-79.

② 杨蓉.垄断行业企业高管薪酬问题研究：基于盈余管理的视角 [J].华东师范大学学报（哲学社会科学版），2012（3）：59-67.

③ 梅洁.国有企业混合所有制改革的理论逻辑之辩：兼评张维迎（1995）与林毅夫等（1997）主要观点 [J].现代经济探讨，2016（1）：36-39.

④ 陈冬华，陈信元，万华林.国有企业中的薪酬管制与在职消费 [J].经济研究，2005（2）：92-101.

⑤ 杨蓉."八项规定"、高管控制权和在职消费 [J].华东师范大学学报（哲学社会科学版），2016（1）：138-148.

⑥ 叶康涛，臧文佼.外部监督与企业费用归类操纵 [J].管理世界，2016（1）：121-128.

（1994）研究发现企业的营业收入、销售业绩与管理层薪酬呈正相关①。Jensen 和 Murphy（1990）在研究 CEO 薪酬与企业绩效之间的关系时发现，管理层薪酬与企业绩效之间无显著相关关系②。Shleifer 和 Vishny（1986）研究发现，企业大股东持股比例与管理层薪酬是存在明显关联性的③。结合国外的研究，国内的学者唐松和孙铮（2014）的实证研究表明，政治关联企业管理层薪酬与经营绩效显著正相关④。黄志忠等（2015）研究表明管理层货币薪酬与企业未来价值呈高度正相关⑤。王新等（2015）认为，经理层权力越大越可能造成在职消费的滥用⑥。一些学者抛开企业内部治理结构与治理机制影响因素，从企业外部治理的角度探讨了国企的管理层薪酬。沈永建等（2014）研究发现，政府干预导致的政策性负担会较大程度影响管理层薪酬激励⑦。徐霞（2017）以国企分类治理为基础，研究了政府控制与管理层薪酬激励的关系，结果发现当政府放宽对竞争类国企的控制力时将进一步提升管理层薪酬激励的有效性⑧。

8.3 理论分析与研究假设

中共中央出台的"八项规定"明确要求厉行勤俭节约之风、严守廉洁之规，其中涉及"住房、车辆配备、宴请、会议安排、生活待遇"等规定直接或间接地影响了混合所有制企业管理层的在职消费活动。诸如"办公室装潢、

① KAPLAN. An examination of the structure of executive compensation and corporate social：A Canadian investigation [J]. Journal of Business Ethics, 1994, 3 (2)：149-162.

② JENSEN M C, K MURPHY. CEO Incentives：It's not how much you pay, but how [J]. Journal of Applied Corporate Finance, 1990, 3 (3)：64-76.

③ SHLEIFER A, VISHNY R W. Large shareholders and corporate control [J]. The Journal of Political Economy, 1986 (94)：461-488.

④ 唐松，孙铮. 政治关联、高管薪酬与企业未来经营绩效 [J]. 管理世界, 2014 (5)：93-105.

⑤ 黄志忠，朱琳，张文甲. 高管薪酬激励对企业价值创造的影响研究 [J]. 证券市场导报, 2015 (2)：32-37.

⑥ 王新，毛慧贞，李彦霖. 经理人权力、薪酬结构与企业业绩 [J]. 南开管理评论, 2015 (1)：130-140.

⑦ 沈永建，倪婷婷. 政府干预、政策性负担与高管薪酬激励：基于中国国有上市公司的实证研究 [J]. 上海财经大学学报, 2014, 16 (6)：62-70.

⑧ 徐霞. 股权结构、企业业绩与高管薪酬粘性关系研究 [J]. 财会通讯, 2016 (30)：74-79.

办公电脑、商务专车，高档宴席" 等也正是国企管理层在职消费的 "重灾区"。政策执行的法律性、强制性对存在不合规在职消费的管理层具有一定威慑作用，一旦违反政策的执行，管理层将面临仕途的中断甚至法律的制裁。另外，"八项规定" 的执行也受到外界公众与媒体的关注，他们的聚焦点已不单单是管理层隐蔽的在职消费，还有可以直接从会计财务报表反映出的货币薪酬。在社会监督的高压下，管理层的货币薪酬也会相应地有所 "收敛"，一旦公众发现管理层存在不合理的或 "超乎想象" 的薪酬时，企业或管理层便会招来无数的质疑与讨伐，会严重影响企业与高官的声誉。可见，"八项规定" 对高官的货币薪酬以及在职消费有强效的约束作用。因此本章可以提出假设1：

H1a："八项规定" 与混合所有制企业管理层货币薪酬呈负相关关系。

H1b："八项规定" 与混合所有制企业管理层在职消费呈负相关关系。

政府控制力通常指政府对企业经营的影响力，大多数学者以产权形式来划分政府控制力的强弱，国有企业被认为存在较高的政府控制力，非国有企业被认为具有较低的政府控制力，也有学者使用国有股比例定量来衡量政府的控制力。本章认为，在混合所有制企业中国有股比例更能精确判断政府控制力的强度，国有股比例会在一定程度上影响管理层薪酬的激励。国有股代表的是政府等产权主体，由于政府不直接分享投资带来的财富效应，而缺乏对经营者监督和评价的动力，在所有者虚位的情况下，管理层人员自定薪酬，过度在职消费，寻租腐败的空间更大。另外，国有股比例的高低通常与政治关联程度联系在一起，因为政府对企业的控制可以通过政治关联的管理层来实现或加强。在国有企业混改进程中，管理层人员行政级别逐渐被取消，但仍不能完全消除 "行政化" 的色彩，这些富有行政化色彩的管理层往往不受企业业绩的制约。这种现象使得管理层有机会为自己支付超过业绩报酬的薪酬，并且管理层可以利用政府作为 "挡箭牌" 避免薪酬的下滑。另外，被政府委派的管理层的政治目的会更强，权利带给他们的隐性收益会比经济激励更有效。也就意味着，政府控制力越强，企业管理层被政府委托的比例越高，因而获取的隐性收益会更大，低程度的政府控制力与 "八项规定" 对管理层薪酬有一致的约束作用。

相反，随着国有企业混合所有制改革的推进，"行政化" 的色彩在逐渐褪去，国企的管理层已经不是 "清一色" 的政治官员，国有股比例也被逐渐稀释，国有企业的治理也从行政型治理向经济型治理转变。"八项规定" 主要针对的是具有行政色彩的高层管理者，随着国有股比例的下降，政府控制力的减弱，委派管理层的比例下降，这些都会在一定程度上削弱 "八项规定" 对管理层的制约作用。因此，本章提出假设 2 和假设 3：

H2：政府控制力与混合所有制企业管理层货币薪酬和在职消费呈正相关关系。

H3a：政府控制力减弱会增强"八项规定"对混合所有制企业管理层货币薪酬和在职消费的抑制作用。

H3b：政府控制力减弱会削弱"八项规定"对混合所有制企业管理层货币薪酬和在职消费的抑制作用。

8.4　研究设计

8.4.1　数据来源

本章以 2010—2015 年中国 A 股资本市场上市公司为样本，剔除样本起始期间上市公司实际控制人为非国有的样本，并根据前人的研究剔除了关系国家安全行业、自然垄断行业、承担公共服务和提供公共产品行业的企业，还剔除了金融类上市公司和 ST 类上市公司样本，剔除财务数据及公司治理数据缺失的样本，最终获得了国企混改的 4 629 个样本观测值。相关数据来自 CSMAR 数据库和 Wind 数据库，部分数据经手工收集计算。

8.4.2　变量设计

（1）管理层货币薪酬（Lncomp）

本章将管理层薪酬分为货币薪酬和在职消费两部分。关于货币薪酬（Lncomp），这里采用了通常的做法，选取了企业管理层前三名货币薪酬总额的对数作为代理变量。关于在职消费（Perk）的衡量，不同学者有不同的方法。权小锋等（2010）选择用企业管理费用扣除法来衡量在职消费[①]。陈冬华等（2010）的"八项费用"法将企业管理费用进行了详细划分，具体分为：办公费、差旅费、通信费、业务招待费、出国培训费、董事会费、小车费、会议费[②]。而这些项目正是"八项规定"所监管的区域，是检验"八项规定"成效

---

①　权小锋，吴世农，文芳. 管理层权力、私有收益与薪酬操纵 [J]. 经济研究，2010（11）：75-89.

②　陈冬华，范从来，沈永建，周亚虹. 职工激励、工资刚性与企业绩效：基于国有非上市公司的经验证据 [J]. 经济研究，2010（4）：116-129.

的择优之选，又鉴于"八项规定"重点针对国企的"三公费用"，所以本章在陈冬华"八项费用"的基础上进行了微调，重点观测业务招待费、出国培训费、办公费、差旅费、小车费、会议费这"六大公费"，通过查阅年报附注"支付的其他与经营活动有关的现金流量"进行了手工收集，并取"六大公费"总额的对数作为在职消费的代理变量。

（2）政府控制力（SOP）

有学者以政府对企业的干预程度来描述政府控制力的强弱，白云霞等（2008）以企业冗余雇员来表示政府干预。有文献以企业中与政治有关联的高官的数量来衡量政府控制力，也有文献细分了企业的产权性质来判断政府控制力。本章所研究的主要是政府控制力的变动对管理层薪酬的影响，所以从定性的角度并不能体现其变动的过程，而国有股是政府对企业控制的另一种体现形式，所以这里以国有股比例来精确衡量政府控制力的大小。

（3）控制变量

本章借鉴了辛清泉等（2009）[①] 以及唐松和孙铮（2014）[②] 等的方法，选择了以下变量加以控制：公司规模、企业绩效、财务杠杆、股权制衡度、成长能力、董事会规模、独立董事比例、审计委员会、薪酬委员会、地区、行业、年份。具体模型变量描述如表 8.1 所示。

表 8.1　变量设计与说明

变量名称	变量符号	变量定义
管理层货币薪酬	Lncomp	前三大管理层薪酬总额对数
管理层在职消费	Perk	"六大公费"总额的对数
八项规定	Policy	实施后取 1；否则取 0
政府控制力	Sop	国有股比例
公司规模	Size	年末总资产的对数
企业绩效	ROA	总资产收益率
财务杠杆	LEV	资产负债率
股权制衡度	Z	第一、二大股东持股比例

---

① 辛清泉，谭伟强. 市场化改革、企业业绩与国有企业经理薪酬 [J]. 经济研究，2009（11）：68-81.

② 唐松，孙铮. 政治关联、高管薪酬与企业未来经营绩效 [J]. 管理世界，2014（5）：93-105.

表8.1(续)

变量名称	变量符号	变量定义
成长能力	Growth	营业收入增长率
董事会规模	Boardsize	董事会成员总数的对数
独立董事比例	Indep	独立董事人数占董事会总数的比例
审计委员会	Audit	设立审计委员会取 1；否则取 0
薪酬委员会	Comcom	设立薪酬委员会取 1；否则为 0
地区	Pe	东部地区取 1；否则为 0
行业	ZND	垄断型与公益型国企取 1；竞争型国企取 0
年份	Year	年份虚拟变量

8.4.3 模型构建

（1）对于研究假设 H1，"八项规定"与混合所有制企业管理层货币薪酬和在职消费的关系研究，本章建立了模型（8.1）：

$$\text{Lncomp}/\text{Perk}_{i,t} = \beta_0 + \beta_1 \text{Policy}_{i,t} + \beta_2 \text{Size}_{i,t} + \beta_3 \text{ROA}_{i,t} + \beta_4 \text{LEV}_{i,t} + \beta_5 Z_{i,t} + \beta_6 \text{Growth}_{i,t} +$$
$$\beta_7 \text{Boardsize}_{i,t} + \beta_8 \text{Indep}_{i,t} + \beta_9 \text{Audi}_{i,t} + \beta_{10} \text{Comcom}_{i,t} + \beta_{11} \text{Pe}_{i,t} + \beta_{12} \text{ZND} + \beta_{13} \text{Year} + \varepsilon$$

$$(8.1)$$

（2）对于研究假设 H2，政府控制力与混合所有制企业管理层货币薪酬和在职消费的关系，本章建立了模型（8.2）：

$$\text{Lncomp}/\text{Perk}_{i,t} = \beta_0 + \beta_1 \text{Sop}_{i,t} + \beta_2 \text{Size}_{i,t} + \beta_3 \text{ROA}_{i,t} + \beta_4 \text{LEV}_{i,t} + \beta_5 Z_{i,t} + \beta_6 \text{Growth}_{i,t} +$$
$$\beta_7 \text{Boardsize}_{i,t} + \beta_8 \text{Indep}_{i,t} + \beta_9 \text{Audi}_{i,t} + \beta_{10} \text{Comcom}_{i,t} + \beta_{11} \text{Pe}_{i,t} + \beta_{12} \text{ZND} + \beta_{13} \text{Year} + \varepsilon \quad (8.2)$$

（3）为了验证假设 H3，本章在模型 8.2 中引入了政府控制力与"八项规定"的交互项①，建立了以下模型（8.3）：

$$\text{Lncomp}/\text{Perk}_{i,t} = \beta_0 + \beta_1 \text{Policy}_{i,t} + \beta_2 \text{Sop}_{i,t} + \beta_3 \text{Policy}_{i,t} \times \text{Sop}_{i,t} + \beta_4 \text{Size}_{i,t} + \beta_5 \text{ROA}_{i,t} +$$
$$\beta_6 \text{LEV}_{i,t} + \beta_7 Z_{i,t} + \beta_8 \text{Growth}_{i,t} + \beta_9 \text{Boardsize}_{i,t} + \beta_{10} \text{Indep}_{i,t} + \beta_{11} \text{Audi}_{i,t} + \beta_{12} \text{Comcom}_{i,t} + \beta_{13}$$
$$\text{Pe}_{i,t} + \beta_{14} \text{ZND} + \beta_{15} \text{Year} + \varepsilon$$

$$(8.3)$$

---

① 为消除交互项多重共线性问题，本章已对模型 8.2 实施了"去中心化处理"。

8.5 实证结果与分析

8.5.1 描述性统计分析

表 8.2 报告了主要变量的描述性统计结果。从全样本角度来分析，前三名管理层货币薪酬（Lncomp）的标准差为 0.697，说明我国国有上市公司管理层货币薪酬的差距仍然很大，其中最小值为 0，最大值为 17.454，也再次表明"天价薪酬"与"零薪酬"的现象是存在的，当前的国有企业需要进一步改进管理层薪酬设计机制。管理层的在职消费平均值为 19.169，高于国企管理层的货币薪酬平均值 14.229，初步表明了国企管理层更倾向于追求隐性的福利，而这些奢侈的在职消费也正是部分国企管理层腐败的"诱饵"，由此看来，"八项规定"等政策的出台是势在必行的。从全样本国有股比例来看，其平均值达到了 39.4%，表明了国有企业在混合所有制改革的道路上仍然存在政府"一股独大"的现象，相较于国企混改前，政府控制力有减弱趋势，但"行政化色彩"在短时期内并未完全褪去。在统计数据中，企业的成长能力标准差尤为突出，达到了 2 635.35，说明国企之间能力差异悬殊，从侧面也反映出国有上市企业良莠不齐的现象确实存在。

表 8.2　主要变量的描述性统计

Stats	Lncomp	Perk	Sop	ROA	Size	LEV	Z	Growth	Indep
mean	14. 229	19. 169	39. 422	3. 991	22. 487	53. 012	21. 249	155. 517	36. 625
sd	0. 697	1. 436	15. 872	14. 361	1. 378 1	24. 916	42. 433	2 635. 35	5. 805
P^{50}	14. 232	19. 034	38. 940	3. 200	22. 279	54. 010	7. 739	10. 565	33. 000
min	0	15. 166	3. 621	724. 930	17. 426	1. 030	1. 000	−893. 26	13. 000
max	17. 454	25. 204	86. 347	−155. 84	28. 509	861. 18	1 080. 1	98 266. 19	80. 000
N	4 629	4 629	4 629	4 629	4 629	4 629	4 629	4 629	4 629

表 8.3 报告了主要变量的相关性分析结果。从总体来看，各变量 pearson 系数绝对值均低于 0.8，且主要解释变量的 pearson 系数绝对值均低于 0.5，说明变量之间不存在严重的多重共线性问题。其中 Policy 与 Perk 呈负相关关系，表明"八项规定"对管理层在职消费有抑制作用，这与假设 H1b 预期相符。Policy 与 Lncomp 呈正相关关系，表明实施"八项规定"后，管理层的货币薪酬依旧增长，与假设 H1a 预期相反，需要进一步回归验证。Sop 与 Lncomp 和

Perk 均呈正相关关系，这与假设 H2 符合。ROA 与 Lncomp、Perk 相关系数分别为 0.145 5 和 0.063 4，说明企业资产收益率越高，管理层的货币薪酬与在职消费也会增加。Z 与 Lncomp、Perk 均呈负相关关系，说明企业的股权制衡度越高，越能够在一定程度上制约管理层薪酬的增长。

表 8.3　主要变量相关性分析表

	Lncomp	Perk	Policy	Sop	ROA	Size	LEV	Z	Growth	Indep	Pe
Lncomp	1.000 0										
Perk	0.468 6	1.000 0									
Policy	0.143 5	-0.098 9	1.000 0								
Sop	0.025 5	0.161 5	0.003 7	1.000 0							
ROA	0.145 5	0.063 4	0.052 6	0.009 8	1.000 0						
Size	0.442 8	0.741 9	-0.118 3	0.295 5	0.018 0	1.000 0					
LEV	-0.043 8	0.235 6	0.015 9	-0.017 2	-0.203 1	0.258 7	1.000 0				
Z	-0.068 2	-0.000 5	-0.000 5	0.390 6	-0.033 5	0.041 6	0.028 7	1.000 0			
Growth	-0.020 3	-0.042 1	0.022 6	0.008 1	0.002 6	-0.022	0.040 1	0.000 6	1.000 0		
Indep	0.017 3	0.151 7	-0.017 8	0.088 1	-0.003 1	0.156 4	0.049 2	0.023 3	0.012 6	1.000 0	
Pe	0.278 1	0.100 7	-0.000 8	0.041 2	0.034 9	0.086 2	-0.072 5	0.008 7	-0.002 3	-0.029 3	1.000 0

8.5.2　回归分析

表 8.4 为全样本的 OLS 回归结果，由第（1）列和第（2）列可以看出，"八项规定"与管理层货币薪酬呈正相关关系，与未实施"八项规定"的年份相比，2013—2015 年管理层货币薪酬均有所上升，此政策的实施并没有有效地降低管理层货币薪酬总额，这与假设 H1a 不相符，国企管理层货币薪酬的增加可能得益于近年来国有企业混合所有制改革的实施。一方面，从现有数据研究来看，国企混改确实在一定程度上提高了企业的绩效，而从回归结果来看，ROA 与 Lncomp 呈显著正相关关系，这说明国有企业绩效的提高，带动了国企管理层货币薪酬的增加。另一方面，国企混改使国有企业从"行政型治理"转向"经济型治理"，对管理层的才能与积极性要求更高，企业更加注重对管理层的显性激励，所以近年来管理层货币薪酬的增长也是合乎情理的。但这并不能说明"八项规定"的实施对管理层货币薪酬没有约束作用，因为本章仅仅考察了管理层货币薪酬总额的变化，并没有从其他角度考察，比如"八项规定"对管理层货币薪酬的增长率的影响等，这些有待下一步深入研究。从第（4）列和第（5）列可知，"八项规定"与管理层在职消费之间在1%的统计水平上呈显著负相关关系，说明"八项规定"实施后对管理层在职消费总额具有明显的抑制作用，验证了假设 H1b。

从第（2）列和第（5）列可以看出，国有股比例与管理层在职消费、管理层货币薪酬均在1%的统计水平上呈显著正相关关系，意味着政府控制力减弱将进一步降低管理层的货币薪酬与在职消费，假设H2得到了验证。

从第（5）列可知，交互项与管理层在职消费呈显著负相关关系，进一步说明随着政府控制力的减弱，会增强"八项规定"对管理层在职消费的抑制作用，这与假设H3a一致。从控制变量与因变量之间的关系来看，国有企业效益、规模均与管理层薪酬呈正相关关系。董事会规模与管理层货币薪酬呈显著正相关关系，而与管理层在职消费之间关系并不显著。

表8.4　全样本回归结果分析

VARIABLES	（1）Lncomp	（2）Lncomp	（3）Perk	（4）Perk	（5）Perk
Policy	0.100 8***(0.008 9)		−0.036 2**(0.014 8)		−0.071 4**(0.036 7)
Sop		0.002 3**(0.000 8)		0.005 2***(0.001 3)	0.005 3***(0.001 4)
Sop×Policy					−0.001 0*(0.000 9)
ROA	0.001 3***(0.000 3)	0.001 1***(0.000 3)	0.001 7***(0.000 5)	0.001 67***(0.001 0)	0.001 7***(0.001 0)
Size	0.226 5***(0.009 7)	0.272 2***(0.009 4)	0.757 8***(0.015 7)	0.784 5***(0.015 1)	0.772 1***(0.016 1)
LEV	−0.001 2***(0.000 3）	−0.001 4***(0.000 3)	0.002 2***(0.000 5)	0.002 0***(0.000 5)	0.002 1***(0.000 5)
Z	−0.000 3**(0.000 1)	−0.000 2(0.000 2)	−0.000 1(0.000 2)	0.000 2(0.000 2)	0.000 2(0.000 2)
Growth	1.98e−06(1.76e−06)	1.60e−06(1.78e−06)	−0.000 1***(2.94e−06)	−0.000 01***(2.94e−06)	−0.000 01***(2.93e−06)
Boardsize	0.159 8***(0.050 48)	0.104 4**(0.051 0)	−0.077 5(0.083 3)	−0.100 5(0.082 9)	−0.081 5(0.083 3)
Indep	−0.002 4*(0.001 3)	−0.002 2*(0.001 3)	−0.000 7(0.002 1)	−0.000 6(0.002 1)	−0.000 7(0.002 1)
Audit	0.067 5(0.046 7)	0.079 2*(0.047 3)	−0.175 3**(0.077 5)	−0.175 3**(0.077 4)	−0.179 7**(0.077 4)

表8.4(续)

VARIABLES	(1)	(2)	(3)	(4)	(5)
	Lncomp	Lncomp	Perk	Perk	Perk
Comcom	0.019 0 (0.027 42)	0.057 4 ** (0.027 56)	0.057 5 (0.045 4)	0.069 9 (0.045 0)	0.055 7 (0.045 3)
Pe	0.212 1 *** (0.030 6)	0.198 9 *** (0.030 8)	0.116 9 ** (0.049 1)	0.112 6 ** (0.049 0)	0.117 1 ** (0.049 0)
ZND	0.050 7 (0.044 1)	0.047 9 (0.044 6)	−0.133 8 * (0.072 2)	−0.133 6 * (0.072 1)	−0.133 2 * (0.072 1)
Year	已控制	已控制	已控制	已控制	已控制
Constant	9.095 0 *** (0.226 5)	8.100 1 *** (0.212 5)	2.102 8 *** (0.365 7)	1.676 9 *** (0.341 2)	1.989 6 *** (0.366 8)
Observations	4 629	4 629	4 629	4 629	4 629
R-squared	0.298 6	0.287 6	0.591 8	0.594 2	0.594 5

注：*、**、*** 分别表示在 0.10、0.05 和 0.01 水平以下的显著性水平。

从行业分类来看，本章之前将国有上市企业按行业性质分为了竞争类国企和垄断及公益性国企，从第（3）—（5）列可以看出，竞争性国企管理层的在职消费低于垄断及公益性国企管理层在职消费。对这种结果可能的解释为竞争性国企管理层有着更高的显性薪酬。而对于垄断及公益性国企，企业绩效变动不会太大，他们的薪酬组成结构更加固定，因此他们会追求隐性的福利来增加自己的薪酬，尽可能多地获得奢侈的在职消费。

表8.5和表8.6分析了不同政府控制层级下"八项规定"与政府控制力对管理层薪酬的影响。本章将样本按照政府控制层级划分为中央国企和地方国企两组。其中中央国企共427个样本，地方国企754个（包括市级、省级国企）。从表8.5中第（1）列和第（3）列来看，"八项规定"实施后均没有对中央和地方国企的管理层货币薪酬产生抑制作用，与2013年之前相比，管理层货币薪酬在2013年之后反而呈增长趋势，其原因与上文解释相似，国企管理层货币薪酬总额的增加可能得益于国企混改的实施以及国企效益的提升。对比第（2）列和第（4）列，政府控制力与地方国企的管理层货币薪酬在1%的统计水平上呈显著正相关关系，虽与中央国企管理层货币薪酬也是正相关关系，但并不显著，说明政府控制力强弱变动将直接影响地方国企管理层薪酬的变动。

表 8.5　中央与地方国企管理层货币薪酬分样本回归分析

VARIABLES	Lncomp			
	中央国企		地方国企	
	（1）	（2）	（3）	（4）
Policy	0.097 *** （0.015 4）		0.110 9 *** （0.010 9）	
Sop		0.000 5 （0.001 4）		0.003 8 *** （0.000 9）
ROA	0.000 81 ** （0.000 3）	0.000 7 ** （0.000 3）	0.008 7 *** （0.001 1）	0.007 0 *** （0.001 1）
控制变量	控制	控制	控制	控制
Observations	427	427	754	754
R-squared	0.271 9	0.255 1	0.368 0	0.361 0

注：** 、*** 分别表示在 0.05 和 0.01 水平以下的显著性水平。

表 8.6　中央与地方国企管理层在职消费分样本回归分析

VARIABLES	Perk			
	中央国企		地方国企	
	（1）	（2）	（3）	（4）
Policy	-0.046 9 ** （0.019 4）		-0.057 2 ** （0.024 0）	
Sop		0.002 4 （0.002 1）		0.006 1 *** （0.001 6）
ROA	0.001 0 ** （0.024 0）	0.001 0 ** （0.000 5）	0.009 1 *** （0.001 9）	0.008 4 *** （0.001 9）
控制变量	控制	控制	控制	控制
Observations	427	427	754	754
R-squared	0.705 9	0.703 8	0.492 8	0.498 2

注：** 、*** 分别表示在 0.05 和 0.01 水平以下的显著性水平。

通过表 8.6 中第（1）列与第（3）列发现，"八项规定"实施后对中央和地方国企管理层在职消费均有明显的抑制作用，地方国企"八项规定"系数为 -0.057 2，低于中央国企"八项规定"系数 -0.046 9，说明与地方国企相比，"八项规定"实施后对中央管理层在职消费的抑制作用更加强烈。从第

（2）列和第（4）列可以看出，政府控制力与地方国企管理层呈显著正相关关系，而对中央国企管理层并没有直接的影响。

8.5.3 稳健性检验

本章选取了前三名董事薪酬的对数作为因变量，并用调整后的管理层在职消费率（管理费用剔除前三名管理层薪酬、折旧、减值准备等企业日常管理费用后，除以当期营业收入）代替"六大公费"总额的对数重新按照模型进行了回归检验，得到无差异的结论，表明本章的研究结论是稳健的。

8.6 研究结论与政策建议

8.6.1 研究结论

本章以 2010—2015 年 A 股国企混改后的混合所有制企业为研究样本，探究了"八项规定"与政府控制力对企业管理层薪酬的影响。研究表明，"八项规定"的实施并没有有效抑制管理层货币薪酬总额的增长，而对管理层在职消费具有显著的抑制作用；与地方国企相比，"八项规定"对中央国企管理层的在职消费抑制作用更强；同时，随着国企混改步伐的加快，政府控制力的减弱并没有削弱政策干预的实效，反而将进一步降低国企管理层的货币薪酬与在职消费，其效果对于地方国企管理层更为显著；此外，政府对国有企业控制力的减弱将会增强"八项规定"对管理层在职消费的抑制作用。

8.6.2 政策建议

根据实证研究结果，本章提出以下建议：

第一，混合所有制企业管理层所发生的不合理的在职消费项目可能是滋生腐败的"诱饵"。实践证明，"八项规定"的落实对于抑制管理层的在职消费、倡导勤俭节约、反对奢靡腐败等具有十分重要的意义。因此，从中央国企到地方国企都应该进一步落实"八项规定"以及相关文件的精神，强化"八项规定"对管理层在职消费的威慑作用。

第二，混合所有制企业应建立规范的信息披露机制，规范企业管理费用中具体科目的披露方式和信息范围。促使管理层在职消费明细支出清晰化、公开化、透明化，让社会公众成为企业重要的监督主体。

第三，提升政策干预的科学性与针对性，对混合所有制企业管理层的货币薪酬与在职消费区别干预。实证证明，"八项规定"仅对管理层在职消费有明显的抑制作用，而对管理层货币薪酬总额并无约束作用。因此，针对管理层货币薪酬要以激励为原则，以市场为参考，以行业为标准制定并实施合理的政策方针。

第四，在国有企业混合所有制改革进程中，政府要把握好对国有企业的控制力度。在坚持政府领导和公司治理统一、增强政府政策干预效果的同时也要确保对管理层的激励作用。国企混改在推进管理层薪酬设计由"行政化"转向"市场化"的过程中，既要保证管理层治理的积极性，又要防止管理层出现奢靡腐败的行为。

8.7　本章小结

本章通过实证方法对混合所有制企业管理层约束机制的相关问题进行了探讨和研究。总体来看，本章主要包括四方面内容：首先，详细介绍了政府限薪政策和"八项规定"等与本章研究对象相关的制度背景。其次，对管理层薪酬结构、"限薪"政策实施效果等相关文献的核心观点进行了梳理和总结。再次，通过理论分析和假设提出，剖析了"八项规定"政策与政府控制力对企业管理层薪酬的影响。最后，通过收集数据、设计变量、构建模型等实证设计，科学实证分析了"八项规定"政策对混合所有制企业管理层货币薪酬和在职消费的影响，同时进一步考察了政府控制力的变动对"八项规定"实施效果的影响，并提出了提高政策科学性和针对性的相关建议。

9 混合所有制企业股权协同对企业国际化程度的影响研究

本章以 A 股上市公司数据为研究样本，探究了混合所有制企业中国有股权协同程度对企业国际化程度的影响。由于被解释变量存在大量零值，会影响随机误差正态性的假设，因此本章选择用两部模型对企业选择是否出口的影响因素进行系统分析。研究发现，混合所有制企业国有股比重与企业国际化程度呈现显著负相关关系，另外，较低的流通股比例、较高的经营现金流量比率、较高的股权集中比会导致海外销售比重上升。上述实证结果表明，虽然在国际化经营中，国有股权在资源、政策和抗风险能力上对混合所有制企业有帮助，但在实际操作中，这些优势却因为混合所有制企业缺乏健全的现代企业制度、缺乏对经理人的有效激励机制以及企业核心竞争力不足等问题，反而阻碍了混合所有制企业进行国际化经营活动。最后本章提出了关于混合所有制企业国际化经营的政策建议。

9.1 研究背景

随着经济全球化的发展、"一带一路"倡议的逐步推进，越来越多的国内外学者致力于研究企业国际化的发展。早在 20 世纪 60 年代，学者 Hymer 就对传统的理论发起了挑战，并第一次公布了垄断优势理论，加之其后金德贝格的补充发展，正式开启了对企业国际化的研究。近半个世纪以来，随着各国实力的不断增强，越来越多的企业为谋求企业利润最大化正在以惊人的速度抢占国际市场。尽管参与国际化经营能获得一定的资源，形成学习效应，但企业也需要面对与之前国内市场经营完全不同的风险和挑战。在改革开放的背景下，国内有更多有竞争力的公司选择参与到国际化进程中来。2001 年，中国加入WTO（世界贸易组织），企业的国际化活动变得活跃。而贸易保护主义大规模削减以及国民待遇政策的出现，不仅让其他国家的产品更方便进入国内，其他国家的跨国企业也会通过更多的投资抢占国内的市场。这也将加大国内企业的竞争压力，促使企业面对更艰难的挑战，推动企业主动参与到国际化经营中来。2008 年世界金融危机过后，全球各国都在试图寻找经济体制的改善方式，力求扩大自己国家的竞争优势，以进一步抢占在国际市场上的份额，我国紧跟其后尝试了许多方法来提高企业的国际化程度。自 2015 年以来，随着"一带一路"倡议的提出和发展，更多的企业参与到国际化经营中。

虽然多年股份制改制让国有股份占比降低，很多国企也从单一股份制转变为多种所有制混合，但政府干预仍然过多，企业效率不高，行政化垄断很难打破，而准入限制也并没有真正意义地打开。从 1990 年开始，我国开始准许其他资本加入国企的实践证明，多种所有制有利于推进经济发展。2014 年度的国务院政府工作报告也提出应该加速发展混合所有制经济。在全面深化混合所有制改革的大背景下，如何通过混合所有制改革提升企业国际化经营的程度是一个非常有意思的话题，本章将基于此展开研究。

9.2 文献综述与理论分析

生产要素开始突破国界的流动体现了经济一体化，各国企业不仅竞争也彼此依赖生存，经济一体化表现在生产、分配、消耗等环节，其实质就是进行资源配置。经济全球化让生产要素在各国的流动障碍变小，加上信息科技的进步，减少了交易所带来的成本。企业国际化经营有更多可能进入市场，并获取更多资源，还能抢占并扩大市场份额，增加海外销售额，扩大国内企业发展的优势，学习一流知识，提高核心竞争力。企业如果想提高效益，占据一定的市场份额，就必定会参与国际化经营。但比起国内积极的实践，学术上对其却缺少充足的理论及实证研究。除此之外，大部分研究也并非是针对发展中国家，而是发达国家的上市公司展开的。目前我国是市场起着主导作用的市场经济体制，国企改制以后能更好地适应市场规则，企业利用市场的资源配置功能可获得更多资源，同其他企业在规则中竞争。此外，国有企业可以根据市场条件，利用市场供求平衡功能，及时调整投资产品的数量。多种所有制为国企注入了新鲜生命，增强了其市场控制力和竞争力。

现有的文献对混合所有制企业中国有股比重与企业国际化程度关系的直接研究很少，大部分研究都集中在股份性质与企业绩效上。Freeman 等（1999）

通过把民营化企业和非民营化企业进行对比研究后发现，前者企业绩效明显高于后者①。在此之后，国内学者也对此展开了大量的研究。晏艳阳和刘振坤（2004）利用重工业和轻工业 2000 年 12 月 31 日前上市的 282 家上市公司作为样本，发现在国有控股型公司中，两者呈显著的负相关关系②。赵贞等（2014）以沪深两市 A 股 1 616 家国际化制造业上市公司为研究对象，在对其 2010—2012 年的数据进行分析后，发现两者没有明显的相关关系③。郑慧君（2017）以房地产行业的 124 家上市企业为研究对象，发现国有持股比例与公司绩效呈现正"U"形或者倒"U"形的关系④。赵斌斌（2017）以我国制造业 2010—2015 年 286 家上市公司为样本，发现股权所有制混合程度与企业绩效之间存在正相关关系，与非国有企业相比，国有企业股权混合程度越高，对企业绩效促进作用更明显⑤。

近年来，国内学者对企业国际化的研究主要集中在理论层面，实证检验类的文献不足。潘悦（2013）指出，目前的国际投资不仅要"引进来"，还要"走出去"，更要将两者结合形成"中国国际投资合作"⑥。邱锡平（2016）指出，虽然中国"走出去"政策积极推进了中国企业国际化进程，促进了对外投资快速增长，但产业层次低、缺乏品牌、主动性差等问题仍旧制约了企业国际化经营⑦。黄缘缘等（2017）发现中国企业进行境外市场扩张是因为与政府和市场竞争的外部依赖关系⑧。方宏和王益民（2017）指出目前"加速度""激进"的国际化进程，会给中国跨国企业带来更大的风险⑨。刘传志等（2017）提出企业拥有国际市场经营相关知识的多少是影响企业国际化的重要

① FREEMAN, ANTHONY, VINING AIDAM. Ownership and performance in comparative environment: A comparison of the performance of private, mixed, and state-owned enterprises [J]. Journal of Law and Economics, 1999 (32): 1-33.

② 晏艳阳，刘振坤. 股权结构对公司业绩的影响：假定与实证 [J]. 财经理论与实践，2004 (2): 42-45.

③ 赵贞，张建平，高佳. 国际化经营、股权结构与企业绩效：基于 A 股数据的经验分析 [J]. 对外经济贸易大学学报，2014 (3): 102-111.

④ 郑慧君. A 股上市房地产企业国有持股与公司绩效研究 [M]. 上海：东华大学，2017.

⑤ 钱世茹. 经理人外部继任、高管持股与企业未来绩效：基于倾向得分匹配法的实证研究 [J]. 商业研究，2017, 59 (7): 109-116.

⑥ 潘悦. 推进中国国际投资的新思考 [J]. 国际贸易，2013 (7): 4-10.

⑦ 邱锡平. 企业国际化与经营绩效的关系研究 [M]. 上海：上海社会科学，2016.

⑧ 黄缘缘，谢恩，庄贵军. 企业国际化扩张的驱动力：国有股权和市场竞争的双重角色 [J]. 管理工程学报，2017, 31 (2): 20-28.

⑨ 方宏，王益民."欲速则不达"：中国企业国际化速度与绩效关系研究 [J]. 科学学与科学技术管理，2017, 38 (2): 158-170.

因素，这就要求企业要积极引进有海外背景的管理型人才①。

9.3　研究设计

9.3.1　数据来源

本章研究选取 2010—2014 年中国 A 股资本市场上市公司为样本，首先界定了上市公司各个股东的性质，但由于从上市公司年报以及其他公开渠道无法获取上市公司所有股东的性质和持股信息，所有只对年报中前十大股东的性质和持股信息进行了研究，并将上市公司的股东划分为国有股东（政府部门、国有企业法人、四大资产管理公司及其子公司等）、民营股东（非国有企业法人和自然人）、金融类股东（证券投资基金、保险投资账户、社保基金等）、外资股东（境外法人和境外自然人等）、其他（不能判断股东性质的股东）五种类型。借鉴 Laeven 和 Levine（2008）、郝阳和龚六堂（2017）等学者对混合所有制企业的定义，我们将国有控股公司前十大股东中民营参股股东持股比例超过 10% 的企业，以及民营控股公司前十大股东中国有参股股东持股比例超过 10% 的企业，界定为混合所有制企业，称其具有"混合所有制"的股权结构。我们最终获得 493 家 A 股混合所有制上市公司作为研究样本，由于目前统计方法不同，制度不完善，部分公司财务制度不规范，研究数据还存在大量缺失。为了提高数据的准确性，删除了数据缺失的公司，共获得 2 470 个有效观测值。海外业务收入、营业收入、海外销售占比数据来自 Wind 金融数据库，其他数据主要来自 CSMAR（国泰安）数据库。

9.3.2　变量设计

（1）被解释变量

企业国际化指标使用海外销售比重（OS）表示，即海外业务收入除以营业总收入得到的比值。根据以往研究发现，海外资产比重以及海外雇员数量比重都和上述衡量指标高度相关，因此本章关于衡量指标的计算方法具有一定的代表性。

---

①　刘传志，杨根宁，余兴发. 海外背景董事对企业国际化程度的影响研究：来自中国上市公司的证据［J］. 国际商务（对外经济贸易大学学报），2017（1）：140-150.

（2）解释变量

国有股比重（SS）：由于国泰安数据库里有所有上市公司的股本结构，包含股本总数和国有股股数等，因此可以计算得出对应比重。经理人是否兼任董事长衡量（PCE）：对其设置虚拟变量，两者兼任记作1，反之为0。两者兼任，决策制定权和监督权高度统一，董事会的监督控制力会大大减小，严重影响了治理结构，导致内部控制无效。管理层规模（Size）：用董事人数与员工人数的比值表示。股权性质（OP）：根据股权性质将上市公司分为国有控股企业、民营控股企业和外资控股企业。公示成长性（Growth）：该指标用可持续增长率来衡量，公司的成长机会越高，对应的未来投资机会就越多。流通股比例（LTBL）：流通股比例越大，股价对公司价值的反映也就更加真实可靠。股权集中比（ECR）：股权集中比衡量了公司的股权分布状态、稳定性强弱。现金债务总额比（CDCR）：现金债务总额比衡量企业承担的债务能力。该比率越高，承担的债务水平越高，就越难破产，反之亦然。经营现金流量比率（OCFR）：经营现金流量比率衡量现金流量抵偿流动负债的情况。其他解释变量还有速动比率（QR）、总资产周转率（TAT）、资产负债率（Debt）、经营杠杆指数（DOL）、财务杠杆指数（DFL）、每股收益（EPS）、净资产收益率增长率（GROE）等。

（3）模型构建

本章样本中有51.6%（1 273个）的海外销售比重为0。样本中因为大量出口数据为0，影响了随机误差正态性的假设，为了修正这一问题，根据 Duan 等（1983）提出两部模型：

第一部分用 Probit 模型估计企业是否有出口，$I_i = 1[\beta_1 SS + X_i' \beta_2 + u_i > 0]$，随机扰动项 u_i 服从标准正态分布，当海外销售比重>0，$I_i = 1$，反之 $I_i = 0$。

第二部分用线性模型估计非零的海外销售比重，$(E_i \mid I_i = 1) = \alpha_1 SS + Z_i' \alpha_2 + v_i$，随机扰动项分布为 $v_i \sim N(0, \sigma_v^2)$，$\mathrm{cov}(\mu_i, v_i) = 0$。

建立极大似然函数如下：

$$(\alpha, \beta, \sigma^2) = \left\{ \prod \Phi(\beta_1 SS + X_i' \beta_2) \times \frac{1}{\sigma_v} \times \varphi\left(\frac{E_i - \alpha_1 SS - X_i' \alpha_2}{\sigma_v} \right) \right\}^{I_i = 1} \times$$

$$\left\{ 1 - \prod \Phi(\beta_1 SS + X_i' \beta_2) \right\}^{I_i = 0}$$

两部模型把零和非零的海外销售比重分离，假设是否出口和出口多少的行为是相互独立存在的，如果零海外销售比重是企业的真实海外销售，那么本章研究感兴趣的是那些发生了海外销售的企业的国际化程度，所以两部模型估计的国有股比重对企业国际化的影响正是本章研究的重点。

如果企业是出于国内外政治经济环境、发展战略或是营销水平等因素的考虑，放弃出口，即海外销售为 0，则无法观察样本企业真实的海外销售情况，为了修正选择性偏差，本章根据 Heckman（1974）提出了样本选择模型，样本选择模型由选择方程（selection equation）和结果方程（outcome equation）共同构成。

其中，选择方程决定了企业是否选择出口从而产生海外销售额，$Treatment_i = 1(\beta_1 SS_i + Z_i'\beta_2 + u_i > 0)$ 在选择方程式中，被解释变量 $Treatment_i$ "是否出口 i" 为二元离散变量，取值为 1 代表出口发生海外销售，否则取值为 0；解释变量为行业、国内外政治经济环境或发展战略等因素，本章对行业设置虚拟变量。参数 β_1 反映了国有股比重对我国企业出口选择的影响。以往研究表明，国有股比重高的企业因为缺乏健全的现代企业制度，缺乏对经理人的有效激励机制以及核心竞争力不足等问题，降低了企业进行国际化经营活动的可能性。结果方程估计企业的出口需求，只有当企业选择出口时，本章才能观测到它的海外销售额，即设定模型 $(E_i \mid Treament_i = 1) = \alpha_1 SS_i + X_i'\alpha_2 + v_i$。

解释变量包括经理人是否兼任董事长、管理层规模、股权性质、公示成长性、流通股比例、股权集中比、现金债务总额比、经营现金流量比率、速动比率、总资产周转率、资产负债率等，本章最关心的参数是 α_1，它反映了国有股比重对企业国际化经营的作用。

9.4　实证结果与分析

9.4.1　描述性分析

CSMAR（国泰安）数据库提供了企业 2010—2014 年混合所有制上市公司的国有股比重、流通股占比、总资产、每股收益、股权集中比等，Wind 金融数据库给出了企业 2010—2014 年混合所有制上市公司的海外销售比重数据。本章以混合所有制企业海外销售比重作为被解释变量。重要的解释变量"国有股比重"用国有股份占所有股比例表示，该值若为零，说明该企业无国有持股，该值越高，则表明混合所有制企业中国有股占所有股的比例越多。

表 9.1 给出了变量的描述统计分析结果。统计中有 1 192 个样本有海外销售额，说明企业有海外销售业务。观测到的海外销售比重分布严重右偏，海外销售比重均值为 0.171，远远大于中位数 0.105。如预期，无国有股份企业的

海外销售比重、非零海外销售比重和净资产收益率增长率分别为 0.093、0.182、1.303，明显高于有国有股份企业的 0.077、0.164、-1.624，但股权集中比 36.285 却低于对方的 37.193。这中间的关系可能是因为投资带来的收益变低、股权的过度分散导致董事会和经理人缺乏有效的监督，降低了企业效率，这些都会阻碍企业国际化经营。综上，无国有股份比重的企业国际化程度更高。

表 9.1　样本的描述性统计

变量	全部样本		有国有股占比		无国有股占比		海外销售比重	
	均值	标准差	均值	标准差	均值	标准差	均值	标准差
海外销售比重	0.083	0.160	0.077	0.155	0.093	0.169	0.171	0.195
非零海外销售比重	0.171	0.195	0.164	0.193	0.182	0.200	0.171	0.195
国有占比	0.155	0.206	0.240	0.212	0.000	0.000	0.144	0.198
流通股占比	0.744	0.258	0.650	0.246	0.916	0.178	0.757	0.256
每股收益	0.270	0.548	0.299	0.556	0.219	0.531	0.247	0.567
股权集中比	36.870	15.745	37.193	16.002	36.285	15.260	36.286	14.850
净资产收益率增长率	-0.584	166.184	-1.624	22.263	1.303	277.245	-1.905	25.993
可持续增长率	0.013	2.583	0.091	1.337	-0.128	3.938	-0.009	2.276
资产负债率	0.524	0.600	0.507	0.514	0.556	0.730	0.509	0.349
管理层规模	0.015	0.067	0.014	0.054	0.016	0.085	0.007	0.053
总经理兼任董事长	1.795	0.441	1.797	0.441	1.790	0.443	1.784	0.439
股权性质编码	1.237	0.488	1.190	0.442	1.323	0.551	1.219	0.490
速动比率	2.255	9.800	2.556	11.379	1.709	5.918	1.928	6.215
总资产周转率	0.654	0.610	0.644	0.609	0.671	0.612	0.729	0.571
现金债务总额比	0.119	0.566	0.133	0.557	0.092	0.581	0.089	0.349
经营现金流量比率	12.173	428.172	16.941	527.402	3.523	106.475	1.980	74.000
经营杠杆指数	1.344	4.448	1.247	5.243	1.521	2.415	1.309	5.779
财务杠杆指数	2.596	45.750	2.802	55.920	2.224	15.053	1.903	13.906
所在行业	4.314	1.279	4.294	1.307	4.352	1.227	4.730	0.856
样本总数	2 465	1 589	876	1 192				

9.4.2　回归分析

表 9.2 是分别使用两种模型估计国有股权比重对企业国际化程度影响的回

归结果，在全部样本中，2 465 个样本在 2010—2014 年有海外销售额，其中 1 273 个样本海外销售额为 0，1 192 个样本海外销售额大于 0，大量零出口破坏了随机误差正态性的假设，所以本章选择用两部模型来分析企业的国际化经营程度。表 9.2 给出了企业海外销售比重的两部模型的估计结果，第一部分报告了 Probit 回归结果，即反映了国有股权变动对企业海外销量的影响。在其他条件不变的情况下，国有股比重每增加 1%，海外销售的概率就会降低 48.2%，即国有股比重每增加 1% 左右，企业进行海外销售的概率就会减少 48.2%。总资产周转率每提高 1%，企业进行海外销售的概率就提高 24.4%。如果企业没有开展海外业务，无海外销售额，其原因可能是行业、国内外政治经济环境或发展战略的差异，那国有股比重对行业、发展战略的影响幅度也很大。

表 9.2　两种模型估计的国有股比重对企业国际化程度的影响

	两部模型		选择样本模型	
	第一部分	第二部分	选择方程	结果方程
国有占比（SS）	−0.482 **	−0.162 ***	−0.479 **	−0.163 ***
	−0.217	−0.051 4	−0.217	−0.048
流通股占比（LTBL）	−0.232	−0.084 3 **	−0.229	−0.084 6 **
	−0.168	−0.041 9	−0.168	−0.037 3
每股收益（EPS）	−0.119 **	−0.057 4 ***	−0.118 **	−0.057 6 ***
	−0.048 8	−0.010 8	−0.048 8	−0.010 6
股权集中比（ECR）	−0.003 64 **	0.000 916 *	−0.003 67 **	0.000 920 **
	−0.001 75	−0.000 474	−0.001 75	−0.000 397
净资产收益率增长率（GROE）	−0.000 048 6	0.000 121	−0.000 048 3	0.000 122
	−0.000 166	−0.000 122	−0.000 166	−0.000 216
可持续增长率（Growth）	−0.001 54	0.002 65 ***	−0.001 54	0.002 65
	−0.009 74	−0.000 634	−0.009 74	−0.002 44
资产负债率（Debt）	−0.069	−0.012 9	−0.067 9	−0.013 6
	−0.052 8	−0.014 3	−0.052 7	−0.017 6
管理层规模（Size）	−2.375 ***	−0.064 7 *	−2.380 ***	−0.063 2
	−0.462	−0.038 7	−0.462	−0.11

表9.2(续)

	两部模型		选择样本模型	
	第一部分	第二部分	选择方程	结果方程
总经理兼任董事长 （PCE）	−0.097 4	0.000 619	−0.096 4	0.000 405
	−0.06	−0.014 5	−0.06	−0.013 1
股权性质编码 （OP）	−0.157 **	0.003 6	−0.158 **	0.003 57
	−0.066 6	−0.014 6	−0.066 6	−0.013 9
速动比率 （QR）	−0.005 42	−0.000 629	−0.005 43	−0.000 631
	−0.003 32	−0.001 58	−0.003 32	−0.000 965
总资产周转率 （TAT）	0.244 ***	−0.033 0 ***	0.242 ***	−0.032 4 ***
	−0.043 8	−0.008 2	−0.043 8	−0.010 2
经营现金流量比率 （OCFR）	−0.096 6 **	0.028 7	−0.096 7 **	0.028 7 *
	−0.046 5	−0.025 9	−0.046 5	−0.016 8
现金利息倍数 （CDCR）	−0.000 08	0.000 022 2	−0.000 079 9	0.000 022 4
	−0.000 079 2	−0.000 060 1	−0.000 079 2	−0.000 074 5
经营杠杆指数 （DOL）	−0.002 1	0.000 119	−0.002 11	0.000 117
	−0.006 1	−0.000 37	−0.006 11	−0.000 959
财务杠杆指数 （DFL）	−0.000 666	0.000 226	−0.000 667	0.000 226
	−0.000 832	−0.000 252	−0.000 833	−0.000 397
所在行业 （IND）		0.005 08		0.341 ***
		−0.006 74		−0.022 1
截距项 Constant	0.681 ***	0.239 ***	0.681 ***	−1.538 ***
	−0.246	−0.062 5	−0.246	−0.102
Observations	2 444	1 188	2 444	2 462

注：小括号里的值代表了标准差。上标 *** 估计系数在1%的水平上显著，** 估计系数在5%的水平上显著，* 估计系数在10%的水平上显著。

其他控制变量的回归结果，股权集中比显著影响了企业参与海外销售的概率，股权集中比越高，企业绩效越低，进行海外销售的概率就越低，这也侧面验证了股权结构对海外销售的显著影响。总资产周转率（TAT）对企业经营有促进作用，该比率越大，则说明企业运营水平越高，进行海外销售的可能性也就越大。

在两部模型的第二部分中，混合所有制企业国有股比重与企业国际化程度存在显著的负相关关系。随着企业国有股比重的上升，企业海外销售比重显著下降。具体而言，国有股比重每增加 1 单位，企业海外销售比重就减少 0.162 单位，且显著水平达到 1%。

其他控制变量的情况，流通股比例与海外销售比重呈显著水平 5% 的负相关关系，流通股每增加 1 单位，企业海外销售比重就减少 0.084 3 单位，这可能是因为流通股比例越大，公司的净资产收益率越小，公司绩效越差，就越不利于企业国际化经营。代表企业承担债务能力的经营现金流量比率与海外销售比重呈显著水平 10% 的正相关关系，经营现金流量比率每增加 1 单位，企业海外销售比重就增加 0.028 7 单位，经营现金流量比率越高，说明该企业财务弹性越好，越有利于国际化经营。股权集中比与海外销售比重呈显著水平 5% 的正相关关系，股权集中比每增加 1 单位，企业海外销售比重就增加 0.000 916 单位，股权集中比越低，表示股权分散，董事会和经理人缺乏有效的监督，降低企业效率，阻碍企业国际化进程。

如果企业选择进行海外销售的行为真的存在，那么两部模型将给出国有股比重对海外销售影响的保守估计。按照样本年平均非零海外销售比重 0.171 计算，国有股比重使企业的海外销售比重减少了 0.028（16.2%）。两方程随机误差项的相关系数估计值为 -1.538，标准差为 -0.102，在 1% 的显著水平下不等于零。国有股比重高的企业海外销售比国有股比重低的企业减少 16.3%，按照样本年平均海外销售比重是 0.083，国有股比重让企业海外销售比重减少了 0.013 3（16.3%）。其他解释变量的影响方向和幅度与两部模型的结果相近。

9.5 研究结论与政策建议

9.5.1 主要结论

本章以 2010—2014 年的 493 家混合所有制企业为研究对象，运用两部模型和样本选择模型对混合所有制企业中国有股权比重与企业国际化程度的关系进行了实证分析，得出主要结论如下：混合所有制企业国有股比重与企业国际化程度呈现显著负相关关系，而较低的流通股比例、较高的经营现金流量比率、较高的股权集中比会导致海外销售比重上升。上述结果表明，虽然在国际化经营中，国有股权在资源、政策和抗风险能力上对混合所有制企业有帮助，但在实际操作中，这些优势却因为混合所有制企业缺乏健全的现代企业制度，缺乏对经理人的有效激励机制以及核心竞争力不足等问题而阻碍了企业进行国际化经营活动。

9.5.2 政策建议

根据前述分析，本章提出如下政策建议：

第一，提高企业的核心竞争力。企业要扩大在技术上的垄断优势，建立健全成熟的市场体系，对自己的品牌进行有效的管理。企业的品牌作为企业重要的无形资产，深深影响了企业的人才和发展，作为企业国际化经营的重要一环，不能忽视企业形象树立和品牌建设。

第二，深化混合所有制改革。积极推行混合所有制经济体制，深化国企改革，鼓励公私合营、中外合资等混合所有制经济，用多种所有制经济代替单一所有制，让企业的股权所有制结构更加优化合理，充分发挥各所有制之间互相制衡的作用，通过增强国有资本经营活力，提升混合所有制企业绩效和价值。

第三，全面推动混合所有制企业的国际化进程。企业推进国际化经营，就有可能进入更多市场，并有得到更多资源的机会，能进一步扩大自己的销售市场，提升销售额，学习一流知识，拔高科技水平，提高核心竞争力，扩大混合所有制企业发展的优势。

9.6 本章小结

本章通过实证方法对混合所有制企业股权协同和企业国际化程度的关系进行了探讨和研究。总体来看，本章主要包括三方面内容：首先，对我国企业国际化发展和混合所有制改革的相关背景进行阐述。其次，通过文献引入，对企业股份性质与国际化程度相关研究的核心观点进行了总结，并提出了国有股权比率与混合所有制企业国际化程度负相关的观点。最后，选取了以 A 股混合所有制上市公司为研究样本，对混合所有制企业国有股比重、流通股比例、经营现金流量比率等因素对企业海外销量的影响进行了系统实证分析，并提出了提高企业核心竞争力、深化混合所有制改革、全面推动混合所有制企业国际化进程等政策建议。

10 混合所有制企业协同治理绩效研究

本章利用 A 股上市公司财务数据深度研究了混合所有制企业协同治理行为对企业绩效的影响。研究发现,在固定效应模型中,非国有股比重越高,混合所有制企业盈利能力越低,但企业发展能力越强;流通股比例对混合所有制企业偿债能力和发展能力具有显著正向影响;第一大股东持股比例与前十大股东持股比例均对混合所有制企业总资产增长率具有正向影响,而混合所有制企业中的两权分离率对总资产增长率具有负向影响。并且,在双重差分模型中对改制政策进行显著性检验时发现混合所有制改革对企业盈利和发展能力具有显著的正向影响。进一步研究表明,企业混合所有制改革可以降低国有企业的政策性负担,而不同行业的混合所有制改革对政策性负担的影响又不尽相同,其中金融行业混改绩效显著提升。

10.1 研究背景

国有企业改革的三个核心层面是国资监管、国企股权、国企运营。其中国有企业股权改革是国有企业改革的核心问题,其主要内涵是通过国有经济和其他所有制经济的共同发展,形成混合所有制经济,相互取长补短,达到协同效应,实现企业的高质量发展。国有企业改制在第一次改制进程和第二次改制中不同性质产权比重对企业的发展有哪些影响呢?从理论上来说,国有企业改制会改善上市公司的产权结构,完善上市公司的治理结构,从而有利于改善国有企业的绩效。本章意在探究混合所有制协同治理行为对企业绩效的影响,并分析改制政策的出台对国有企业部门和非国有企业部门的政策性影响,试图通过理论和实证的分析,帮助混合所有制改革的参与者全面认识协同治理对企业绩效的影响。

10.2 文献综述与理论分析

　　国外学者对企业私有化背景下的改制浪潮的研究始于20世纪80年代，其后扩展到多个国家，其中也有对中国国有企业改制的研究，Theodore等（1994）对中国国有企业自主化和内部激励机制改革进行研究后发现，国有企业自主权的增加会提高员工的工资，但并未提高管理者薪酬，新的员工激励也具有正向的影响[①]。Andrei（1998）就私有制和公有制之间的关系进行了探讨，认为在刺激创新以及降低成本方面私有制优于公有制，私有制有利于实现公司的价值，而公有制有助于提高社会利益[②]。Roman等（1999）对欧洲经济过渡时期的国有企业和私有企业进行了比较研究，认为私有化在不同产权类型改革中具有不同影响，并且发现因短期选择性偏差而进行的改制存在时间趋势[③]。Simeon和Peter（2002）运用计量经济学的回归方法对转轨经济中的企业进行了实证研究，并且做了较为细致的模型分析[④]。William和Robert（2004）从政治、公共机构及经济因素对在公开资本市场的国有企业发行并出售股票民营化进行了一系列研究，对私有制进行了比较全面的探讨，并且支持了国家政策和法律环境对金融决定影响的观点[⑤]。Marco和Paolo（2005）对公司治理的经济政策进行了相关研究[⑥]。

　　改革开放以来，中国一直经历着经济转轨的缓慢过程。从1993年11月党的十四届三中全会指出国有企业应建立现代企业制度后，国有企业经营效率问题开始被我国经济与管理领域的学者高度关注。姚洋（1998）发现非国有经

　　① THEODORE GROVES, YONGMIAO HONG, JOHN MCMILLAN, et al. Autonomy and incentives in Chinese state enterprises [J]. The Quarterly Journal of Economics, 1994 (18), 183-209.

　　② ANDREI SHLEIFER. State versus private ownership [J]. The Journal of Economic Perspectives, 1998 (5): 133-150.

　　③ ROMAN FRYDMAN, CHERYL GRAY, MAREK HESSEL, et al. When does privatization work? The impact of private ownership on corporate performance in the transition economies [J]. The Quarterly Journal of Economics, 1999 (8): 1153-1191.

　　④ SIMEON DJANKOV, PETER MURRELL. Enterprise restructuring in transition: A quantitative survey [J]. Journal of Economic Literature, 2002 (5), 739-792.

　　⑤ WILLIAM L MEGGINSON, ROBERT C NASH, JEFFRY M, et al. The choice of private versus public capital markets: Evidence from privatizations [J]. The Journal of Finance, 2004 (18): 2835-2870.

　　⑥ MARCO PAGANO, PAOLO F. Volpin. The political economy of corporate governance [J]. The American Economic Review, 2005 (12): 1005-1030.

济成分的兴起可能会促进我国工业整体水平的提高①。刘小玄（2000）认为各种所有制企业中，国有企业的效率是最低的②。刘小玄和李利英（2005）利用调研取得的来自 451 家竞争性企业（1994—1999 年）的数据实证研究得出了国有产权对企业绩效是负影响，非国有资本对企业绩效正相关③。这一期间，涌现出许多学者研究所有制变化对企业绩效的影响（武常岐 等，2005④；胡一帆 等，2005⑤）。白重恩等（2006）运用 1998—2003 年全国工业企业的面板数据，发现国有控股企业改制后经济效益提升，而非国有企业改制后社会效益提升⑥。杨治等（2007）发现集体企业改制后虽然员工人数减少，但人均工资福利和税收显著增长，说明集体企业改制总体而言对社会福利有积极作用⑦。盛丹（2013）运用基于倾向得分匹配的倍差法对 1999—2007 年中国工业企业的微观数据进行分析，得出市场化的提高及竞争机制的引入，使得国有企业改制对社会福利具有促进作用⑧。在改制进程的持续进行中，一些学者运用双重差分模型对改制政策出台前后的效果做了比较。陈林和唐杨柳（2014）以1999—2007 年全国工业数据为来源，通过双重差分模型对企业所肩负的社会性负担和政策性负担进行的研究表明：混合所有制改革可减轻国有企业的政策性负担，垄断性混合所有制改革效率高于竞争性行业⑨。李楠和乔榛（2010）采用双重差分模型发现，经改制后国有企业在 2003 年经济绩效明显好转，国有企业整体经济绩效提高⑩。

---

① 姚洋. 非国有经济成分对我国工业企业技术效率的影响 [J]. 经济研究, 1998 (12): 29-35.
② 刘小玄. 中国工业企业的所有制结构对效率差异的影响: 1995 年全国工业企业普查数据的实证分析 [J]. 经济研究, 2000 (2): 17-25.
③ 刘小玄, 李利英. 企业产权变革的效率分析 [J]. 中国社会科学, 2005 (2): 4-16.
④ 武常岐, 李稻葵. 混合市场中的企业行为 [J]. 东岳论丛, 2005 (1): 38-47.
⑤ 胡一帆, 宋敏, 张俊喜. 竞争、产权、公司治理三大理论的相对重要性及交互关系 [J]. 经济研究, 2005 (9): 44-57.
⑥ 白重恩, 路江涌, 陶志刚. 国有企业改制效果的实证研究 [J]. 经济研究, 2006, (8): 4-13.
⑦ 杨治, 路江涌. 陶志刚. 政治庇护与改革: 中国集体企业改制研究 [J]. 经济研究, 2007 (5): 104-114.
⑧ 盛丹. 国有企业改制、竞争程度与社会福利: 基于企业成本加成率的考察 [J]. 经济学 (季刊), 2013 (4): 1465-1490.
⑨ 陈林, 唐杨柳. 混合所有制改革与国有企业政策性负担: 基于早期国企产权改革大数据的实证研究 [J]. 经济学家, 2014 (11): 12-23.
⑩ 李楠, 乔榛. 国有企业改制政策效果的实证分析: 基于双重差分模型的估计 [J]. 数量经济技术经济研究, 2010 (2): 43-67.

在我国经济新常态的背景下，经济增长由高速增长逐渐转变为中高速增长，经济结构不断优化，由要素驱动、投资驱动转向创新驱动，凸显出当前中国"腾笼换鸟""凤凰涅槃"的决心和勇气。国有企业混合所有制改革则反映了当前国有企业改革新方向，和以前放权让利表层式的分权式改革不同，把国有资本和非国有资本经过股权的方式结合，旨在替代原有单一资本，进一步助力国有企业发展。非国有资本包括民营资本、外资资本等参与国有企业改革有利于健全现代企业制度，分类推进国有企业改革，完善国有资产监管体制，有利于国有资本保值增值，有利于提高国有经济竞争力，有利于放大国有资本功能。2015 年中共中央、国务院正式出台《关于深化国有企业改革的指导意见》，为国有企业混合所有制改革给予指示并指明方向。因此在国有企业"二次改革"的推进期，对前期改革做出理论分析和评价，为改制政策做出理论判断十分必要。

10.3 研究设计

10.3.1 数据来源

本章选取我国 A 股 2003—2014 年上市公司为样本，剔除样本起始期间上市公司实际控制人为非国有的样本，并按照前人研究剔除了关系国家安全行业、自然垄断行业、承担公共服务和提供公共产品行业的企业，还剔除了金融类上市公司和 ST 类上市公司样本，剔除了财务数据及公司治理数据缺失的样本。最终获得国企混改的实证 486 家上市企业作为研究样本，共计 5 832 个有效观测值。到现阶段，股份制改革覆盖面基本实现。伴随着股东会、董事会、经理层和监事会等机构的建立及完善，多数国有企业的科学决策水平和风险防范能力得到明显提升。以上所述数据均来源于国泰安 CSMAR 数据库。

10.3.2 变量设计

（1）被解释变量

本章采用企业的财务指标来衡量企业绩效指标。①盈利能力由总资产净利润率（ROA）衡量。②偿债能力用资产负债率（DAR）衡量，其是衡量企业负债水平及风险程度的重要指标。③发展能力由可持续增长率（SGR）和总资产增长率（TAGR）衡量，可持续增长率是指不增发新股并保持目前经营效率和财务政策条件下公司销售可以实现的最高增长率，所以这个指标代表企业一个适宜的发展速度。

（2）解释变量

混合所有制改制指标：非国有股股权比重（nonNSOS），根据上市公司的股本结构，包含股本总数和国有股股数等，可以计算得出非国有股的股权比重。流通股比例（LTBL）：已流通股本与公司股本总数的比值，流通股的比例越大，股价越能反映公司的真实价值。发起人股比例（POP）：发起人股与公司股本总数的比值，发起人股是指股份公司提供给股份企业创始人的特殊股份。第一大股东持股比例（POFLS）：持股数最多的股东股数与公司股本总数的比值。前十大股东持股比例（POTTS）：前十大股东股数之和与公司股本总数的比值。两权分离率（SRTR）：实际控制人拥有上市公司控制权与所有权之差。本章运用赫芬达尔指数衡量产业市场集中度，赫芬达尔指数越大，表示市场集中程度越高，垄断程度越高。其他的解释变量还有资产总计、负债合计、实收资本、营业总收入、营业总成本、权益乘数、产权比率、流动比率、速动比率、股东总数、所得税费用。所选取的上市公司基本涉及证监会所有行业分类，且上市公司注册地也分布在东、中、西部三大经济地带。对于行业的研究，本章选取了几个大的行业分类着重进行研究，包括电力、热力、燃气及水生产和供应业，制造业，房地产业以及批发和零售业。对于地区的研究则对东、中、西部三大经济地带三个部分，在模型中设置两个虚拟变量东部 East 和西部 West。在所选取的 486 家上市公司中有 268 家位于东部地区，114 家位于中部地区，106 家位于西部地区。

10.4 模型构建与实证分析

10.4.1 固定效应模型分析

（1）整体分析

首先为了研究改制对于上市公司的企业绩效的影响，本章用非国有股权比重等的变动来进行分析。构建固定效应（FIXED-EFFECT）模型如下：

$$Y_{it} = \alpha + \beta_1 \text{nonNSOS}_{it} + \beta_i \sum_{i=2}^{6} X_{it} + \gamma_{it} \sum \text{control}_{it} + \varepsilon_{it} \qquad (10.1)$$

模型（10.1）中的 Y_{it} 是上市公司 i 在 t 年的绩效指标，nonNSOS_{it} 是 i 企业在 t 年的非国有股权比重，$\sum_{i=2}^{6} X_{it}$ 是其他重要解释变量，以下是对这五个解释变量的说明：LTBL_{it} 是 i 企业在 t 年的流通股比例，POP_{it} 是 i 企业在 t 年的发起人股比例，POFLS_{it} 是 i 企业在 t 年的第一大股东持股比例，POTTS_{it} 是 i 企业

在 t 年的前十大股东持股比例，$SRTR_{it}$ 是 i 企业在 t 年的两权分离率，$\sum control_{it}$ 为其他控制变量，用以提高研究准确性。ε_{it} 是随机扰动项，α、β_1、β_2、β_3、β_4、β_5、β_6 是待估计系数。模型（10.1）的结果由表 10.1 列示。

表 10.1　改制对上市公司的企业绩效的影响（固定效应模型）

	盈利能力	偿债能力	发展能力	
	总资产 净利润率 ROA	资产 负债率 DAR	可持续 增长率 SGR	总资产 增长率 TAGR
非国有股 股权比重	−0.100 *** （0.037 4）	−0.120 （0.082 6）	−2.029 *** （0.647）	0.217 ** （0.086 3）
流通股比例	0.010 9 ** （0.004 83）	0.036 3 *** （0.010 7）	0.064 3 （0.083 6）	0.013 4 （0.011 2）
发起人股比例	0.034 1 ** （0.017 0）	−0.007 46 （0.037 6）	0.912 *** （0.295）	−0.024 7 （0.039 3）
第一大股东 持股比例	−0.000 233 （0.000 517）	0.001 25 （0.001 14）	0.006 41 （0.008 95）	0.003 67 *** （0.001 19）
前十大股东 持股比例	0.000 611 （0.000 574）	0.003 21 ** （0.001 27）	0.004 12 （0.009 92）	0.003 81 *** （0.001 32）
两权分离率	−0.000 218 （0.000 684）	−0.002 16 （0.001 51）	−0.005 59 （0.011 8）	−0.004 33 *** （0.001 58）
赫芬达尔指数	−0.025 2 （0.066 4）	−0.352 ** （0.147）	−0.247 （1.150）	−0.331 ** （0.153）
Constant 截距项	−0.065 9 （0.174）	0.924 ** （0.385）	−1.417 （3.014）	−1.002 ** （0.402）
Observations	4 111	4 111	4 110	4 107
R−squared	0.067	0.380	0.011	0.048

注：括号里的数值为标准差。上标 ***、** 分别表示估计系数在 1%、5% 的水平上显著。

从表 10.1 关于改制影响的结果中可以发现：非国有股股权比重上升，会导致企业盈利能力下降，可持续增长率下降，但总资产增长率显著上升。流通股比例对总资产增长率和资产负债率均具有正向影响，显著水平分别为 1% 和 5%。发起人股比例对总资产净利润和可持续增长率具有显著的正向影响，且显著水平分别为 5% 和 1%。第一大股东持股比例与前十大股东持股比例均对总资产增长率呈具有正向影响，而企业中的两全权分离率对总资产增长率具有负向影响。

（2）经济地区分析

为了观察不同地区的改制对上市公司的企业绩效的影响，将样本按经济地带进行细分，引入东、中、西部经济地带，旨在更深入地研究不同时间段内改制的上市公司绩效的地区差异，于是在原有变量的基础上，将样本分为东部地区、中部地区和西部地区。在三个样本组中分别引入东部和中部两个地区的虚拟变量，具体结果见表 10.2。

表 10.2　改制对于上市公司的企业绩效的影响（分地区固定效应模型回归）

	盈利能力	偿债能力	发展能力	
	总资产 净利润率 ROA	资产 负债率 DAR	可持续 增长率 SGR	总资产 增长率 TAGR
非国有股 股权比重	−0.099 6 *** (0.037 4)	−0.117 (0.082 5)	1.985 *** (0.648)	0.218 ** (0.086 4)
流通股比例	0.010 8 ** (0.004 84)	0.037 0 *** (0.010 7)	0.064 0 (0.083 7)	0.013 1 (0.011 2)
发起人股比例	0.034 5 ** (0.017 1)	−0.010 8 (0.037 6)	0.918 ** (0.295)	−0.022 9 (0.039 3)
东部地区	−0.002 65 (0.014 1)	0.115 *** (0.031 1)	0.296 * (0.244)	0.154 * (0.039 8)
中部地区	0.005 02 (0.016 4)	0.038 5 (0.036 2)	0.395 * (0.284)	(0.032 6) 0.002 13
Constant 截距项	−0.079 8 (0.176)	1.101 *** (0.388)	−1.424 (3.048)	−1.086 *** (0.407)
Observations	4, 110	4, 110	4, 109	4, 106

注：括号里的数值为标准差。上标 *** 、 ** 和 * 分别表示估计系数在 1%、5% 和 10% 的水平上显著。

从回归数据中可以看出东部地区和中部地区与西部地区的上市公司相比，在盈利能力方面的地区差异并未在样本数据中突出；在偿债能力方面，东部地区的偿债能力显著高于西部和中部地区。在发展能力方面，东部地区和中部地区与西部地区的差异相对较显著，东部地区和中部地区在可持续增长率方面优于西部地区，东部地区在总资产增长率方面优于东部地区和西部地区。

（3）四大行业分析

对于不同行业的非国有权比重与企业绩效的关系，可以通过几个比较大众且国有覆盖程度较大的行业进行行业比较分析。比如：①电力、热力、燃气及水生产和供应业；②制造业；③房地产业；④批发和零售业。具体回归结果见表 10.3。

表 10.3　改制对于上市公司的企业绩效的影响（分行业的固定效应模型回归）

	盈利能力	偿债能力	发展能力	
	总资产 净利润率	资产 负债率	可持续 增长率	总资产 增长率
①电力、热力、燃气及水生产和供应业				
非国有股 股权比重	0.065 6 * （0.033 7）	−0.035 3 （0.069 3）	0.003 02 （0.094 5）	0.625 *** （0.214）
②制造业				
非国有股 股权比重	−0.004 36 （0.035 5）	−0.393 *** （0.133）	−0.001 46 （0.520）	0.353 *** （0.082 8）
③房地产业				
非国有股 股权比重	−0.984 *** （0.315）	0.333 * （0.198）	−0.281 （0.258）	0.174 （0.241）
④批发和零售业				
非国有股 股权比重	0.055 8 （0.070 1）	−0.058 7 （0.088 8）	0.172 （1.415）	0.310 *** （0.090 0）

注：括号里的数值为标准差。上标 *** 和 * 分别表示估计系数在 1% 和 10% 的水平上显著。表 10.3 所指的分行业回归是指样本数据只包含对应行业中的上市公司，如对电力、热力、燃气及水生产和供应业回归只包含该行业的 A 股上市公司，对其他三个行业的回归亦是如此，并且每个行业的样本数据也相应减少。

由表 10.3 的回归结果可以看出：在电力、热力、燃气及水生产和供应业，非国有权股权比重对总资产净利润率和总资产增长率具有显著的正向影响。由于电力、热力、燃气及水生产和供应业大部分都属于公共事业单位，非国有股权比重的提高可以提升电力、热力、燃气及水生产和供应业的盈利能力和发展能力。在制造业，随着非国有股股权比重上升，资产负债率减少，总资产增长率显著上升。由于所选取样本有 287 家都是制造业，样本容量足，因此结果比较稳定，即非国有股权比重每增加 1%，资产负债率减少 0.393%，总资产增长率增长 0.353%，并且在 1% 的显著水平上显著。在房地产业，非国有权股权比重越高，总资产净利润率越低，资产负债率越高，说明非国有股权比重的提高会使房地产业的盈利能力减少，使其偿债能力增强。在批发和零售业，非国有股股权比重对总资产增长率具有正向影响。也就是非国有股股权比重的提高会提高批发和零售业的发展能力。综上所述，无论在公共领域行业，还是竞争激烈的制造业，非国有比重的上升对企业绩效的改善都起着积极的推动作用。

10.4.2 双重差分模型分析

本章进一步采用双重差分法（DIFFERENCE-IN-DIFFERENCE）研究了我国混合所有制企业的协同治理行为对上市公司企业绩效的影响，有助于解决样本在回归过程中出现的选择性偏差等问题。

衡量和比较改制政策对上市公司的影响需要有一个较为确定的改制时点。我们在对样本企业数据的处理过程中同刘小玄和李利英（2005）的认识一致，中国的改制过程是一种渐进式改革，总会经历若干的步骤或阶段，才能实现最终的改制目标，从微观层面界定改制时点仍然存在困难。从宏观层面上来看，国有企业改革目前经历了五大阶段，强调深化改革、发展混合所有制经济始于第四阶段十六届三中全会审议通过的《中共中央关于完善社会主义市场经济体制若干问题的决定》，之后国务院国资委相继提出两个意见，即《国务院办公厅转发国资委关于规范国有企业改制工作意见通知》及《关于进一步规范国有企业改制工作的实施意见》。从 CSMAR 数据库所选取样本的上市企业中大多数企业股权性质的变化发生在 2006 年左右，中国知网有关国有企业改制的文献中 2006 年发表的文献数量达到了一个极值点。因此本章以 2006 年为临界点，构建双重差分模型如下：

将研究样本分为两组：一组是国有企业记为 $D1_i = 1$（称为试验组，即企业 i 为国有企业），另一组则是非国有企业（包括民营和外资）记为 $D1_i = 0$（称为控制组，即企业 i 为非国有企业）。那么在国有企业改制政策施行过程中，显然只有作为试验组的国有企业受到影响，所以改制政策对国有企业的影响就可以表示为 $E(Y \mid D1_i = 1)$，而改制政策对非国有企业的影响可以表示为 $E(Y \mid D1_i = 0)$，于是可以得到改制政策对国有企业绩效的净影响表示如下：

$$E(Y \mid D1_i = 1) - E(Y \mid D1_i = 0) \tag{10.2}$$

为了探究改制过程的动态影响，我们在此基础上进行时间差分。因为改制政策在不同的时间会产生不同的差异，试验组与控制组都会随政策时间进行变化，一个是改制政策施行之后的时期记为 $D2_i = 1$，另外一个是改制政策施行之前的时期记为 $D2_i = 0$。所以也必须对改制政策前后进行比较，其中在受改制政策施行后的绩效影响可以表示为 $E(Y \mid D2_i = 1)$，而在受改制政策施行前的绩效影响可以表示为 $E(Y \mid D2_i = 0)$，于是又可以得到改制政策在时间水平的影响如下：

$$E (Y \mid D2_i = 1) - E (Y \mid D2_i = 0) \qquad (10.3)$$

所以为了得到试验组和控制组在一个时间水平下的政策影响变化，可以做如下的处理得到改制政策带来的差异如下：

$$\{E (Y \mid D1_i = 1) - E (Y \mid D1_i = 0)\} - \{E (Y \mid D2_i = 1) - E (Y \mid D2_i = 0)\} \qquad (10.4)$$

这一改制政策净影响不仅衡量了政策施行前后带来的影响，同时也度量了试验组和控制组之间的政策差异。所以最终得出了双重差分的回归模型如下：

$$Y_{it} = \alpha + \beta_1 D1_i + \beta_2 D2_i + \beta_3 D3_i + \beta_i \sum_{i=4}^{9} X_{it} + \gamma_{it} \sum \text{control}_{it} + \varepsilon_{it}$$

$$(10.5)$$

模型（10.5）中的 Y_{it} 是上市公司 i 在 t 年的绩效指标，$D1_i$ 为组间虚拟变量，其中 $D1_i = 1$ 为试验组，$D1_i = 0$ 为控制组；$D2_i$ 为时间虚拟变量；$D3_i$ 为交互项，记 $D3_i = D1_i \times D2_i$；β_3 为双重差分统计量，即政策带来的差异。模型（10.5）其他控制变量与模型（10.1）一致。具体结果见表10.4。

表 10.4　混合所有制改制政策对上市公司的
企业绩效效果分析（双重差分模型回归）

	盈利能力	偿债能力	发展能力	
	总资产 净利润率 ROA	资产 负债率 DAR	可持续 增长率 SGR	总资产 增长率 TAGR
D1 改制前后	0.005 98 (0.013 9)	0.026 9 (0.030 7)	−0.397 * (0.241)	0.141 *** (0.032 3)
D2 试验组 or 控制组	−0.046 0 *** (0.017 7)	0.002 09 (0.039 2)	0.091 0 (0.307)	−0.020 1 (0.041 2)
D3 交互项（D1 × D2）政策效应系数	0.056 6 *** (0.020 6)	−0.034 5 (0.045 5)	−0.045 5 (0.357)	0.085 2 * (0.047 9)
非国有股比例 nonNSOS	−0.095 *** (0.037 1)	−0.125 (0.082 0)	−1.893 *** (0.643)	0.171 ** (0.086 3)
流通股比例 LTBL	0.011 0 ** (0.004 76)	0.037 1 *** (0.010 5)	0.059 1 (0.082 6)	0.016 6 (0.011 1)
发起人股比例 POP	0.030 9 * (0.017 0)	−0.003 56 (0.037 6)	0.871 *** (0.295)	−0.025 0 (0.039 6)
第一大股东持股比率 POFLS	−0.000 290 (0.000 513)	0.000 958 (0.001 13)	0.006 97 (0.008 89)	0.003 37 *** (0.001 19)

表10.4(续)

	盈利能力	偿债能力	发展能力	
	总资产 净利润率 ROA	资产 负债率 DAR	可持续 增长率 SGR	总资产 增长率 TAGR
前十大股东持股比 例 POTTS	0.000 712 (0.000 572)	0.003 13** (0.001 27)	0.004 99 (0.009 92)	0.003 95*** (0.001 33)
两权分离率 SRTR	−0.000 392 (0.000 681)	−0.002 23 (0.001 51)	−0.005 60 (0.011 8)	−0.004 3*** (0.001 58)
赫芬达尔指数 h	−0.028 1 (0.065 6)	−0.295** (0.145)	−0.500 (1.139)	−0.286* (0.153)
常数 Constant	−0.040 7 (0.167)	0.727** (0.369)	−0.864 (2.889)	−1.215*** (0.388)
Observations	4 111	4 111	4 110	4 107
R-squared	0.701 3	0.380 9	0.033 9	0.151 8

注：括号里的数值为标准差。上标 ***、** 和 * 分别表示估计系数在 1%、5% 和 10% 的水平上显著。

表 10.4 显示了模型（10.5）的回归结果，进行混合所有制改革的企业与没有进行混合所有制改革的企业在总资产净利润率上具有显著差异，且显著水平为 1%。总资产增长率的显著为正，说明相对于没有进行改革的企业来说，进行改革的企业在盈利能力方面和发展能力方面有较大的提高。混合所有制改制政策的效果在企业的偿债能力回归结果中均不显著，说明混合所有制改制政策的效果并未体现出来。流通股比例与总资产增长率和资产负债率均呈显著正向影响，流通股比例对总资产增长率影响在 1% 的显著水平上显著。流通股比例对资产负债率影响在 5% 的显著水平上显著。发起人股比例对总资产净利润的影响在 5% 的显著水平上显著，对可持续增长率的影响在 1% 的显著水平上显著。第一大股东持股比例与前十大股东持股比例均对总资产增长率具有正向影响，而企业中的两全权分离率对总资产增长率呈负向影响。双重差分模型中其他解释变量的结果也与模型一回归结果大致相符，进一步验证了混合所有制改制对国有上市企业的盈利能力、偿债能力和发展能力具有积极的推动作用。

10.5 进一步分析

我国国有企业在推动经济发展的过程中，承担了较大的政策性负担，国有企业在经历了产权改革以后，在形式上建立起了一套新的现代企业制度：以企业价值最大化为经营目标。而中国所特有的政府干预行为会严重削弱公司治理的有效性，使我国国有企业的治理机制仅仅流于形式。让国有企业承担大量的政策性负担是政府干预企业的最主要表现，体现在冗员、员工福利、维护社会稳定、财政负担等多个方面（Lin et al., 1999；林毅夫 等，2004），即便是上市国有企业，其母公司也承担了大量的退休职工养老、医疗等费用。根据 Dong 和 Putterman（2003）的冗员率计算，中国国企的冗员率平均达 44.4%。但与此同时，政府常常会给予国有企业政策、金融、税务方面的支持。因此，我国的国有企业和政府就形成了一种具有中国特色的互助关系，在国有企业承担政策性负担的同时，我国政府也会给予国有企业政策优惠。

但政府给国有企业所承担的政策性负担提供各种优惠政策的同时，也降低了企业的经营效率和竞争力（林毅夫 等，2004）①。若政策性负担问题得不到解决，任何改革方案都很难发挥其最佳的作用。政策性负担必然会导致政策性亏损，在信息不对称的情况下，政府也很难分辨企业的亏损是因为政策性负担还是因为经营的失败，这为企业的高管推卸责任提供了条件，十分容易导致预算的软约束问题。而不同的行业中，企业所承担的政策性负担又有所不同。

10.5.1 混合所有制改革与国企社会性负担

首先，在市场化条件下成长起来的我国的非国有经济，特别是私营经济会根据市场经济的规律来分配其生产要素，如私营企业会根据其自身的需求来调整雇员的数量，那么随着混合所有制改革的深入，可以更加明确国有企业的经营目标，加强其自主决策权和主导性，国有企业也可以像私营企业那样根据利润最大化的目标来控制劳动力数量，在信息透明度不断提高的过程中，政府干预上市公司的难度和成本会增加，那么社会性负担，特别是超额雇员的现象一定会有所缓解。其次，混合所有制企业能够获得更多的经营渠道、资金和信息，可以更好地发展其规模和拓宽领域，这样就可以吸收更多的就业，达成政

---

① 林毅夫，李志赟. 自生能力和国企改革 [J]. 经济研究，2004（9）：60-70.

府一直所重视的控制失业和扩大就业的目标，从而获得更多的政府支持，逐渐实现民营化，因此，国有企业在混合所有制改革后，社会性负担会降低。

10.5.2 混合所有制改革与国企战略性负担

通过混合所有制改革，不同性质的产权交叉融合，互相渗透，形成一个多元产业结构的企业，这样的企业也获得了更多的资本资源来拓宽市场渠道。企业的混合所有制改革，对企业的战略性负担的影响主要表现在：一是进行混合所有制，可以更加便捷和有效地获得全国乃至全世界的资本资源，是发展地区经济的一种重要手段。二是企业在经历混合所有制改革之后，垄断的成分大大降低，许多行业都必须参与到市场竞争中，各种性质的股东之间相互制衡，促使企业的运行更加规范，形成有效的市场监督机制，混合所有制改革能够防止内部控制人或追求个人利益最大化的事情发生。因此，混合所有制改革拓宽了资金来源的渠道，并且能够行之有效地对上市公司进行监管，从而降低企业的战略性负担。

10.5.3 混合所有制改革与金融业政策性负担

金融业的混合所有制改革，也是通过优化股权结构、建立鼓励机制等手段促进企业的健康、稳定发展。在我国，自 2002 年中国人民银行颁布《股份制商业银行公司治理指引》以来，我国的商业银行在股份制公司的治理和改革上取得了很大的进展。在交通银行宣布进行混合所有制改制的同时，中国银行的高层也在中期业绩发布会上表示，会积极配合混合所有制改革。党的第十八届三中全会为混合所有制经济制定了新的内容，指出了"国有资本、集体资本和非公有资本等资本的交叉持股、相互融合的混合所有制经济，是我国基本经济制度的重要实现形式"，"允许员工持股"，同时强调了"鼓励发展以非公有资本为主控股的混合所有制企业"，试图在更高的层面上发展混合所有制经济。因此，无论是政策层面上，还是从金融业的混合所有制改革前景来看，金融业进行混合所有制改革之后，政策性负担显著减少。

10.5.4 混合所有制改革与政策性负担的实证分析

根据上面所分析的，此处建立计量模型（10.6）来检验混合所有制改革前和改革后，社会性负担和战略性负担的变化情况：

$$\text{burden}_{i,\,t} = \partial_0 + \partial_1 \times \text{dt} + \partial_1 \sum \text{control}_i + \varepsilon \qquad (10.6)$$

其中，$\text{burden}_{i,t}$ 代表的是社会性负担（slabor1）和战略性负担的变量。这里选取了 2006 年为混合所有制改革的时间节点，dt = 0 表示混合所有制改革前，dt = 1表示改革后。同时，这里还加入了那些对公司政策性负担会产生影响的控制变量，包括公司资产利润率、资产负债率、公司年末总资产的对数以及公司销售收入的对数。若 ∂_1 的系数是小于 0 的，那么在混合所有制改革之后，国有企业的政策性负担变小了。

为了进一步将混合所有制改革对国有企业的影响有效地分离出来，此处建立模型（10.7），使用双重差分法进行更有效的评估，实验内容是，将调查的样本分为两组：一组为进行了混合所有制改革的国有上市公司，称为"实验组"，du = 1；另一组是没有进行混合所有制改革的国有上市公司，称为"对照组"，du = 0。在这样的分配之后，将两组样本进行时间差分，测量混合所有制改革后政策性负担在两组之间的差异化结果反映了改革对实验组的净影响，对此，我们将基准的回归模型设定为：

$$\text{burden}_{i,t} = \beta_0 + \beta_1 \times \text{du} + \beta_2 \times \text{dt} + \beta_3 \times \text{dt} + \beta_i \sum \text{control}_i + \varepsilon \quad (10.7)$$

从模型（10.7）中可以看出，对于实验组 du = 1 的样本来说，混合所有制改革前后的社会性负担分别是：

$$\text{burden}_{i,t} = \begin{cases} \beta_0 + \beta_1 + \beta_1 \sum \text{control}_i + \varepsilon (\text{当 dt} = 0 \text{ 时}) \\ \beta_0 + \beta_1 + \beta_2 + \beta_3 + \beta_1 \sum \text{control}_i + \varepsilon (\text{当 dt} = 0 \text{ 时}) \end{cases} \quad (10.8)$$

由模型（10.8）可见，实验组的社会性负担在混合所有制改制之前和之后的差异是 $\gamma_2 + \gamma_3$。对于对照组 du = 0 的样本来说，混合所有制前后的社会性负担分别是：

$$\text{burden}_{i,t} = \begin{cases} \beta_0 + \beta_1 + \sum \text{control}_i + \varepsilon (\text{当 dt} = 0 \text{ 时}) \\ \beta_0 + \beta_2 + \beta_1 \sum \text{control}_i + \varepsilon (\text{当 dt} = 1 \text{ 时}) \end{cases} \quad (10.9)$$

从模型（10.9）中可以看出，对照组的社会性负担在混合所有制改制前和改制后的差异的 β_2，混合所有制改革对国有上市公司社会性负担的经济效应等于处理组当中的社会性负担的变化量（$\beta_2 + \beta_3$）减对照组的社会性负担变化量（β_2），即 β_3。

如果模型（10.7）中的 β_3 的系数是负的，那么就表示国有上市公司在混合所有制改革之后，社会性负担和战略性负担下降的幅度是大于没有进行改革的企业的。根据上文的理论分析，建立方程（10.10）来检验混合所有制改革在各个行业间的效率的差别。

$$\text{burden}_{i,t} = \gamma_0 + \gamma_1 \times \text{industry} + \gamma_2 \times \text{dt} + \gamma_3 * \text{industry} \times \text{dt} + \gamma_i \sum \text{control}_i + \varepsilon$$

$$(10.10)$$

在混合所有制改革之后，企业社会性负担下降的幅度大于战略性负担下降的幅度。表10.5和表10.6报告了七个行业混合所有制改革之后企业的战略性负担和社会性负担的回归结果，从表中可以明显看出，每一个行业的 dt×du 的系数都是负数，其中大部分为显著，并且社会性负担的系数比战略性负担的系数更为显著，这说明，对于那些没有进行改革的企业来说，进行了混合所有制改革的企业的政策性负担是降低了的。

表10.5 各行业的社会性负担和战略性负担的比较结果（上）

	采矿业		电力、燃气及水的生产和供应业		批发和零售业		住宿和餐饮业	
	社会性负担 Slabor1	战略性负担 Slabor2	社会性负担 Slabor1	战略性负担 Slabor2	社会性负担 Slabor1	战略性负担 Slabor2	社会性负担 Slabor1	战略性负担 Slabor2
dt	−0.136 *** (0.016 2)	1.921 * (1.071)	3.840 * (2.328)	1.682 (1.915)	0.010 0 (0.095 9)	0.078 9 (0.152)	−0.414 (0.271)	−0.321 *** (0.123)
du	−0.263 *** (0.015 8)	−2.763 *** (1.047)	−14.64 *** (4.217)	−14.32 *** (3.469)	0.270 ** (0.116)	0.816 *** (0.185)	−0.671 ** (0.315)	−0.578 *** (0.167)
dt×du	−0.388 *** (0.005 12)	−0.423 (0.339)	−8.263 * (4.847)	−7.537 * (3.987)	−0.202 ** (0.097 0)	−0.150 (0.154)	−0.998 *** (0.206)	−0.823 *** (0.109)
Inasset	−0.022 3 ** (0.010 1)	−2.038 *** (0.669)	2.019 (2.680)	0.195 (2.205)	0.180 (0.113)	−0.612 *** (0.180)	0.582 *** (0.141)	−0.583 *** (0.074 9)
Insale	0.012 3 (0.008 06)	1.750 *** (0.533)	−4.638 ** (2.160)	−2.349 (1.777)	−0.223 *** (0.082 0)	0.623 *** (0.130)	−0.617 *** (0.126)	0.486 *** (0.066 8)
ROA	−0.000 99 *** (0.000 121)	−0.006 67 (0.007 98)	−30.97 *** (10.78)	−21.77 ** (8.866)	0.105 (0.183)	0.409 (0.291)	−0.524 (0.397)	−0.785 *** (0.210)
zcfzl	−0.002 31 *** (0.000 299)	−0.022 9 (0.019 8)	11.64 ** (4.821)	5.742 (3.966)	0.148 (0.103)	0.427 *** (0.163)	−0.701 *** (0.116)	−0.279 *** (0.061 4)
截距	1.295 *** (0.093 5)	6.160 (6.183)	42.04 ** (21.05)	39.69 ** (17.32)	0.390 (1.077)	−0.195 (1.712)	1.220 (1.369)	3.074 *** (0.721)

注：括号里的数值为标准差。上标 ***、** 和 * 分别表示估计系数在 1%、5% 和 10% 的水平上显著。Slabor1 代表战略性负担；Slabor2 代表社会性负担；dt 代表时间组，改制前为 0，改制后为 1；du=1 代表实验组，du=0 代表对照组；控制组变量包括 4 个，即 Insale 代表年度销售额的对数，Inasset 代表年末资产总额的对数，ROA 代表资产利润率，zcfzl 代表资产负债率。

表 10.6　各行业的社会性负担和战略性负担的比较结果（下）

	金融业		房地产业		水利、环境和公共设施管理业	
	社会性负担 Slabor1	战略性负担 Slabor2	社会性负担 Slabor1	战略性负担 Slabor2	社会性负担 Slabor1	战略性负担 Slabor2
dt	-2.366*** (0.537)	0.327*** (0.103)	2.404*** (0.626)	4.735*** (0.734)	-0.024 9 (0.492)	-0.299 (1.026)
du	-1.401** (0.582)	-0.253** (0.112)	1.839*** (0.605)	1.938*** (0.709)	-0.085 4 (0.521)	-2.019* (1.086)
dt×du	-1.941*** (0.584)	-0.333*** (0.112)	-0.420 (0.310)	-0.928** (0.364)	-0.811*** (0.152)	-0.566* (0.316)
lnasset	1.158*** (0.177)	-0.267*** (0.034 1)	0.904*** (0.284)	-0.984*** (0.333)	0.542 (0.333)	-2.964*** (0.694)
lnsale	-1.573*** (0.223)	0.034 4 (0.042 9)	-1.093*** (0.209)	0.493** (0.245)	-1.052*** (0.190)	1.274*** (0.397)
ROA	-4.091*** (1.183)	-0.661*** (0.228)	0.043 0 (0.144)	0.102 (0.169)	-0.062 3*** (0.020 2)	-0.091 1** (0.042 2)
zcfzl	0.966 (0.857)	0.308* (0.165)	0.306 (0.341)	0.279 (0.400)	-1.399*** (0.214)	-1.391*** (0.446)
截距	7.139** (2.981)	5.596*** (0.574)	-2.400 (3.872)	4.746 (4.542)	9.463* (5.230)	37.35*** (10.91)

注：括号里的数值为标准差。上标 ***、** 和 * 分别表示估计系数在 1%、5% 和 10% 的水平上显著。Slabor1 代表战略性负担；Slabor2 代表社会性负担；dt 代表时间组，改制前为 0，改制后为 1，；du＝1 代表实验组，du＝0 对照组；控制组变量包括 4 个，即 lnsale 代表年度销售额的对数，lnasset 代表年末资产总额的对数，ROA 代表资产利润率，zcfzl 代表资产负债率。

　　由于我国企业历史发展的原因，许多国有企业在发展的过程中承担了过多的政策性负担，受到了许多限制和束缚，虽然也获得了较大的政策优惠，但政策性负担仍然很大程度上限制了企业的自主管理。在混合所有制改革之后，企业获得了更多的自主管理权，政府对企业的干预大大降低，企业冗员及员工工资的问题得到了更好的解决，很大程度上降低了企业的政策性负担，尤其是在那些政策性负担相对较重的行业，混合所有制改革的效果更明显。

　　在混合所有制改革之后，金融行业企业的政策性负担下降幅度最明显。如表 10.5 和表 10.6 所示，金融行业的政策性负担下降程度是最明显的。中国金融业不断地发展，就是在逐渐地打破原有的金融体制，不断地转型为多层次、多主体、多元化的行业。中国目前的经济是以市场为导向，改革后的金融业同样也是以市场为导向。在改革开放以前，我国的经济是一种高度集中的计划经济体制，金融实行的是"计划式"的金融制度。在之后的金融体制改革中，明确了建立政策性金融与商业性金融分离，以国有商业银行为主体，多种金融机构并存的金融组织体系，使我国金融业的政策性负担降低，从而能更好地进行自主管理。特别是在加入了 WTO 之后，我国的金融行业获得了又一次发展的重大机遇。因此金融业在混合所有制的改革过程中，相较于之前获得了更多的自主权利，相较于别的行业承担了过多的政策性负担，并且受到了更多的政府约束，因此混合所有制改革之后的效果会更加明显，并且可以更多地以营利为目标制定企业的发展计划。

从回归结果和结论来说，对于那些国有控股占主体地位的企业来说，混合所有制改革大大地减轻了各个行业中企业的政策性负担，提高了绩效，也提高了企业的自主权利。虽然在混合所有制改革的过程中，也会出现例如国有资本流失的情况，但这并不能阻止我国继续坚定不移地进行国有企业产权改革。从长期来看，混合所有制改革是有利于我国企业发展的，并且在一些行业还应加大力度，这样可以更好地处理政策性负担的问题。整体来看，企业混合所有制改革可以降低国有企业的政策性负担，而不同行业的混合所有制改革对政策性负担的影响又不尽相同，在金融业混合所有制改革所带来的成效尤为突出。

10.6　研究结论与政策建议

10.6.1　研究结论

本章利用 2003—2014 年的 486 家上市企业数据分析了非国有股权比重对企业绩效的影响，分别选用了固定效应模型和双重差分模型对选取数据进行了回归和检验，实证结论如下：

第一，随着非国有股股权比重上升，总资产净利润率下降，可持续增长率下降，但总资产增长率显著上升；流通股比例与总资产增长率和资产负债率均成正向影响；第一大股东持股比例与前十大股东持股比例均对总资产增长率具有正向影响，而企业中的两权分离率对总资产增长率具有负向影响。从纵向比较结果来看，非国有股权比重的增加能够提高企业的发展能力、增加企业的偿还能力、降低企业的盈利能力。

第二，地区差异方面。企业盈利能力地区差异并不显著，但东部地区的偿债能力远大于西部和中部地区；东部地区和中部地区在可持续增长率方面优于西部地区，东部地区在总资产增长率方面优于中部地区和西部地区。

第三，行业差异方面。在电力、热力、燃气及水生产和供应业中，非国有股权比重的提高可以提升电力、热力、燃气及水生产和供应业的盈利能力和发展能力；在制造业中，非国有股权比重增加可以降低企业的资产负债率，增强企业的发展能力；在房地产业中，非国有股权的提高使房地产业的盈利能力降低，偿债能力增强；在批发零售业中，非国有股权比重的增加会提高批发零售业的发展能力。

第四，混合所有制改制政策效应方面。相对于没有进行改革的企业来说，进行改革的企业在盈利能力方面和发展能力方面有较大的提高；混合所有制改制政策的效果并未在企业偿债能力方面体现出来；双重差分模型中其他解释变量的结果与固定效应模型回归结果大致相符，从侧面检验了混合所有制改制政策对国有上市企业的盈利能力、偿债能力和发展能力等财务能力指标提升方面有积极的推动作用。

第五，进一步研究表明，企业混合所有制改革可以降低国有企业的政策性负担，而不同行业的混合所有制改革对政策性负担的影响又不尽相同，在金融业混合所有制改革所带来的成效尤为突出。

10.6.2 政策建议

结合以上的研究结论，本章能够对混合所有制改革提出以下几点建议：①继续深化和完善国有企业改革，特别是混合所有制改革，积极推行混合所有制经济。淡化单一所有制企业的概念，鼓励公私合营、中外合资的混合所有制经济及其混合所有制的发展。②提高国有资产效率，提升国有企业的活力。国家层面应该要解决"政企不分""政资不分"的问题，关键是要明确政府角色，完善国有资产管理体制；企业层面要解决企业竞争力、效率问题，关键是完善现代企业制度、公司治理结构，建立市场化的经营机制。③放宽非公有制资本的准入限制，特别是放宽民营资本的市场准入限制。创建一个更加公平、合理、有效的混合所有制经济融合平台，鼓励混合所有制改制的推行，股权多元化，调动国有企业改革的积极性和内生动力。④准确理解和把握混合所有制边界。既要防止国有资本私有化和流失风险，又要积极吸收非公有制资本，让非公有制资本具备话语权，做到两手抓，为国有企业发展注入活力。⑤增强产权交易的合理化与透明化。减少行政权力对资源配置的干预；避免不合理定价影响交易各方的直接利益和国有资产保值增值的目标。

10.7   本章小结

本章通过实证方法对混合所有制企业的协同治理绩效问题进行了探讨和研究。总体来看，本章主要包括三方面内容：首先，对国有企业混合所有制改革的相关制度背景进行了阐述。其次，对国内外关于国有企业混合所有制改革及其相关经济后果的核心文献进行了系统梳理，并提出了国有企业混合所有制改革有助于企业绩效提升的观点。最后，通过收集我国上市公司相关财务数据，利用固定效应模型和双重差分模型对混合所有制企业协同治理的绩效进行了检验，进一步研究了企业混合所有制改革与国有企业政策性负担的关系，并提出了深化和完善混合所有制改革、提高国有资产效率和企业活力、放宽非公有制资本的准入限制、准确理解和把握混合所有制边界、增强产权交易的合理化与透明化等政策建议。

11 我国混合所有制企业协同治理的主要问题及改革建议

混合所有制企业一直以来都是学术界研究的热点问题，在全面推动国民经济高质量发展的过程中，混合所有制企业扮演着非常重要的角色，国家对混合所有制企业的发展状况高度重视。发展混合所有制企业，关键是将协同治理理念融入混合所有制改革，发挥不同资本的优势，使国有资本与非国有资本在相互协同过程中产生一加一大于二的效果，助推我国企业实现高质量发展。本章在前面章节关于混合所有制企业协同治理定性和定量分析的基础上，从企业内部和外部两个视角分别探析了我国混合所有制企业协同治理过程中存在的问题，并且提出了解决这些问题的政策建议，主要包括促进多元所有制主体深度融合、构建合理的治理结构、健全企业治理机制、发挥利益相关者协同治理作用、改善企业协同治理保障系统等。最后，以四川省国有经济与民营经济协同发展的案例为分析对象，从企业内部协同治理、外部协同治理、协同治理保障等多维度提出了针对性政策意见。

11.1 我国混合所有制企业的发展历程

总体上，本章将我国混合所有制企业的发展历程划分为摇篮时期、探索时期、发展时期、推动时期和深化时期五个主要阶段。

11.1.1 摇篮时期（1860—1977年）

混合所有制企业的起源可以追溯到19世纪60年代，在洋务运动时期，官督商办的企业便出现了混合所有制企业的影子。代表政府利益的"官股"与代表民营企业的"商股"初次混合在一起，第一批近代企业便诞生于此。中华人民共和国成立后，多种所有制经济并存的新民主主义经济体制使混合所有制企业又得到了进一步发展。但随着"三大改造"的实施，截止到 1956 年，社会经济转变成公有制结构，混合所有制经济逐步退出市场。在这一阶段，虽然只能窥视出混合所有制企业的一点影子，但纵观其发展历程，此阶段为我国混合所有制企业的发展奠定了基础，所以这一时期被界定为我国混合所有制企业产生的摇篮时期。

11.1.2　探索时期（1978—1992 年）

我国混合所有制企业真正的成长要追溯到 1978 年改革开放时期。邓小平同志的"改革开放思想"改变了之前的传统观念，无论是发展公有制经济，还是发展非公有制经济，都不会改变社会主义的根本性质，经济体制的不同只是实现同一目标的不同形式。伴随着国民思想的解放，国内的个体经济发展快速，由此，社会中的非公有制经济得到了释放，该时期主要体现为国有企业的"放权让利"。1978 年 12 月，党的十一届三中全会做出了关于经济体制改革的若干决定，随后国务院下发了《关于扩大国营工业企业经营管理自主权的若干决定》《关于进一步扩大国营工业企业自主权的暂行规定》。1984 年 10 月，党的十二届三中全会全面明确了"有计划的商品经济"发展目标，强调了个体经济的重要性，为我国混合所有制企业发展奠定了坚实的基础。到 1987 年 10 月，党的十三大报告指出"改革中出现的股份制形式是社会主义企业财产的一种组织形式，可以继续试行"。再到 1988 年 3 月，第七届人大第一次会议强调，将私营经济的发展定于法律允许的范围之内。该阶段，国企改革放权让利，企业的所有权和经营权分离。

11.1.3　发展时期（1993—1999 年）

党的十四大后，非公有制经济已经从不被重视的配角，转变成为与公有制经济长期共同发展的重要角色。1993 年 11 月，党的十四届三中全会首次提出"混合所有制经济"一词，指出"随着产权流动和重组，财产混合所有的经济单位越来越多，将会形成新的财产所有结构"，国企改革的思路得到进一步解放。1997—1999 年，党对非公有制经济的发展更加明确地做了说明，将非公有制经济作为社会主义初级阶段基本经济制度的重要组成部分。1997 年 9 月，在党的十五大报告中正式提出了混合所有制经济的概念，指出"公有制经济不仅包括国有经济和集体经济，还包括混合所有制经济中的国有成分和集体成分"，随后在 1999 年 9 月党的十五届四中全会上进一步指出"国有大中型企业应通过规范上市、中外合资和企业互相参股等形式，发展混合所有制经济"，上述决定为国有企业摆脱财务困境、建立现代企业制度打造了良好的制度基础。该阶段，国企改革抓大放小，现代企业制度体系逐步建立起来。

11.1.4 推动时期（2000—2007年）

21世纪以来，股份制改造和产权制度改革深入推进，有混合所有制特征的企业在社会经济中崭露头角，并且这些企业以迅猛的势头不断发展，其数量呈倍数增加。2002年11月，党的十六大指出"除极少数必须由国家独资经营的企业外，积极推进股份制，发展混合所有制经济"。2003年10月，党的十六届三中全会在社会主义现代化建设中首次提出了"两个毫不动摇"的概念，既要毫不动摇地巩固和发展公有制经济，又要毫不动摇地鼓励、支持和引导非公有制经济的发展，并指出"进一步增强公有制经济的活力，大力发展国有资本、集体资本和非公有资本等参股的混合所有制经济"。2007年10月，党的十七大正式提出"以现代产权制度为基础，发展混合所有制经济"，深化我国国有企业混合所有制改革已逐步成为国企改革的重点环节。该阶段，国家政策的支持和肯定为混合所有制经济的发展提供了良好的外部制度环境，国企的内部治理机制也在所有制改革过程中得以完善。

11.1.5 深化时期（2008年至今）

2008年金融危机后，国内外经济环境和形势发生了巨大转变，在激烈的国际竞争和紧迫的转型升级双重压力下，我国经济在增长速度、产业结构和驱动要素方面面临新常态，带来的是我国经济发展向更高阶段迈进的战略机遇。国有企业作为我国经济的重要支柱，需要在多方面进行调整。第一，国有企业产权实现形式已不适应市场经济改革的要求，公司制改革的停滞不前阻碍了国有企业建立现代企业制度的进程。第二，国有企业行政型治理特征明显，内部人控制问题严重，各级政府对国有企业经营决策、人事任免、薪酬分配等环节的干预行为，导致国企公司治理机制流于形式。第三，国有资本的战略布局和国有企业的功能定位有待优化，战略性、社会性、营利性等多重使命致使国有企业自身定位不清晰，经营效率低下。第四，国有资产管理体制和国有资本授权经营体制亟待转变，"管企业"为主的国有资产监管模式极易导致政府部门出现越位、缺位、错位的问题，国有资本做强做优做大的总体目标难以实现。

在此背景下，2003年11月，党的十八届三中全会通过《中共中央关于全面深化改革若干重大问题的决定》（以下简称《决定》），允许更多国有经济和其他所有制经济发展为混合所有制经济。同时，《决定》也对混合所有制经济做出了具体安排。"国有资本投资项目允许非国有资本参与，允许混合所有制经济实行员工持股，形成资本所有者和劳动者利益共同体。"不难看出，混合所有制经济这种富有活力与效率的经济组织形式已经逐渐发展成为我国经济的重要支柱。2016年9月，中共十八届六中全会对国企改革倍加关注，号召推动国企的整合重组，使国有资产控股的企业融入非公有资本，形成混合所有制经济推动社会经济发展。大会也指出："未来将在避免国有资产流失、推动国有资产保值增值基础上，从战略投资的角度引入社会资本。"2015—2016年，国企改革"1+N"顶层设计文件体系出台，包括顶层设计方案《关于深化国有企业改革的指导意见》，配套专项文件《关于国有企业发展混合所有制经济的意见》《关于国有企业功能界定与分类的指导意见》《关于国有控股混合所有制企业开展员工持股试点的意见》，上述政策文件为深入分类推进混合所有制改革奠定了扎实制度基础。2017年10月，党的十九大关于"深化国有企业改革，发展混合所有制经济，培育具有全球竞争力的世界一流企业"等内容为新时期我国国企改革指明了方向，混合所有制改革是国企改革的重要突破口。2019年10月，党的十九届四中全会强调要继续"发展混合所有制经济"，同月国资委出台了《中央企业混合所有制改革操作指引》，该指引为国企混改落地实施出具了详细的说明书。

梳理我国国企混改的历程可以看出，混合所有制改革势必成为新时期深化国有企业改革的重要突破口。

首先，多种资本交叉持股有助于提升国企经营绩效。从资源配置角度来看，国有企业资金雄厚、管理规范、人才和技术优势明显、具备政策优势、社会信誉度高，非国有企业的市场化经营管理特征明显、机制灵活、决策高效、创新动力强，将非国有资本引入国有企业有助于形成战略互补优势，通过协同效应，深化我国产业结构调整和有效供给释放。

其次，多元化的股权结构有助于建立和完善国企现代企业制度。国有企业引入其他资本，不仅能够提升企业的财务能力，更重要的是通过引入持股量较高和负责任的战略投资者构建相互制衡的股权结构，能够改善国企过去政企不分的治理机制，提升国企的治理效率。

再次，非国有资本的进入有助于打破垄断。在明确不同国企功能定位的基础上，分类分层、稳妥引入非国有资本，建立良性竞争机制，有助于改善垄断环境下国企效率低下、高成本、资源浪费、腐败、收入分配不均等问题，促进国有企业经济管理机制的市场化。

最后，混改有助于推动国有经济管理体制的改革和完善。坚持市场化的经营和管理模式，是非国有资本进入国企发挥协同效用的前提保障，国有资产管理部门通过下放、取消、授权国有资产管理部门相应权利，可促进混改国企更好地进行公司治理和市场化经营。

深入推进企业混合所有制改革，对于加快完善社会主义市场经济体制、深化供给侧结构性改革、推动经济高质量发展具有重要意义。可以预期，在我国未来经济社会发展中，混合所有制企业将在国民经济中扮演非常重要的角色。

11.2　我国混合所有制企业协同治理存在的主要问题

40多年的时间里，我国混合所有制企业经历了从无到有、从弱到强的发展，在此过程中为中国经济的发展贡献了不小的力量，推动了社会主义市场经济制度的优化和创新。在协同治理发展的理念下，我国混合所有制企业的治理也从不同方面得到革新，展现出强大的发展潜力，但也暴露了许多问题，比如"文化协同"问题、"制度协同"问题等。根据前面章节的理论和实证分析，本章认为我国混合所有制企业协同治理主要存在以下几个方面的问题亟待解决。

11.2.1　内部协同治理问题

（1）股东融合冲突与大股东侵占

要使混合所有制企业内部能够相互融合，发挥协同治理的优势，促进企业有序发展，首先需要解决的是公有制与非公有制相互融合的问题。

一方面，国有企业与非国有企业往往承担着不同的使命。比如国有企业，在改革开放之前，都是由政府来统一调拨，按照政府的计划来统一组织生产。其使命是满足国家的计划生产需要，服务广大人民群众，承担着大量的社会责任，从而影响了它的文化价值观，国企内部的管理人员也因此具有浓厚的行政色彩。改革开放后，国企虽然更为重视效益与利益的追求，但其仍然需要承担社会责任、保障国计民生、保证人民就业、促进社会安稳等。而非国有企业，主要受市场的调控，自负盈亏，市场是其配置资源的绝对力量。所以在这种背景下成长，非国有企业的使命则是追求利润的最大化，盈利目标处于更高的位置。目标的不一致导致了国有资本和非国有资本相互融合较为困难。同时，混合所有制中国有大股东和民营小股东之间的利益冲突问题也导致了混合所有制企业中的大股东侵占问题较为突出。

另一方面，文化的差异也是不容忽视的因素。国有企业与非国有企业发展历程的差异，导致了他们具有显著不同的企业文化。国有企业往往资源丰富，因此具有安于现状、躲避风险的特点，而非国有企业往往偏好规避风险。两者使命不同，企业文化具有差异，而协同治理的要求之一便是目标的一致性，故国有资本和非国有资本如何缓解文化差异问题是双方能否达成协同治理的重要前提条件。

（2）国有资产流失

协同治理环境下，混合所有制企业中国有资本与非国有资本在一定程度上融合为一体，会产生界限不清的问题，容易导致国有资本的流失。对于混合所有制企业中公有资产被侵占的问题，中国学者也进行了大量的研究，更多的是赞成这一说法的言论，当然也有反对的意见。胡锋（2016）用山东鲁能集团私有化案例以及华润电力并购山西金业煤焦集团的案例说明国有股东与非国有股东在相互融合时，确实存在国有资产不同程度流失的可能。并且强调在混合所有制企业发展过程中，要谨防国有资产在国有股权转让环节的流失问题①。

在国企的改革中，因为协同治理模糊了各自的界限，所以在不同程度上造成了国有资本的流失。尤其是在国有资本转让过程中，市场定价机制不完善，同时混合所有制企业又实行员工持股激励计划的情况下，更易造成国有资本的流失。因为市场定价机制的不完善，国有资本与非国有资本在相互融合中没有确定合理的公允价值，而员工持股计划往往是对存量资本进行持股。另外，当非国有企业所持股权大于国有企业时，非国有企业往往有强烈动机侵占国有资本，从而造成国有资本的流失。

（3）治理结构不完善

混合所有制企业协同治理，要求多元主体在新的治理规则下一起参与企业的决策、计划、监督与管理，共同承担社会责任，共同享受利益分配。不管是混合所有制中的公有制部分还是非公有制部分，过去由党委会、工会和职工大会治理的模式已经不适应现在的治理体系，需要在短的时间内构建混合所有制企业新型治理模式。特别是国有企业，其在新的治理结构中，以前的模式并不能在短时间内完全退出，如何兼容不同治理主体的权力和责任，这就形成了新老治理结构的冲突。具体来讲，新的治理结构中的股东大会成员、董事会成员、监事会成员应该如何安排，企业内部机构应该如何设置才能够真正融合各

---

① 胡锋.现阶段发展混合所有制企业应重点解决好的几个问题［J］.湘湖论坛，2016（1）：103-107.

个主体的优势，发挥协同治理的作用，这是一个值得深入探讨的问题，同时也是关系到混合所有制企业能否发挥协同优势的关键问题，具体体现在以下几点：

①股权配置不明晰

关于混合所有制企业中股权配置的问题，不同的研究学者有不同的说法，但由于协同治理下混合所有制企业的发展历程较短，关于这一问题的相关研究并不多见。比如学者魏杰和谭伟（2014）认为，竞争领域国有企业不能控股，而非竞争领域国有企业要起到引领作用①。但总体来看，学者们的观点没有达成一致，混合所有制企业中多元主体的股权配置问题并未有效解决。

协同治理的特点之一即为协同各方具备协调合作意识。股权结构是指企业股权的类型与比例配制的结构，它决定公司控制权的分布，同时也决定所有者与经营者之间委托与代理的性质。协同治理的实现，需要对控制权加以约束，找到一个合适的平衡点来达到协调合作的目标，而这平衡点因为各方面的因素变得很难把控。在公有制与非公有制多元主体的摩擦下，国有企业往往以其强势的地位对企业的控制权占有优势。一方面，若股权高度集中于国有资本，不仅会打破混合所有制企业协同治理的理念，同时也会滋生出更多的问题。比如当国有资本获得绝大多数股权，牢牢掌握了混合所有制企业的控制权，那么又将回到以往国有资本"一股独大"的局面，不仅降低了管理效率，还会滋生出各种行政腐败的问题。同时，股权的高度集中，使大股东可以凭借自身的优势通过各种方式侵占小股东的利益，小股东也因此无法进入董事会或管理层而疏于对企业的监督，自身在信息不透明的情况下不容易了解企业的真实情况，从而导致自身的利益受到影响。另一方面，当股权高度集中时，企业的董事会与管理层实质上也由大股东掌控，股权主体虚置容易导致内部人控制现象的出现。当股权在公有制与非公有制之间达到均衡时，虽然在一定程度上满足了协同治理的条件，但当企业需要做出重大决策时，往往会因为各自利益目标的不同而难以达成统一意见，从而影响到企业的发展。

②董事会功能弱化

董事会在混合所有制企业治理中属于核心部门，在协同治理的环境下更是内部协同成员中的一个重要角色。在现代公司治理框架下，董事会与股东是一种委托代理的关系，一方是代理人，一方是委托人。董事会肩负着股东的责任与意志，必须在企业战略定位、管理人员选聘、企业重大决策等方面发挥重要

---

① 魏杰，谭伟.企业影响政府的轨道选择［J］.经济理论与经济管理，2004（12）：5-10.

的作用。混合所有制企业中，国有股东与非国有股东同样作为出资股东，同样有权利与义务进入董事会，但他们的背景相差甚远，如何能兼容在一块发挥协同效应，董事会人员与结构如何设置，混合后的董事会又如何与其他部门协同治理等难题仍是混合所有制企业协同治理必须考虑的问题。

国有股东因为"国有"的背景，国有资产管理部门实质也参与了企业的治理活动，如在国有企业管理人员的任命、确定管理层与员工的薪酬待遇、主持召开股东大会等活动中，国资委都发挥着重要的作用。在这种体制下，原来国有企业的董事会本身就存在较大的问题。首先，国资委的出现与企业中董事会的设立存在冲突，导致董事会功能模糊甚至出现错乱；其次，董事长大多由政府部门任命，董事会又都是企业中的管理人员；最后，董事成员的产生并未按照规定的程序来选聘。而对于非国有企业来讲，大多数企业并没有设立真正的董事会，董事会的职能被其他部门代替了。当两者组合成为新的协同主体时，董事会的设置和运行仍然存在较多不市场化的地方。从董事会成员设置来说，《公司法》已明确规定了董事会成员的人数是 5~19 人，但代表国有股东的董事人数与代表非国有股东的董事人数仍然没有明确的规定，这就导致了董事会结构设置不明晰、功能弱化。另外，国有股东董事成员可能依靠自身的优势来侵占代表非国有股东董事成员的利益，从而使董事会实质上成为"国企董事"，中小非国有股东的利益无法得到保障。

③监事会功能不强

监事会是混合所有制企业中监管作用最强的机构，同时它也是多元主体协同治理的保障机构。监事会负责受托于股东大会，负责对董事会和管理层是否履行责任与义务进行全面监督。纵观混合所有制企业的发展，监事会的问题也日益突出，其并未很好地发挥监督作用。

首先，由多元主体参与的混合所有制企业，其结构与功能变得多元而复杂，监事会面对如此复杂的监管环境，如果没有完善的监管体系，其监管效率将大大降低。其次，不同的主体代表着不同的利益集团，监事会要准确地定位被监管个体的性质、特点、方向等，必然导致监事会监督成本的上升。最后，监事会的成员通常来自混合所有制企业内部的党会、工会等部门，而这些人员通常又是企业的管理人员，同时混合所有制企业的特殊性使他们各自都代表着自身或自己集团的利益，让他们去进行严格监管显得不太现实，这也很可能导致其坐视不管或出现滥用职权的现象。在学术界已经有很多学者证明，监事会所代表的利益主体不明确，他们所发挥的监督作用是无效的。同时，目前的企业治理结构中独立董事与监事会之间的监督职能重复交叉，正如坦尼夫等

（2002）所说的，监事会的存在只是给人一种企业存在相互制约功能的假象①。总之，监事会功能的弱化，不仅影响着与股东大会、经理层、员工等之间的协同性，也进一步阻碍着混合所有制企业中国有股东与非国有股东的协同发展。

④"新老三会"并存

由于多元主体参与混合所有制企业治理，特别是国有企业与非国有企业为主体的协同治理更绕不开"新老三会"这个历史问题。"老三会"指的是党委会、工会、职代会，三个部门分别承担相应的任务来治理企业，国有股东较为熟悉旧的计划经济体制下国有企业实行的"老三会"治理体系，在国企中"老三会"发挥着极大的作用，但企业治理体系的发展也带来了"老三会"的改革，出现了"新三会"的治理体系，即股东会、董事会、监事会，这些新的治理机构被赋予了与"老三会"不一样的职能性质与范围。

然而在混合所有制企业中，"新老三会"并存是一个普遍现象，作为混合所有制企业仍然未摆脱传统的治理模式，所以《公司法》要求设立的"新三会"只能流于形式成为摆设或装饰，而民营企业更适应"新三会"的管理方式，即便"新三会"治理体系更加先进，但"新三会"与"老三会"同时存在，造成了"新老三会"职责不分、分工不明、相互对立等问题，最终会影响混合所有制企业的发展。比如党委会作为"老三会"中的一员，它与"新三会"的冲突最为明显。混合所有制企业中，若党组织参与管理层的管理，必然会影响到管理层的决策、管理人员的选拔等方面，这就赋予了企业管理更多的行政色彩。当打破了企业管理人员的选拔制度，作为股东的非国有企业大多会持反对的态度，这在一定程度上加深了国有股东与非国有股东的矛盾。若党组织参与到企业日常经营问题决策中来，混合所有制企业中的股东会、董事会、监事会、管理层的职权会受到不同程度的干扰，同时企业的经营目标也会更多地基于政治目的而不是经济目的，这一方面会影响混合所有制企业的发展速度，另一方面也违背了企业协同治理的要求。"老三会"的治理体系的影响力较大，在短时间内不可能立刻退出，只能逐渐被"新三会"取代。所以，"新老三会"并存的问题需要长期关注和改革。

（4）治理机制待完善

①激励约束机制问题

激励与约束机制属于企业治理机制中非常重要的工具，一方面为混合所有

---

① 坦尼夫，张春霖，白瑞福特.中国的公司治理与企业改革：建立现代市场机制 [M].张军阔，等译.北京：中国财政经济出版社，2002.

制企业中各个成员提供动力能源，另一方面在一定环境下约束各个主体的行为。通过众多学者对混合所有制企业治理机制的探讨与研究，发现我国混合所有制企业激励约束机制仍存在较多突出问题。

在激励机制方面，问题多表现在薪酬结构不合理、激励水平不高、显性激励不足而隐性激励过重等方面。其中显性激励一般指的是工资、津贴、奖金等账面上的激励，隐性激励指在职消费、灰色收入等账面外的激励。根据马胜博士在 2010 年统计的上市公司高管人员薪酬的数据分析，企业内高管人员的薪酬远小于在职消费，约占其13%。这说明隐性激励与显性激励的结构是极其不合理的，在这种激励机制下最容易滋生管理人员侵占公共资产的腐败行为，对混合所有制企业的发展无疑不是激励作用，而是抑制作用。而薪酬结构的不合理主要集中在管理人员与职工的薪酬通常只包括基本工资、津贴、奖金等固定收入，缺少必要的弹性薪酬，或者弹性薪酬的门槛定得太高，一般情况下无法达到奖金的标准，这样的情况也只会挫伤管理者与职工的积极性。

同时，随着协同治理理念的普及，员工作为协同治理的参与者、利益的创造者，也理所应当成为利益的分享者，所以也应该进一步完善员工持股等激励方式。我国员工持股制度始于20世纪80年代的国有企业股份制改造，但由于关系股、权力股以及职工股超比例、超范围发放等问题，国有企业内部职工股发行一度暂停。21世纪初，管理层收购国有企业的案例迅速增加，不健全的国有资产监督管理体制以及不完善的企业内部治理机制，导致管理层自买自卖、暗箱操作、对外利益输送等违规收购情况时有发生，国有企业员工持股行为被进一步规范。直至新时期关于深化国企改革的"1+N"政策体系落地实施，构建激励约束长效机制成为混合所有制企业中的核心命题。从当前看来，国企混改过程中实施员工持股面临如下主要问题：

首先，员工持股机制设计和执行不当。国有企业员工持股呈现激励、福利、奖励等多重属性，激励定位不清影响创新驱动目标实现。国有企业股票定价过程不公开透明，员工认购价格不合理，增大了国有资产流失的风险。员工持股短期化特征显著，激励对象在国有企业上市后立即套现，谋取股票溢价收益，扭曲了长效机制建立的初衷。其次，创新激励缺乏市场化机制支持。国有资产监管过程中的越位、缺位、错位问题，严重影响了国有企业市场化经营机制的构建。在"不患寡而患不均"的理念下，国有企业收入分配具有强烈的公平性偏好，导致员工持股水平偏低、结构不合理，产权无法实现有效激励，国有企业相互制衡的治理机制难以形成。最后，员工持股在法律、金融、财政等政策制度方面面临束缚。在法律上，公司法对有限责任公司和股份公司股东人数有明确限定，工会持股、职工持股会等内部机构也缺乏法律地位，非上市国有企业实施员工持股面临法律桎梏。在金融上，政策规定员工出资入股应主要以货币出资，国有股东不得向员工提供垫支、担保、借贷等财务资助，这对有认购意愿的国企员工来说会形成较大的财务压力，降低了员工入股的积极性。在财政上，员工持股面临印花税、手续费、企业所得税、个人所得税等大量税费支出，没有政策对实施员工持股的企业给予税收优惠，阻碍了员工持股的推进。

在约束机制方面，不管是以前的国企、民企，还是现在的混合所有制企业，"约束"问题都非常重要。虽然相关的研究理论很多，但在实践中约束机制尚未能很好地发挥作用，难以有效保障企业的协同治理活动。比如企业控制权约束的转移、道德约束强于能力约束等问题仍然没有得到很好的解决。一方面，混合所有制企业中国有股东作为一个特殊的主体，其实际控制人是政府机构，如若国有股东掌握企业的控制权，那么企业的控制者实质上就是政府。若非国有股东持有企业的控制权，国有股东凭借自身的优势也能影响混合所有制企业非国有股东的控制地位。另一方面，在道德约束强于能力约束的问题上，企业对经营者的政治素质、生活作风等道德品行约束过强而忽视了能力约束，这就可能让某些有能力的管理人员为逃避严格的道德约束而选择离开企业，或者让一些道德素质高而能力平平的人高居管理层位置，这样容易产生经理人的"道德风险"和"逆向风险"行为。另外，无效的约束机制也是腐败问题滋生的摇篮，管理人员会利用自己手中的实权享受违规的高额消费，大肆地捞取灰色收入甚至贪污公共资产。

②协同治理机制问题

越来越多的企业已经意识到协同治理的重要性与必要性，各国学者也纷纷对协同治理机制和协同治理框架进行了深入的研究与探讨，但到目前为止并未对协同治理的理论与机制达成一致意见。比如苏乐天等（2015）认为目前的协同治理研究数量不少，但是相对零散，不仅缺少系统深入的跟进，而且协同治理的基础理论和关键技术还未真正形成，迫切需要构建一套成熟的混合所有制协同治理理论框架和实施方法。

我国混合所有制企业在形成与发挥协同治理机制时主要面临两方面的问题。一方面，从企业内部来看，协同治理体系要求各个组成成员能够有效地整合，最终达到深度融合。由于大多主体是以资本为连接"脐带"，甚至有些主体是在行政手段的撮合下联结在一起的，这样被硬生生地拉拢很难达到融合的状态。企业的目标、文化、信息、技术等方面时常发生冲突，企业的生产、加工、销售、服务等环节出现混乱，甚至企业的股东会、董事会、监事会、管理层等也是松散地联结在一起，在没有强有力的协同治理机制下混合所有制企业呈现出"主体堆积""混而不和"的状况，没有形成有机的整体来发挥协同效应。另一方面，从企业的外部环境来看，企业并没有真正与政府和其他利益相关者保持协同的发展关系，各主体多是为了自身的利益最优而采取不一致的行动，甚至是破坏相关利益者关系的行为。比如混合所有制企业中的大股东会利用自身的优势，为了得到超额的利润而毫不犹豫地选择侵犯中小股东的利益，这反映出当前协同治理机制尚需完善。

③文化治理机制问题

文化治理是我国混合所有制企业中必不可少的环节之一。文化治理相比于规章制度管理，它是一种"软治理"，是企业特色的价值观念、工作作风、行为规范以及思维方式的总和，是协同治理中有效的保障机制。我国混合所有制企业文化治理机制的发展是缓慢且困难的，甚至有些企业没有真正形成文化治理机制。这突出表现在以下几个方面：第一，由于多元主体各有各的文化价值观，当各方价值观出现较大冲突并难以协调时就很难融合在一起，从而阻碍协同治理。第二，多元主体不重视文化治理机制的建设，没有自身独特的文化价值观，那么混合后的企业也就成了一个没有灵魂的"空壳"，企业的协同治理也缺失了精神上的动力。第三，混合所有制企业中的股东以自我治理为中心，企业文化治理机制的建设也以自我集体价值观为依据而不关心其他股东的价值理念，导致企业内部出现文化不兼容、不一致的现象。这三种情况每一种的发生都会造成混合所有制企业文化治理机制的缺失以及协同治理框架的虚设。

11.2.2 外部协同治理问题

（1）政府角色复杂化

政府作为我国混合所有制企业协同治理的参与主体，在企业的发展中发挥着重要的作用。政府既是混合所有制企业的股东，又是我国企业强有力的监管者，同时也是市场行为规范的制定者。政府在经济活动中的多重身份使得我国混合所有制企业的治理增加了复杂性，主要表现为以下几方面：

第一，政府作为混合所有制企业的股东，不管是否处于控股地位，以它的影响力必将导致企业的核心要素向它倾斜。若其他股东违背政府的目标，其自身的利益将会降到最低，若顺应政府的目标，虽然需要支付承担社会责任的成本，但同时也能够争取到政府的优惠政策和支持，从而增加自己的利益。这样来看，企业的大小股东都会倾向于政府目标，而政府实则变成了混合所有制企业的"实际控制人"，企业内部的股东会、董事会、管理层的功能将被弱化。

第二，政府作为社会的监管者，同时也是混合所有制企业中一部分股东①的利益代表者，不管它所持有的股份是多少都对企业保有监管的权利，出于自身集团利益的考虑，政府可能利用行政手段对其他利益代表者实施过于严格的监管，或者弱化对自己利益代表的监督控制。

第三，政府既可以以股东的身份进行正常监督，也可以以监管员的身份来干预企业的某些决策，使得股东、经营者以及相关利益者对企业的具体发展产生不确定感，导致管理层在权力分配与计划设定、股东在投资方向选择等方面会更多考虑各方面的经济后果，从而影响到企业价值的提升。

（2）缺乏中小股东协同治理机制

中小股东作为混合所有制企业外部协同治理主体，在协同治理实践过程中也存在问题，如中小股东协同意识淡薄、搭便车、用脚投票等。在混合所有制企业的治理中，中小股东的缺位仍是普遍的问题，分析其原因主要表现在三个方面。

第一，在多元主体参与的协同治理环境下，混合所有制企业的治理也增加了复杂性与风险性，中小股东要参与进来必然会增加其治理成本，而得到的收益依然处于较低的水平，在这种环境下中小股东更愿意选择"搭便车""坐享其成"的方式参与混合所有制企业的治理活动。

第二，混合所有制企业内部持股的复杂性也让中小股东望而却步。由于国有股东的参与，可能存在"一股独大"的局面，再加上政府作为股东的影响力，使得本来"股微言轻"的中小股东显得更加"身份低微"，即使中小股东想参与到企业的协同治理中来，但因其自身的原因几乎没有话语权，也就再次降低了中小股东参与治理的积极性。

第三，中小股东天生具备灵活调整的特点，当预期企业经营可能出现风险时，中小股东可以很容易通过二级市场出售股份的方式，从企业经营中退出来避免自身利益损失，待企业有良好的发展前景时，再重新投资到企业，灵活的进入与退出机制使中小股东更愿意逃避协同治理的风险和责任。所以，如何尽

---

① 一部分股东主要指国有股东、其他利益相关者股东。

快完善中小股东协同治理机制，让中小股东积极主动地参与到企业的协同治理中来，充分发挥中小股东的协同效应是学术界和实务界亟待解决的问题。

（3）机构投资者协同治理不力

机构投资者相对于小股东具有资金雄厚的优势，其能以资本为纽带与混合所有制企业各治理主体形成稳定、长久的协同关系。比如银行、保险公司、信用合作社等机构可以在协同治理中发挥巨大的资本优势，但是其与中小股东在某一些方面具有相似的特征，同样容易在协同治理过程中产生一些问题。

第一，机构投资者与中小股东有相似之处，他们都可以以"用脚投票"的方式参与企业的治理，在投资过程中更关心的是企业股票的价值，而不是花费精力帮助支持其他参与主体。当然机构投资者或中小股东也可以选择"搭便车"的行为方式，在不付出精力的情况下分享其他主体带来的收益。

第二，机构投资者本身是一个治理主体，我国大多数机构投资者的治理结构与环境存在一些问题，比如机构投资者的成长环境还有待完善，《中华人民共和国证券投资基金法》等相关法律还不健全，并且参与企业治理的限制还较多。在这些问题还普遍存在的情况下，机构投资者积极参与协同治理的程度依旧较低。

11.2.3　协同治理保障问题

在我国混合所有制企业经营过程中，外部仍然面临政策法规不健全、市场体系不完善等协同治理保障问题。

（1）政策法规不健全

政策法规是我国混合所有制企业协同治理强有力的保障系统，为我国混合所有制企业的行为规范做出了具体的安排，同时也保证了我国混合所有制企业能够有序而规范地进行治理。从目前我国的法律法规以及出台的相关政策来看，虽然相关政策不断地肯定了混合所有制企业的发展，但具体措施较少，许多方面需要不断完善，甚至有些政策与混合所有制企业的协同治理活动存在冲突。

第一，党的十八届三中全会通过了《中共中央关于全面深化改革若干问题的决定》（以下简称《决定》），《决定》中强调要更好地发挥政府的作用，在混合所有制企业中，政府的参与将增加企业治理的复杂性，目前对于政府在混合所有制企业中的责任与义务尚未有明确的规定，当前相关政策中对混合所有制企业应采取的具体措施较少提及，可以反映出政府对混改的很多方面仍处于探索阶段。第二，《公司法》虽然对有限责任公司有较详细的规定，但对我国混合所有制企业发展的有关事项未进行详细的规定，而混合所有制企业协同治理相关规定仍处于空白状态。在激励机制建设中，《中华人民共和国企业法》对员工持股做了详尽的规定，但没有相应的、有针对性的配套法律出台，所以仅依据《公司法》并不能解决员工持股的实质问题。第三，《中华人民共和国反垄断法》（以下简称《反垄断法》）在我国的实施情况也只是虚置的状态，当政府参与混合所有制企业治理时可能与其他利益争夺者产生不协调因素，从而阻碍整个系统的协同治理。第四，《中华人民共和国证券法》（以下简称《证券法》）是我国混合所有制企业立法的一项重要内容，它关系到混合所有制企业治理的收购、内幕与关联交易等问题。从现行的《证券法》立法来看，仍需要较大的调整和完善。

（2）市场体系不完善

市场体系为我国混合所有制企业协同治理提供了环境的保障，资本市场、经理市场、体制市场等是混合所有制企业治理的依托，在一定程度上保障了协同治理的有序进行。从现实情况来看，这些市场体系仍有不完善的地方，主要表现在：

第一，资本市场方面。一方面，我国资本市场仍处于起步阶段，股票价格不能反映企业的真实运营情况，债券市场的风险也较大，整个市场不能对有限资源进行优化配置，使混合所有制企业治理呈现出风险性、复杂性的特点。另一方面，对于资本资产的定价问题，在国有资产参与的混合所有制企业治理过程中，无论是国有资产低价转让还是国企高价收购非公有资产，无法合理地采取定价机制容易造成公有资产的流失。

第二，经理市场方面。我国经理市场欠缺，所以在国有资本控股的混合所有制企业中，管理层的选聘更多的是政府委派而非市场决定，而管理人员的职位晋升也由政府决定而非市场，由此造成了经理人市场行政化特征明显。

第三，控制权市场方面。我国的控制权市场发展相对落后，股权分置增加了控制权转移的难度。同时我国混合所有制企业中国有股东一旦控股，其控制权更多是以协议转让、无偿划转等方式转移，这种方式具有浓厚的行政化色彩而非市场化行为，从而降低了混合所有制企业协同治理的效率（马胜 等，2014）。

11.2.4　其他问题

我国混合所有制企业协同治理过程中，不仅存在上述阐述的内部协同治理问题、外部协同治理问题以及协同治理的保障问题，还存在风险评估系统缺失、内部监督失效、信息适应性不强等一系列问题。

（1）风险评估系统缺失

在混合所有制企业协同治理中，风险贯穿于诸多环节，但仍存在部分企业未建立良好的风险评估程序，存在内部管理人员不履行自己的职责、利用关联交易调节利润，关联方占用资金未披露等违法行为等问题，风险一旦不能被准确和及时预测，将对企业的管理工作造成不可预计的后果。

（2）内部监督失效

当前国内大多数国有企业进行了混合所有制企业的改革，伴随着市场经济体制日趋开放，非公有制企业数量与日俱增，其真正的优势并未有效发挥出来。在我国混合所有制企业中，仍然存在国有企业原有的弊端，如法人治理不到位、权力重复利用、社会责任过多及内控能力不强等问题，降低了企业内部监管效率。

（3）信息适应性不强

面对纷繁的信息与数据，混合有所制企业管理者需要适应瞬息万变的信息时代，提升自己对信息的敏感性，加强对外部信息的应对能力。从公司治理现状看，混合所有制企业依旧存在对外部信息反应迟钝、管理层未及时收集和处理信息、员工层面无法及时获取信息等问题。因此，管理者需要提升对外来信息的理解、消化与自我加工能力，及时传递信息，迎接互联网信息时代背景下来自企业外部信息传递的挑战。

11.3　加强我国混合所有制企业协同治理的改革建议

混合所有制企业要实现协同治理的目标，首先，要做到多元主体的相互兼容、取长补短、深度融合。这就需要各主体在文化价值、管理理念、目标追求等方面达成共识。其次，多元主体应积极参与企业的经营管理，在严密的治理结构与运行机制的框架下保持各自的发言权与控制权，相互监督、相互制衡，从而达到协调合作、共同促进的目的。最后，在法律法规的大环境下强制约束各方的行为，监督各方责任的履行情况，促使各方主体在法律约束的轨道上协同发展。本章从企业治理结构的角度构建了我国混合所有制企业协同治理的框架，并由此思路提出了完善我国混合所有制企业协同治理的对策，具体如图

11.1 所示。

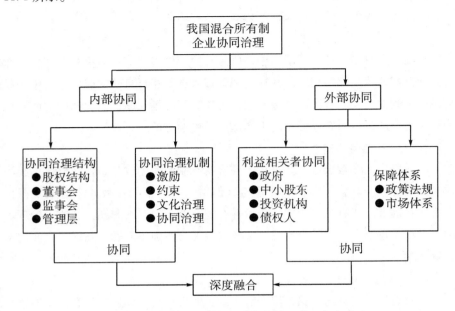

图 11.1　我国混合所有制企业协同治理框架

11.3.1　促进协同治理主体深度融合

综合我国混合所有制企业协同治理中存在的主要问题，我们认为应从协同治理主体、协同治理结构、协同治理机制、利益相关者的作用、协同治理保障系统五个维度进行完善。

（1）革新思想，深化文化价值融合

混合所有制企业中包含着不同的所有制主体，各主体背景不同、发展历程差异等因素使得不同性质的资本具有不同的特点、文化与价值观。要使不同资本能够深度融合，其关键在于各个企业的主体——人，只有转变了人的思想与观念，革新了人的文化价值观，才能制定出一套合理的制度来包容各主体文化与价值的差异。不同所有制主体应该相互沟通交流，视各方平等，相互尊重各方的文化与价值观，深入了解各方的文化差异，借鉴优秀的部分，不断革新自己的思想。各主体的领导者应积极开展文化交流活动，引导员工与企业形成乐观向上、努力奋进的新文化，最终达到各主体的文化价值观深度融合的目的，为协同治理奠定扎实的基础。

（2）加强信息披露，促进主体功能融合

要使混合所有制企业内部能够相互融合，最大化地发挥各主体的作用，需要各主体信息的披露与沟通，降低因各主体间信息不对称而产生的较高融合成本，本章认为需要从以下五个方面来完善：

第一，协同治理的特点之一就是资源共享，这里的资源不仅包括物质资源也涵盖各种信息资源。只有当各方信息能够相互交融时，才能使各主体通过信息资源优势促进混合所有制企业快速发展。所以不同所有制主体应沟通协调，制定一系列规范的、透明的信息公开规则，防止由于信息的不对称出现"道德风险"和"逆向风险"的现象。同时利用信息披露措施，加快各方互相信任关系的建设，从而真正做到协同治理。

第二，在混合所有制企业中，要加大非国有股东的话语权，并且使其能够参与到企业的重大决策中，这样非国有股东在企业中的地位也将逐渐提升，其信息资源优势才能得到最大程度的释放，才会有更大的积极性参与企业的协同治理，进一步促进国有股东与非国有股东的深度融合。

第三，完善混合所有制企业中信息披露的制度，加强监事会、政府、审计部门对企业信息披露的监管，约束各参与主体的行为，降低大股东利用信息优势侵犯小股东利益的风险，防范有信息优势者损害企业的整体利益。

第四，充分利用外界媒体与公众的监督力量，提高混合所有制企业信息的透明度，防止信息不对称产生的欺诈行为。信息的公开披露不仅能充分发挥信息整合的优势，也加快了参与主体之间相互信任关系的建设，促进了主体间功能整合以及深度融合。

第五，拓宽混合所有制企业信息披露渠道，信息披露不限于主体间的当面交流，混合所有制企业的财务报告与公告可以通过现在的微博、微信等交流工具，也可以通过报纸、网站、简报等方式发布。

11.3.2 优化协同治理结构

（1）建立相互制衡的股权结构

协同治理不仅要求各主体相互协调、协同并进，还要求在经营管理中能够相互制衡，在监管与约束的作用下真正发挥协同治理的优势。在混合所有制企业中，大致可分为公有制主体与非公有制主体，要让双方达到相互制衡的目标的核心是控制权的分配，而控制权往往又体现在股权的配置上，所以构建一个合理的股权结构对于发挥协同治理的优势显得极其重要。对于公有制主体与非公有制主体在股权配置的问题上，我国学者进行了大量研究。姚圣娟和马健

（2003）等学者在研究混合所有制企业的股权结构时，比较了企业股权在绝对控股、相对控股、分散控股这三种情况下企业业绩的变化情况，结果显示，有相对控股并互相制衡的股权结构的企业业绩表现更好。郑志刚（2013）也曾提到在混合所有制企业的治理中，国有股东与非国有股东宜采用相对控股的股权结构，并且双方的持股比例应相差不大，这样才能形成制衡机制，有效地避免双方利益互相侵害甚至对中小股东利益的侵害。

　　本章在此问题上认为，要打破以往国有资本"一股独大"的局面，国有企业与非国有企业持股比例应适度，双方均有一定的话语权与控制权，形成相互制衡的股权结构。一方面在企业做出重大决策时，各方能够发表各自的意见，保护自己的利益，真正贯彻"协同"理念。另一方面，在安排企业管理层和董事会成员时均有各方的代表，且代表的人数相差不大，使各方主体为了维护自己的利益而积极履行自己监督的责任，避免股东监督职能的弱化，促进董事会成员与经理人按照股东利益最大化原则行事，从而在相互制衡中实现企业的价值最大化。

　　混合所有制企业是个复杂的主体，由于国有股东的参与，企业所代表的利益也呈现出多元化的特点，在国有股东与非国有股东相对控股形成一个制衡机制的情况下，仍需要一个相对大股东作为领导者来引领企业的发展。由于国有企业性质的多样性，所以应按照国有企业的性质分类，国务院国贸委将国有企业分为商业类与公益类两大类，而商业类又分为竞争类和垄断类。混合所有制企业包含着国企成分，所以混合所有制企业亦可按照此方式来划分，具体如图11.2所示。

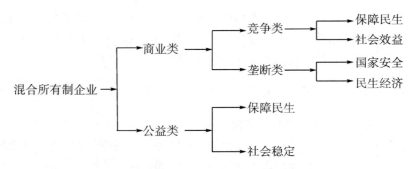

图11.2　我国混合所有制企业功能划分

　　杨红英和童露（2015）等学者按照国企性质与功能划分，确定了混合所有制企业中应占据主导地位的股东，正好与本章的思维相似，具体如下：第一，公益性的混合所有制企业主要以保障民生、提供公共产品和服务、促进社会的稳定为目标。比如，在教育卫生、公共设施等领域，这种类型的企业将肩负更多的社会责任，所以国有股东来担负主导角色是最为合适的选择。第二，属于商业类中的垄断型的混合所有制企业，其往往把握着重要的行业和关键的领域并且负有更高的国家责任——保障国家安全、支撑国民经济。比如电力行业、水利行业、铁路行业等这些都适合国有股东来掌握企业实质控制权。第三，竞争类型的企业是以经济与社会效益为重要目标的。比如制造业、服务业等领域需要非国有企业来发挥市场活力，拉动市场经济的发展，所以此类企业的控制权适合归属于非国有资本，正如魏杰等（2014）所主张的，国有企业在竞争性领域要非国有化。这样，在不同的领域发挥不同主体的优势才能真正实现"1+1>2"的协同效应。

同时，丰富和拓展实现国有企业股权多元化的方式，多渠道实现混合所有制改革：一是战略引资，通过增资扩股和存量转让的方式，引入高质量的战略投资者，形成战略互补优势，提升国企竞争力；二是整体上市，在国企股份制改制的基础上，通过将未上市国企和部分上市国企整体上市，规范国企经营管理方式，提升国企透明度；三是员工持股，通过股权激励方式建立核心员工与企业间的长期利益机制，激发员工的积极性和创造力，提升国企经营效率；四是设立联合基金，通过国有资本和社会资本共同出资的方式设立股权投资基金，围绕高端制造业和战略性新兴产业进行资本运作和项目投资，推进国有资本优化布局；五是 PPP 模式，通过投资补助、基金注资、担保补贴、贷款贴息等方式，吸引非国有资本投资或参股基础设施、公共服务等领域，实现各类资本风险共担和收益共享。

（2）完善"三会一层"功能

混合所有制企业内部协同治理最主要的是解决股东会、董事会、监事会以及管理层之间的协同问题，具体来说是将"三会一层"的功能进行牵制与整合。股东大会代表权力机构，董事会拥有决策的功能，监事会具有监管的责任，管理层则是执行管理的机构，彼此之间相互联系。要使股东会、董事会、监事会以及管理层产生协同效应，需要对企业治理机构设置进行改革和完善。

混合所有制企业股东大会的核心是解决股权分配问题，另外，首先，要严格按照《公司法》的规定，确定股东会的组成结构以及成员的选聘方式。其次，要按时召开股东大会，倾听多方主体代表的意见，慎重考虑、仔细探讨做出符合广大股东意志的决策，尤其是要充分考虑中小股东的利益，防止做出忽视甚至侵害小股东利益的举动，造成不协调后果。最后，要充分发挥股东会的职能，与其他协同主体深度沟通交流，增强各方协同治理的能力。

混合所有制企业董事会功能弱化的问题需要进一步完善：一是，创新混合所有制企业董事会组成结构，兼顾各方主体利益，尤其要维护非国有股东的权益。按《公司法》规定，董事选举仍旧是采用"资本决定论"的方式，这对于位低势弱的非国有股东是极为不利的，所以要适当给予非国有资本参与决策的权力，让非国有股东在董事会中占据一定席位，增强非国有股协同治理的积极性，如依照公司章程和法定程序对公司重大事项进行决策，非国有资本可以通过"一致行动人"的方式联合起来，提高话语权，优化董事会结构。二是，完善混合所有制企业董事会的功能，扩大董事会职能范围，引进独立董事、外部董事以及非执行董事，同时也需要设立董事会的下属机构来协助董事会的工作，比如审计委员会、咨询委员会、提名委员会、战略与投资委员会等机构。三是，保持混合所有制企业董事会充分独立的身份，建立规范的董事会规则、决策程序和责任追究制，保障董事会职能的顺利实施。另外，要将协同治理理念贯穿董事会整个组织系统，使其既要保持自身的职能独立，又要同其他部门保持密切联系，增强部门之间的协调性。

强化混合所有制企业监事会功能。一是，确保混合所有制企业监事会成员职能的履行，严格按照《公司法》的规定选聘监事会成员。首先，职工代表要参与混合所有制企业中监事会成员的选聘，并且要赋予职工代表相应的权利，否则将会出现下级监督上级，导致下级屈从于上级的问题。其次，选聘精通财务、法律和管理的监事人员，确保监事会的专业性与创新性。二是，授予混合所有制企业监事会特许的权力，比如罢免违法违纪的董事与经理的权利，从而加强监事会的执行力。同时也要给予监事会相应的激励，因为目前监事会成员工作绩效与个人的奖惩挂钩力度不大，其工作的动力仅仅来自自己的兴趣与责任，很容易出现道德风险，增强外部的激励刺激也能调动监事人员的热情。三是，构建混合所有制企业内部监督与外部监督的协同治理关系，企业内部监事会要同外部审计机构保持合作关系，在对企业进行监管时要做到内外信息交换、沟通交流、协调合作、优势互补、相互监督，从而达到协同治理的效果。同时，监事会也要重视大众媒体对企业的监督作用，共同实现企业信息的透明化。

提升混合所有制企业管理层的活力。一是，混合所有制企业中国有股东的存在，一定程度上影响着经理层人员的聘用，由政府指派的管理人员会带来行政化的色彩，进一步影响整个企业的治理。而从市场上竞聘的经理人员往往具有专业能力强、经验丰富的优势。另外，竞聘的经理人员的收入与绩效的联系程度相比国企管理人员要求较高，提升了其管理的主动性与责任性。总之，应加快建立混合所有制企业职业经理人制度，实行任期制和契约化管理，引入竞争和淘汰机制，形成市场化的选人用人方式，按照市场化原则决定管理层薪酬。二是，增强混合所有制企业管理者自身的自律与道德意识，建立完善的责任追究制度以及合理的激励机制，严格防范可能出现的道德风险，加强管理层文化与政策的学习，提高管理层反腐意识，促进管理层与企业相关协同人员的交流合作，培养协同意识。

完善混合所有制企业三会一层的功能的同时也要正确处理好"新老三会"的关系，促进"新老三会"的相互融合。首先要明确党委员与董事会的关系，党委员主要发挥政治核心的作用，可以约束董事会依法行使职权；董事会由股东大会选举而成，负责战略方针以及重大事项的决策。要防止董事会脱离党组织管理，通过党委会与董事会成员交叉任职来调动二者的关系，从而达到协同、融合的目的。其次，职工会、工会与股东会、监事会建立沟通的机制与程序，开展定期沟通，在相互磨合的过程中逐渐消除互相重复、矛盾的工作职能，创新有效的管理机制，从而达到相互融合、协同治理的效果。

除此而外，应强化党组织的监督角色，发挥党组织在国有企业中的领导核心和政治核心作用，增强监事会的独立性和权威性，发挥中介机构、媒体、公众等外部治理主体的监督作用，形成三位一体的监督机制。

11.3.3　健全企业协同治理机制

（1）完善企业激励约束机制

建立有效的激励约束机制能增强协同治理参与主体的积极性，约束各主体的行为举止，提升整个企业的治理活力。

第一，实施混合所有制企业管理层持股激励机制，管理层作为内部协同治理的领头羊，其管理与决策能决定企业的发展命运。针对本章所提出的管理人员显性激励大于隐性激励、薪酬结构不合理的问题，本章认为管理层持股是一剂良方，其可以在一定程度上解决管理人员与企业发展脱轨的问题。要通过管理层持股来增强其工作积极性以及对企业的责任心，使他们成为利益共同体，从而有效地控制管理人员道德风险，同时推行我国混合所有制企业管理层股权激励机制也有利于对大股东侵占行为的治理。但是相应的约束机制也要配套，比如规定管理层持股不能达到控股的程度来避免出现企业内部人控制的现象，在混合所有制企业中也可有效地防止国有资产的流失。

第二，加强混合所有制企业的约束能力。比如通过加强对经营者的考核，不仅是业绩上的考核还有道德品质上的考核，对那些平庸无能、业绩平平的经营者进行刚性约束；对那些品质不端、行为不检点的管理人员进行警告甚至解聘。进一步落实"八项规定"以及相关文件的精神，强化"八项规定"对管理层在职消费的威慑作用，通过建立规范的信息披露机制，促使管理层在职消费明细支出清晰化、公开化、透明化，让社会公众成为企业重要的监督主体。提升政策干预的科学性与针对性，对混合所有制企业管理层的货币薪酬与在职消费区别干预，针对管理层货币薪酬要以激励为原则，以市场为参考，以行业为标准制定并实施合理的政策方针。

第三，倡导员工持股计划，在混合所有制企业治理中员工是重要的协同人员，他们作为劳动者为企业创造了价值，也理所当然是利益的分享者，这也能体现协同治理中利益共享的性质。新时期混合所有制企业通过实施员工持股建立长效激励机制，意义和作用主要体现为三点：首先，向科研人员、业务骨干、经营管理者等核心员工授予股权，有助于完善技术、管理等要素按贡献参与分配的办法，构建与社会主义市场经济体制相匹配的企业收入分配制度。其次，通过实施员工持股，建立起长期激励制度，可实现员工与企业间的利益共享和风险共担，加快混合所有制企业动力机制转换。最后，通过员工持股可深化国企改革，优化国有企业现代化治理机制建设，强化国有企业在技术创新中的主体地位，推动供给侧结构性改革。特别地，在通过员工持股方式实现国企混改的过程中应注意以下四方面：

第一，合理设计员工持股激励制度，形成利益绑定。为实现激励相容原则，需在激励对象、持股比例、认购价格等方面进行合理制度设计。一是，打破平均主义，将激励对象集中于核心员工，特别是对企业未来经营和发展有重大影响和突出贡献的科研人员、业务骨干和高管人员，提升员工风险承担与收益分配间的匹配程度。二是，根据混合所有制企业规模大小、行业特点、发展阶段合理确定员工持股比例，保证国有股东的主体地位，建立市场化的选人用人机制和业绩考评体系，科学设定不同岗位员工的激励水平，实现激励结构上的公平合理。三是，员工入股前，应有公允的第三方中介机构对混改过程中的国有企业进行财务审计和资产评估，依据二级市场市价或定增规定合理确定员工持股行权价格，保障股票定价过程的公开透明。

第二，强调增量分享，坚持员工持股的长期激励导向。首先，坚持对混改国企增量利益进行分享，有助于提升员工积极性，实现员工收益增长和国有资产增值的双赢局面，而不是将国有资产原有存量作为员工持股的来源，这样可以最大程度避免国有资产流失。其次，应坚持长期激励的引导，在股权转让的期限上做出长期要求，甚至将员工持股价值与其退休金进行关联，充分发挥员工持股的长期激励效用。最后，员工持股应建立进退有序的动态调整机制，当员工工作岗位发生变动或离开企业时，应有健全的股权内部流转和退出机制等制度设计，保障员工持股的动态化管理。

第三，健全国有资产监管体制，有序开展员工持股试点。一方面，应科学界定国有资产出资人的监管边界，强化国有资产监管机构的管资本职能，组建国有资本投资或运营公司，引导国有资本的合理布局，将经营决策权归位于企业，使市场在资源配置中起决定性作用。另一方面，应严格限定员工持股试点条件，一企一策，分类实施，防止"一哄而上"。对于主业处于重要行业和关键领域的商业类国企和公益类国企，由于承担有战略性和政策性的双重目标，企业运营机制行政化特征明显，员工对企业绩效改善的贡献程度无法清晰和准确地判定，因此这类国有企业暂不适宜推行员工持股。对于主业处于竞争性行业和领域的商业类国企，其经营机制、人事分配制度、业绩考评体系的市场化特征明显，特别是转制科研院所、高新技术企业、科技服务型企业，人力资本和技术要素集中，应优先试行。

第四，完善员工持股多层次监督机制，建立多层次保障体系。一是，做好内部监督，监事会应对员工持股计划的设计和执行实施监控，督促国企混改过程中及时披露相关信息，确保员工持股公开透明。二是，做好外部监督，国资委对员工持股过程中的利益输送、违规关联交易等可能造成国有资产流失的问题进行定期检查，纠正不规范的行为，建立容错机制，强化外部审计机构、纪检机构、社会公众等外部监督作用，形成监督合力，对造成国有资产流失、损害股东和职工合法权益的责任人，追究其法律责任和行政责任。三是，健全和完善外部环境，国家立法机构应解决《公司法》《证券法》中关于员工持股不衔接、不统一的问题，针对员工持股的关键环节制定明确的法律规定，同时从金融和税收制度方面做好对员工持股的支持工作，确保国企混改背景下员工持股计划的顺利实施。

（2）培养企业文化治理机制

如果把企业形成的正式制度看作硬治理的话，那么作为一种非正式制度的文化治理机制就是一种软治理，软治理主要体现在企业的价值观念与工作作风上，它以一种潜移默化的方式影响着整个企业的治理活动，以文化为纽带拉近协同参与方的关系，增强其凝聚力和协同力。混合所有制企业协同治理要素中也包含企业制度的协调，所以混合所有制企业治理问题既离不开硬治理，也离不开软治理。本章认为可以具体从以下几个方面来构建企业的文化治理机制：

第一，要深入了解协同参与方的文化背景，以包容的态度兼顾各方的文化立场，各主体进行真诚的沟通交流，摒弃陈旧的老观念，磨合相互冲突的文化价值观，做到文化中的"我中有你，你中有我"。

第二，创新文化体系，要根据混合所有制企业的战略目标、历史使命来设置新的核心价值观、企业精神、企业愿景，推进混合所有制企业文化在每一个参与主体中的传播、扩散、学习、领会，使企业文化贯穿于企业的"身，心，言，行"等各个方面。

第三，加强混合所有制企业文化宣传与教育，提升员工的整体文化素质，培养管理者和企业家精神，比如组织企业员工参加文化活动、鼓励员工进一步求学深造、支持管理者参与外界文化交流等。

第四，要以人为本，以科学发展观为依据，创建积极的、内涵的、包容的、有价值的文化治理机制，在混合所有制企业中各参与主体要遵守相互融合且和而不同的原则，既坚持企业的共性文化，也要尊重成员的个性文化。

（3）创建企业协同治理机制

我国混合所有制企业协同治理过程中协同治理机制显得尤为重要，它是其他机制发挥作用的基础，也为企业治理提供了一个运行框架，针对本章讨论的协同治理机制出现的不足，本章从以下三方面提出改进措施：

第一，各协同主体要进行深度的文化整合，充分发挥文化治理机制作用，形成一种被各参与主体认同的文化体系，根植于各个主体，凝聚为一股强大的协同动力。另外要注重企业的整体形象，各参与主体要约束自我行为举止，相互监督学习，共同打造企业良好的品牌形象。

第二，从混合所有制企业的不同层面贯穿协同治理的理念。首先，激发各参与主体资源的共享机制，利用技术转让、技术传授、信息交换等方式降低主体间的协同成本，充分发挥协同效应。其次，从企业的组织部门抓起，三会一层、研发部门、生产部门、销售部门、人事管理部门等作为协同的参与方，要提高协同意识，通过开展定期的交流大会、畅通各部门的表达渠道等方式加深各组织部门的协同关系。同时，虽然各参与方为利益共同体，但是也要避免出现责任推卸、利益冲突等现象，明确各主体的权、责、利，避免出现职能混乱。

第三，达成混合所有制企业与外部参与者协同治理的共识，明确政府的职能与责任，规范政府行政干预企业治理的手段，调节混合所有制企业与政府之间的关系，构建政府支持企业、企业反哺政府，政府监督企业、企业督促政府的局面。企业要处理好与中小股东、债权人、机构投资者等的关系，明确责任和利益的分配，以此来调动参与方协同治理的积极性。通过各方努力，构建一个协调合作却相互牵制的协同治理机制。

11.3.4 发挥利益相关者的协同治理作用

中小股东、债权人、机构投资者、政府等利益相关者是我国混合所有制企业协同治理的重要参与主体，他们在整个系统中发挥着积极作用。针对本章发现的问题，主要从以下几方面提出改进措施：

（1）重塑中小股东协同治理机制

根据本章前文的分析，发现混合所有制企业中小股东缺乏协同治理的意识，在参与方中没有话语权，导致其有"搭便车"的行为。另外由于中小股东自身灵活的特点，可以自由地进入与退出企业的治理，形成其"用脚投票"的参与方式，这些问题的存在破坏了中小股东与其他参与者的协同性，阻碍了企业的协同治理，可以采取以下措施：

第一，尊重混合所有制企业中小股东的知情权，提高其协同治理的积极性。企业要严格执行信息披露制度，在信息的质量、信息的渠道、信息的发放等方面严格把握，要遵守《证券法》等相关法律对信息披露的规定，创新信息披露形式，拓宽信息发布渠道。比如通过网络、电子邮件、微信、QQ、电话、会议等方式和渠道及时准确地向中小股东进行信息通告。中小股东只有了解到真实的信息，才能提高参与企业协同治理的热情。

第二，赋予混合所有制企业中小股东更多的权力，提高其话语权。混合所有制企业中大股东往往利用"资本多数决"优势来侵害小股东的利益，在企业重大决策时中小股东由于"股微言轻"而没有话语权。因此企业在股东会结构的设置上，要充分考虑中小股东的利益，提高其代表人数的比例，平衡各股东之间的地位。同时，适当修订《公司法》以及《中小股东保护条例》，适当调整中小股东召开股东大会的召集权和提案权，进一步提高中小股东的话语权。

第三，制定合理的中小股东进入与退出约束机制，完善混合所有制企业中小股东进入与退出相关条例，从制度上规范中小股东的行为。同时也要加强中小股东的教育与培训，增进其对企业的责任心，增强其参与协同治理的意识。

第四，开辟中小股东参与协同治理渠道，建立中小股东网上投票制度、累积投票制度、投票权委托代理等相关制度，确保中小股东参与协同治理的途径顺畅。

（2）发挥债权人、机构投资者的协同治理作用

债权人与机构投资者是混合所有制企业协同治理不可或缺的主体，其所提供的大量资本是企业发展的基础，要充分发挥其协同作用还需注意几点。

第一，控制混合所有制企业的负债比例，形成最优的融资结构。高比例的债务在一定程度上可降低混合所有制企业的融资成本，但也相应增加了融资风险，若企业经营不善，会导致企业面临整合重组甚至破产的局面。相对于硬约束的债务融资，若股权融资过高，就大大弱化了债务对企业的治理力度，所以要平衡债权人与股权投资者的融资比例，充分发挥债权人协同治理的作用。

第二，加强债务约束力，比如加快对国有银行的改造力度，避免混合所有制企业和银行在都具有国有成分的背景下，银行对企业潜移默化的软约束。修改现行的《中华人民共和国商业银行法》（以下简称《商业银行法》），形成债权人对企业的债权治理和股权治理的双重身份，让银行等债权人不仅能够按照债务契约对企业进行债务约束，同时还可以通过参与企业经营与治理来达到股权约束的效果。

第三，扩大机构投资者规模，为混合所有制企业提供强大的外部协同治理。积极稳妥地推进我国的保险基金、社保基金、退休基金、福利基金等进入股市，通过兼并重组、相互持股和引进战略投资者形式发展我国机构投资者，提升机构投资者在董事会中的话语权。

第四，提高机构投资者的自身素质。作为一个独立的主体，机构投资者的治理结构往往存在一些问题，比如委托代理问题是其通病，若不完善自身的治理结构也难以与其他参与者相互协调发展。另外要通过教育培训等方式提高机构投资者从业人员的素质，更好地发挥其协同治理的作用。

（3）发挥政府的协同治理作用

政府主导，以点带面，分类分层协同推进国企混改。国企混改应坚持"三因三宜三不"原则，通过发改委和国资委主导的分批混改试点，探索并总结出能够复制和推广的典型经验。具体推进路径有两条：一是，根据国企的功能定位，对于主业处于竞争性行业和领域的商业类国企，积极吸引非国有资本，实现股权多元化，并按照市场经济规律经营和管理企业；对于主业处于重要行业和关键领域的商业类国企，应保持国有资本控股地位，支持非国有资本参股，在电力、石油、天然气、铁路、民航、通信、军工等对非国有资本吸引力较大的垄断领域率先形成突破，带动其他行业国企混改；对于公益类国企，应通过购买服务、特许经营、委托代理等方式，鼓励非国有资本参与经营。二是，根据国企层级的不同特征，从央企集团公司、央企子公司、地方国企多个层面有序推进混改，一企一策，建立分层指导、分层考核、分层监管的国企混改模式。

11. 3. 5　改善协同治理保障系统

据前文分析，我国混合所有制企业协同治理不仅需要内部与外部的双重协调，还需要相应的保障措施来支撑协同治理的顺序开展。就目前而言，保障系统仍然存在政策法规不健全、市场体系不完善等问题，因此有必要改善我国混合所有制企业协同治理的治理环境，切实有效地发挥治理保障作用。

（1）完善政策法规

针对前文所述的问题，必须要尽快从以下五个方面来进行完善：

第一，做好混合所有制企业协同治理相关制度和政策的配套工作。要加强政府的自律，作为我国混合所有制企业的股东又是社会的领头羊，政府要有效地利用宏观调控的手段，针对我国混合所有制企业发展的困难，出台相关的财政政策、货币政策、产业政策等。比如政府通过财政补贴政策来引导混合所有制企业向欠发达地区和行业发展，通过利率调整、信用贷款政策影响企业战略的制定等。同时，加强对非公有制主体的法律保护，消除其被国有资本侵占的担忧。

第二，适当调整《公司法》，比如专门设置章节对我国混合所有制企业的相关事项进行详细规定，以专门的条文来规定混合所有制企业协同治理各参与方的责任与义务，改变以往以国有资产为重的观念，在法律上平衡各参与主体的地位，保护相关利益者的权益。对我国混合所有制企业的形成、兼并、收购、重组、破产等环节做详尽的规定等。

第三，完善《反垄断法》条文细节，针对国有资本参与的混合所有制企业进行适当的管理约束，切实落实《反垄断法》的实施，明确各部门的职责，形成问责追究制，防止该法成为摆设或花瓶。

第四，修改《商业银行法》，放宽银行参与混合所有制企业协同治理的权限，加大银行对混合所有制企业发展的扶持力度，降低银行对其的贷款门槛等。

第五，对与我国混合所有制企业发展密切相关的票据法、财税法、会计法、审计决策等法律进行适当的补充和完善。

（2）健全市场体系

要提高我国混合所有制企业协同治理的效率，还需要保证我国市场体系的健全。针对现存的问题，本章主要从以下方面提出改进措施：

首先，完善资本市场。针对我国资本市场重股轻债、圈钱成风、价值虚高等问题，政府要提出有效的解决途径。比如扩大股票市场规模，完善创业板市场，发展债券市场和期货市场，制定相关的法律法规来促进资本市场有序的、健康的、迅速的发展，尤其要完善资本定价市场，制定合理的市场资产定价模型，防止我国混合所有制企业中国有资产流失的现象发生。

其次，发展职业经理人市场。通过严格的选聘制度筛选管理人员，提高对市场经理人的监督，促使企业经理人勤勉、负责地工作。在混合所有制企业中，要减少经理人委派的行政化行为，利用合理的价格在经理人市场挖掘能力突出的人才，增强企业软实力。同时，利用现代信息大数据优势建立市场与企业的信息沟通机制，实现企业与市场间迅速、准确、广泛的人才流动。

最后，完善各类国有资产管理体制和交易规则。改革国有资本授权经营体制，科学界定国有资产监管机构、国有资本投资或运营公司、国有企业三者间的权利和职责，促进国有资本合理流动和优化配置。政府在税收、金融、土地、项目审批等方面应向各类企业提供公平的市场竞争环境，避免政府通过行政权力干预混合所有制企业的经营管理活动。及时和充分披露国企混改过程中涉及的资产评估、交易对象、股权定价、持股比例等重要信息，确保国企混改过程受到严格监督，强化对国有资产流失责任的认定，通过健全相关法律法规保障国企混改目标的实现。

11.4 四川省国有经济与民营经济协同发展的案例分析

11.4.1 四川省国有经济和民营经济发展的现状与问题

从国有经济运行来看，其综合实力显著增强，但经营效率有待提升。2018年年末，四川省国有企业总资产达9.4万亿元，整年实现营业收入1.7万亿元、利润总额780亿元，同比分别增长11.9%、14.5%、19.8%。截止到2017年年末，四川省规模以上国有控股工业企业970家，资产总额2.09万亿元，利润总额713.81亿元，较2013年分别增长5.78%、20.7%、40.67%；但其总资产利润率和净资产利润率分别为3.41%、9.22%，显著低于规模以上私营工业企业的11.14%和22.62%。

从民营经济运行来看，其数量相较于国有经济保持增长态势，但规模和盈利增速相对放缓。2018年四川省民营经济增加值达2.29万亿元，占GDP比重的56.2%，对经济增长贡献率为57.1%，对税收增长贡献率超过90%。截至2017年年末，四川省规模以上私营工业企业7 890家，较2013年增长10.89%；但其资产规模和利润总额分别为7 999.86亿元和891.37亿元，较2013年分别增长19.86%和6.39%，规模增速和利润增速显著低于规模以上国有控股工业企业。

从国有民营协同看，国企混改工作稳妥有序推进，但国企证券化程度偏低，民营资本参与混改积极性不高。2018年年末，四川省地方各级国企混改面超过40%、省属企业超过51%，混合所有制改革已成为四川省深化国企改革的重要突破口。企业上市作为国企混改重要路径，截至2019年6月，四川辖区共有A股上市公司125家，总市值达1.67万亿元，但其中四川地方国有上市公司只有21家，占比16.8%，暂无企业登陆科创板，与先进省市比，四川省国企资产证券化水平较低。另外，从成都市2018年第一批混改试点来看，在已完成试点的14个项目中，参与混合的市属国有资本额为126.13亿元，非国有资本额只有0.22亿元，占比较低，民营企业家对参与混改后话语权和合法权益保障问题的顾虑是其参与混改动力不足的关键因素。

11.4.2 推动四川省国有经济和民营经济协同发展的建议

（1）优化国有民营协同发展的宏观环境政策

第一，营造公平开放法治的国民协同市场环境。省司法部门应加快完善股权合作和项目合作中企业财产权、创新权益、自主经营权保护机制，建立全省统一的企业维权服务平台，设立省内行业协会专业调解机构，多维度保护各类资本深度融合过程中的合法权益。省市场监管部门应全面实施市场准入负面清单，在未限制领域建立明确的进入和退出机制保障各类资本自由流动，负面清单严格审查、严格禁入。

第二，建立国民协同创新创造机制。聚焦四川省五大万亿支柱产业和数字经济发展，支持行业内代表性国企和民企牵头组建行业共性技术研发中心和产业技术创新战略联盟等新型国有和民营协同创新平台，配套协同创新基金支持科技创新，将技术、人才、资金等要素资源整合集聚，形成国企民企技术协同创新、成果均衡分配的新机制。

第三，优化国民协同金融特别支持政策。商业金融机构应通过"互联网+"和大数据技术精准识别省内优质民企，可与其主业紧密相关的国有资本、证券基金、保险基金、私募基金等共同成立协同发展特别基金，分散资金供给风险。同时，通过创新国企关联担保、混改企业联合担保等形式，强化对国民协同活动的金融支持和风险管理。

（2）打造国有民营经济协同发展的中观互动格局

第一，提升国有民营协同的资本配置效率。坚持"三因三宜三不"的混改原则，根据企业功能定位，稳妥推进充分竞争领域不同资本交叉融合，实现股权多元化；有效探索关键领域国企混改，实行国有独资或绝对控股，放开自然垄断行业竞争性业务；引导公益类国企混改，鼓励非国有企业参与经营。加快推进川航集团、商投集团、能投集团等二级及以下企业混改试点工作，总结和推广成功案例。

第二，创新国有民营协同的互动融合方式。借助四川省国企和民企在化工、军工、白酒、水利水电、电子信息、装备制造等行业优势，以大带小，探索大型省属国企混改纳入中下游关联民营中小企业的"国有+"路径，以强扶弱，寻求省内大型龙头民企股权多元化优先纳入关联国企的"民营+"方法，实现国企民企精准混合、高效协同。

第三，完善国有民营协同的有效实施途径。以企业上市作为推进国企混改的重要抓手，大力实施"省属企业资产证券化三年行动计划"，加快华西集团整体上市，川航集团、四川玻纤等改制上市工作，加强科创板培育工作，形成梯次推进的上市格局。同时，通过完善四川国企改革 ETF 基金设立、优化国有资本投资运营公司组建、开展省属国有控股混合所有制企业员工持股试点等多渠道推进国企混改。

（3）构建国有民营协同发展的微观治理体系

第一，健全国企民企法人治理结构。清晰界定混改中国企和民企的产权和利益分配结构，切实维护董事会依法行使重大决策、选人用人、薪酬分配等权利，保障管理层经营自主权，强化监事会的独立性和权威性，厘清党委会和其他治理主体的关系，通过混改促使国企、民企建立权责对等、运转协调、制衡有效的法人治理结构。

第二，增强国企民企市场化的经营机制。以四川能投发展、四川长虹等省内优秀企业运行机制为标杆，省属国企和混改企业应加快推行职业经理人制度，全面实施经理层任期制和契约化管理，形成市场化的选人用人方式；民企通过吸收国企治理特长，平衡好职业经理人与家族股东间关系，破除家族式管理和家长式决策等企业发展障碍。

第三，完善国企民企激励约束机制。国企要以混合所有制改革为契机，学习借鉴民企市场化激励约束机制，强化业绩导向，探索建立省属国企和混改企业差异化薪酬体系，合理拉开薪酬分配差距。鼓励省内各种所有制企业建立完善的员工持股等中长期激励机制，通过业绩考核、经济责任审计、延期支付等约束措施降低企业委托风险。

11.5　本章小结

本章是全书非常重要的一个章节，从企业内部和外部两个视角分别探析了我国混合所有制企业协同治理过程中存在的问题，并且提出了解决这些问题的建议。总体来看，本章主要包括三方面的内容。首先，对我国混合所有制企业摇篮时期、探索时期、发展时期、推动时期、深化时期五个主要阶段的历程进行了梳理。其次，对我国混合所有制企业协同治理的相关主要问题进行了总结，包括内部协同治理问题、外部协同治理问题、协同治理保障问题等。最后，针对上述主要问题，提出了促进协同主体深度融合、优化协同治理结构、健全企业协同治理机制、发挥利益相关者协同治理作用、改善协同治理保障系统等改革建议，并以四川省国有经济与民营经济协同发展的案例为分析对象，从企业内部协同治理、外部协同治理、协同治理保障等多维度提出了针对性政策建议。

12　结论与展望

12. 1　主要研究结论

通过对混合所有制企业协同治理问题进行系统研究，根据各个章节的研究内容，本书得出如下主要研究结论：

（1）关于混合所有制企业协同治理的理论研究有待深挖

总体来看，既有研究成果对混合所制经济的研究相对较多，对混合所有制企业的研究相对较少；对一般公司治理理论的研究相对成熟，对混合所有制企业公司治理问题的研究相对薄弱；用传统的经济学方法分析公司治理问题的文献相对较多，用管理科学与工程等自然学科的理论和方法来讨论公司治理问题的文献相对较少，用协同理论来研究混合所有制企业治理问题的文献更是匮乏。

在研究对象上，已有文献多把国有企业或民营企业作为研究对象，较少将混合所有制企业作为单独的研究对象来进行系统研究，专门研究混合所有制企业治理问题的文献就更少了。在研究视角上，已有文献关于公司治理理论和系统学理论的独立研究较多，但将两者融合研究的文献则较少，研究得也还不够深入。混合所有制企业多元化的类型结构、知识结构和能力结构决定了其公司治理是一项复杂的系统工程，目前运用系统理论中的协同理论对混合所有制企业公司治理进行系统研究的文献尚较鲜见。在研究内容上，已有相关文献大多数重"治理"轻"协同"，缺乏对混合所有制企业不同治理主体间互动关系的细致探讨，研究内容也只针对治理环节的某一方面，并未把混合所有制企业的治理机理、治理结构、治理范式、内部治理、外部治理、治理保障以及治理效果等内容整合在一个理论框架中进行综合研究。在研究方法上，已有文献基本上是对混合所有制企业进行定性的描述，少量实证文献也只是对混合所有制企业的发展状况进行截面的静态比较分析，缺乏对混合所有制的协同治理问题的动态实证研究。

本书将"协同治理"概念运用于混合所有制企业管理中，并克服了已有大多数协同治理文献重"治理"轻"协同"的困难，尝试运用系统工程理论中协同理论的相关研究工具和研究方法对混合所有制企业治理过程中不同治理主体间的分层协同活动进行系统深入的探讨，把内部协同治理系统、外部协同治理系统、协同治理保障系统以及最终的协同治理效果整合在一个理论框架中进行综合研究，弥补了已有研究的不足之处。

（2）混合所有制企业的治理需要不断地拓展与创新

混合所有制经济并非新生事物，是伴随40多年改革开放成长起来的一种经济形式。党的十五大报告首次提出混合所有制经济的概念后，混合所有制经济发展不断提速，党的十六大报告和十六次三中全会均指出应积极推行股份制改革，大力发展混合所有制经济，党的十七大报告也提出应深化股份制改革，发展混合所有制经济，我国企业的内部治理机制也在所有制改革过程中逐步健全和完善。近年来，我国经济步入新常态，国有企业在战略布局、政企关系、经营机制、企业绩效等方面有待进一步优化，民营企业在财务融资、行业准入、治理机制等方面也遭遇了发展瓶颈，党的十八届三中全会明确提出应积极发展混合所有制经济，并赋予混合所有制经济前所未有的重要地位，党的十九大也将发展混合所有制经济作为培育具有全球竞争力的世界一流企业的重要手段。国家政策的支持和肯定为混合所有制经济的发展提供了良好的外部制度环境，不同资本的相互融合有助于产生经济协同效应，提升企业的经营活力和治理效率，实现社会整体资源的优化配置。所以，对混合所有制企业进行系统的研究，已成为学术界和实务界的重要任务，尤其是在对混合所有制企业治理优化的研究中，要突破旧观念，打开新视角，不断地拓展与创新，为新时期深入推进混合所有制改革提供决策参考和方法指引。

（3）协同治理为混合所有制企业发展带来了许多积极效应

在多样化、复杂化的社会演变过程中，企业治理理论的创新势在必行。随着社会经济的不断发展，我国混合所有制企业的改革也必须同步进行。本书通过对混合所有制企业的探讨和研究，结合事物发展规律，提出将"协同治理"的概念贯穿我国混合所有制企业的治理活动，从企业治理的角度，归纳出我国混合所有制企业在协同治理的环境下将产生出四种不同的效应，四种效应可概括为 MAIC 效应，即机制效应（machanism effect）、优势效应（advantage effect）、创新效应（innovatation effect）、协同效应（cooperation effect）。

其中，机制效应反映的是协同治理环境下混合所有制企业的激励、监督、保障等机制将进一步加强。比如要使混合所有制企业能够提质增效，不仅要求参与各方在企业的经营目标、战略、文化等方面形成协同，还要求采用适当的激励机制保证前行的动力。另外，政府基于自身的利益与责任也将会制定更加完善的企业发展保障机制。所谓优势效应，源于不同的混合主体自身存在的独特优势，若不同治理主体能够在混合所有制企业中更好地发挥出自身的优势，则会形成长短互补、共同发展的新局面，实现协同增效。创新效应主要表现在多元主体在共同参与企业治理的过程中，为了达成相互协作与融合，积极地进行目标的创新、文化的创新、制度的创新等。协同效应主要指各参与主体不能仅是简单地"混"在一起，而是要有效地利用各主体功能的整合与再造，充分地发挥规模经济效应，进行各方位的深度融合，产生"1+1>2"的协同效应，达到"双赢"和"涌现"的效果。

（4）混合所有制企业协同治理关键是平衡多元主体间的利益关系

本书通过构建协同主体利益博弈模型，发现平衡各主体间的利益关系是混合所有制企业实现协同治理的关键要素。比如，在混合所有制企业中股东间的利益博弈问题方面，由于国有股东与非国有股东在产权性质、经营目标等因素上存在差异，会阻碍协同关系的形成，影响协同效应的发挥。具体而言，企业中的大股东有利益侵占的动机，当企业产生的协同收益越大时，这种动机会表现得更加明显，其结果不仅会损害其他股东的利益，也会破坏整个企业协同治理机制。因此，要改革和优化混合所有制企业股权结构，平衡股东间控制权比例，加强内部监督机制的建设，提高各股东参与监督的积极性，制定合理的激励措施，保护利益相关者的权益，充分发挥股东间"1+1>2"的协同效应。

又如，混合所有制企业中政府、企业以及其他利益相关者之间的多方利益博弈关系方面。研究发现，在协同治理机制下，政府与企业间有合谋的动机，损害了其他利益相关者的利益，同时也破坏了多方的协同关系，削弱了协同效应。因此，需要提高其他相关利益者的监督能力，充分发挥其监督作用；完善企业信息披露机制，加强企业约束机制，降低政企合谋风险；明确政府身份，划清政府参与企业治理的"红线"，维护好其他利益相关者的权益，最终构建混合所有制企业有效的治理机制，实现企业协同效应最大化。

（5）混合所有制企业内部协同治理是实现协同效应的基础

混合所有制企业协同治理是一个综合的、巨大的、复杂的企业治理工程，不仅囊括企业内部参与主体相互之间的协同，还延伸到外部参与者与企业间的相互协同。可以说内部协同治理是整个混合所有制企业协同治理工程的子工程，是企业发挥协同治理成效的关键环节。

首先，混合所有制企业内部协同治理从系统论的角度来看，是通过若干相互联系、相互作用、相互协同的要件和元素构成的一个庞大的治理系统。此系统通过合理的结构使各要素紧密地相连，相互驱动与制约，推动整个系统井然有序地运行。实现内部协同治理首先需要企业内部的各个要素通过一系列治理纽带联结起来，形成一个有机整体。其中，要素主要包括股东、管理层、员工等主体，治理纽带主要包括文化纽带、契约纽带、信息纽带、技术纽带、资本纽带等。

其次，混合所有制企业内部协同治理结构组成元素包括股东会、董事会、监事会、管理层等。内部协同治理机制主要包括激励机制、文化治理机制、协同治理机制等。若将协同治理结构比作"心脏"，则协同治理机制便是"血液"，它将为"心脏"的跳动提供源源不断的动力。混合所有制企业内部协同治理必须强调是协调、合作，治理结构与治理机制不能单独运作，必须保持一致的步调，消除相互之间的矛盾与冲突，真正实现整个系统的协同。

最后，若要长期保持系统的科学性、稳定性、有效性，混合所有制企业内部协同治理保障系统必不可少。这里的保障系统包括，理论保障系统，如公司治理理论、协同治理理论、其他理论等；制度保障系统，如法律制度、政策制度、企业制度等；环境保障系统，如企业经济环境、企业文化环境、社会技术环境等。基于此，混合所有制企业内部协同治理的顺利开展，必然是整个系统有序运行的基石。

（6）混合所有制企业外部协同治理是协同治理的关键环节

外部协同治理从系统论的角度来看，同内部协同治理相似，也是通过若干相关联系、相互作用的要件和元素构成的一个庞大的治理系统。此系统也需要构建合理的结构促使各要素之间环环相扣、紧密相连，相互驱动与制约，推动整个系统有序地运行。外部协同治理从整个结构框架来看，是一个完整的、联系的、开放的框架，主要表现在以下三个方面：

首先，混合所有制企业外部协同主体是多元化的，其主要包括中小股东、债权人、媒体、顾客、政府等。同时，混合所有制企业外部协同主体通过一系列纽带与混合所有制企业联结起来，纽带体现的是一种关系的建立，包括契约关系、文化交流、技术合作、信息沟通、资源互换等。纽带的建立搭建起了主体与主体之间、主体与企业之间资源交换、信息交换、技术交换的桥梁，使各协同主体从回避、竞争的关系逐渐转变为合作、协调的关系，这是促使各外部主体共同参与企业治理关键的一步。

其次，混合所有制企业外部协同治理的中心结构体现在主体与企业之间构成的协同治理关系，主要包括中小股东协同治理、债权人协同治理、政府协同治理、其他外部利益相关者协同治理。每一种治理关系均强调协调与合作，信任与融合，这是构建混合所有制企业外部协同治理的关键要素。

最后，混合所有制企业外部协同治理保障系统不可或缺，其决定着系统是否能长期保持科学性、稳定性和有效性。外部保障系统主要包括制度保障系统，如法律保障、政策保障等；环境保障系统，如经济环境、市场环境、货币环境等。

（7）混合所有制企业大股东侵占问题需内外部治理机制的协同推进

在混合所有制改革过程中，国有股东与非国有股东之间可能在经营理念、战略制定、利益分配等多方面存在冲突，国有股东往往会利用自己的股份优势，迫使混合所有制企业承担战略性、社会性、营利性等多重目标，造成混合所有制企业自身定位不清晰，经营效率低下，同时由于非国有股东在企业经营决策、人事任免、薪酬分配等环节的话语权不强，导致混合所有制企业公司治理机制流于形式。本书通过实证研究发现，在混合所有制企业中，国有大股东侵占行为随着股权集中度的提高而减少，随着管理层持股的增加而增加。进一步研究发现，国有大股东的初始持股比例越高，越愿意授予管理层更多的股份，从而激发管理层选择更高的努力水平，同时减少自己对公司的侵占掏空行为，使得自己的利益最大化；另外，国有大股东侵占行为随着小股东法律保护程度的增加而减少，管理层努力水平随着小股东法律保护程度的增加而提高。因此，应通过内外部治理机制的协同推进缓解国有股东与非国有股东之间的矛盾。

内部协同治理方面，应根据企业的功能定位，对主业处于充分竞争行业的商业类企业、关系国家安全和国民经济命脉行业的商业类企业和公益类企业，实施分类别分层级的差异化混改路径，混合过程中遵循"三因三宜三不"原则，构建相互制衡的股权结构，强化同股同权，促进混合所有制企业公司治理机制的改善。同时，通过战略引资、整体上市、员工持股、设立联合基金、PPP模式等手段，丰富和拓展企业实现股权多元化的方式。另外，可通过累积投票制度和网络投票方式，提升非国有资本参与股东大会的积极性，同时发挥混合所有制企业内部党组织的治理作用，协调好非国有资本、国有资本、政府部门三者的关系。

外部协同治理方面，一方面，协同推进国有经济管理体制改革，完善各类国有资产管理体制，改善国有资本授权经营体制，将过去"管人、管事、管资产"的国有经济管理模式逐步向"管资本"的模式转型，科学界定国有资产监管机构、国有资本投资或运营公司、国有企业三者的权利和职责，促进国有资本合理流动和优化配置，降低政府对企业经营管理的干预程度。另一方面，协同推进法律制度改革和市场化进程，通过健全和完善投资人保护的相关法律制度，以保障混合所有制企业中小股东的利益，同时政府应通过在产品市场竞争、股权和债务融资政策、行业支持和优惠政策等方面提供公平的市场环境，为混合所有制企业治理效率的提升创造良好的外部市场环境。

（8）关于混合所有制企业管理层激励约束的相关政策有待优化

建立有效的激励约束机制能增强协同治理参与主体的积极性，约束各主体的行为，提升整个企业的经营活力和治理效率。本书通过实证研究发现，当政府薪酬管制程度发生变动时，混合所有制企业管理层的货币薪酬和在职消费会发生非对称性调整，体现出显著的刚性特征，政府薪酬管制行为降低了混合所有制企业高管薪酬业绩的敏感性，弱化了激励效果，并且对竞争型混合所有制企业产生了更强的负向影响。另外，"八项规定"的实施对混合所有制的管理层在职消费具有显著的抑制作用，但对过度薪酬问题并未发挥作用，与地方混合所有制企业相比，"八项规定"对中央层面混合所有制企业管理层在职消费的抑制作用更强。因此，政府在实施关于混合所有制企业相关的激励约束政策时应注意政策制定的科学性和针对性。

首先，根据混合所有制企业行业特征实施差异化薪酬管控。我国混合所有制企业数量庞大，业务多元，企业业绩的好坏不能一概而论。有些企业承担了政府交予的较重的政策性任务，或是因经营业务处于关系国家安全、国民经济命脉的重要行业和关键领域，或是处于自然垄断的行业，具备这些特征的混合所有制企业应与处于完全竞争行业的混合所有制企业相区分。以前缺乏多样性的薪酬管理体制严重影响了混合所有制企业管理层工作的积极性，因而亟须对我国混合所有制企业进行更加细致的研究和划分，实行差异化的管控。

其次，根据混合所有制企业负责人选拔任用机制实施差异化薪酬管控。具体地，可以将混合所有制企业管理层分为"行政类管理层"和"市场类管理层"。"行政类管理层"是指通过组织部任命、上级委派或调任等行政任命方式选拔的管理层，而"市场类管理层"指的是通过市场化应聘的职业经理人。相应的"行政类管理层"的薪酬应参照公务员的薪酬模式，而"市场类管理层"则应享有市场化的待遇。

最后，强化混合所有制企业管理层在职消费信息的披露。具体化企业管理费用的明细科目并要求公开相关费用信息，促使管理层在职消费明细支出清晰化、公开化、透明化，同时应发挥党组织在国有企业中的领导核心和政治核心作用，增强监事会的独立性和权威性，发挥中介机构、媒体、公众等外部治理主体的监督作用，形成三位一体的监督机制。

（9）协同治理是提升混合所有制企业绩效的重要途径

混合所有制改革的主要内涵是通过国有经济和其他所有制经济的共同发展，形成混合所有制经济，相互取长补短，达到协同效应，实现企业的高质量发展。本书通过对混合所有制企业协同治理绩效进行实证研究，发现混合所有制企业协同治理的推进，不仅能够提升企业的财务能力，更重要的是通过引入持股量较高和负责任的战略投资者构建相互制衡的股权结构，改善了垄断环境下国有企业过去效率低下、高成本、资源浪费、腐败、收入分配不均等问题，提升了混合所有制企业的治理效率，增强了混合所有制企业的国际化程度，促进了混合所有制企业经济管理机制的市场化。

因此，政府应鼓励公私合营、中外合资的混合所有制经济及其混合所有制的发展，同时注意以下四个方面的问题：一是提高国有资产效率，提升国有企业的活力。国家层面应该要解决"政企不分""政资不分"的问题，关键是明确政府角色，完善国有资产管理体制；企业层面要解决企业竞争力、效率问题，关键是完善现代企业制度、公司治理结构，建立市场化的经营机制。二是放宽非公有制资本的准入限制，特别是放宽民营资本的市场准入限制。创建一个更加公平、合理、有效的混合所有制经济融合平台，鼓励混合所有制改制的推行，股权多元化，调动国有企业改革的积极性和内生动力。三是准确理解和把握混合所有制边界。既要防止国有资本私有化和流失风险，同时也要积极吸收非公有制资本，让非公有制资本具备话语权，做到两手抓，为国有企业发展注入活力。四是增强产权交易的合理化与透明化。减少行政权力对资源配置的干预，避免不合理定价影响交易各方的直接利益和国有资产保值增值的目标。

（10）我国混合所有制企业协同治理实践尚需完善

新时代，我国经济已由高速增长阶段转向高质量发展阶段，混合所有制改革作为深化国企改革的重要突破口，自十八届三中全会以来，不少中央和地方国企都对混改进行了积极的探索和实践，但混改之路漫长崎岖，不可能一蹴而就，在混合所有制改革深入推进的过程中，仍存在许多突出的治理问题尚需解决：股东融合冲突；公有资产流失；股权配置不明晰；董事会功能弱化；监事会功能不强；"新老三会"并存；激励约束机制待完善；协同治理机制待完善；文化治理机制待完善；缺乏利益相关者协同治理机制；政策法规不健全；市场体系不完善；等等。针对这些问题，结合协同治理理论，需要采取一系列措施对我国混合所有制企业治理进行完善：革新思想，深化文化价值融合；加强信息披露，促进主体功能融合；建立相互制衡的股权结构；完善"三会一层"功能；培养企业文化治理机制；创建企业协同治理机制；发挥利益相关者协同治理作用；完善政策法规；健全市场体系等。总之，在十九大精神的指导下，未来五年混合所有制改革将迎来更大的发展和变化，我们要坚定不移地深入推进企业混合所有制改革，完善混合所有制企业协同治理模式和机制的构建，协调好不同治理主体的关系和责任，努力建设与社会主义现代化相适应、与伟大梦想相匹配的世界一流企业。

12.2　未来研究展望

本书在以下方面还存在不足之处，如本书旨在从"协同治理"的角度分析我国混合所有制企业治理问题，由于现有文献对此类的研究较少，所以本书借鉴的文献不够丰富，部分参考文献也相对陈旧。又如，本书旨在通过规范研究与实证研究相结合的方法，对混合所有制企业协同治理的相关问题进行探究，但由于相关数据收集与挖掘的困难，部分研究具有一定局限性。再如，本书初步构建了混合所有制企业协同治理的基本框架，但对内部协同治理、外部协同治理、协同治理保障体系等内容的分析程度还不够深入。

基于此，本书认为，混合所有制企业协同治理研究还有以下问题值得进一步研究：一是以新的视角探究混合所有制企业治理问题，完善并创新混合所有制企业治理体系；二是进一步分析与探讨混合所有制企业内部协同治理、外部协同治理、治理保障系统，以及三者的内在关系；三是结合国资委开展的"十项改革试点"和"双百行动"中关于混合所有制改革的相关企业具体推进情况，对混合所有制协同治理问题进行案例分析和实证研究。

参考文献

[1] 安世友. 推进国有银行混合所有制改革 [J]. 中国金融, 2014 (23): 55-56.

[2] 白重恩, 路江涌, 陶志刚. 国有企业改制效果的实证研究 [J]. 经济研究, 2006, (8): 4-13.

[3] 白云霞, 林秉旋, 王亚平, 等. 所有权、负债与大股东利益侵占: 来自中国控制权转移公司的证据 [J]. 会计研究, 2013 (4): 66-72.

[4] 步丹璐, 蔡春, 叶建明. 高管薪酬公平性问题研究: 基于综合理论分析的量化方法思考 [J]. 会计研究, 2010 (5): 109-112.

[5] 步丹璐, 张晨宇. 产权性质、风险业绩和薪酬粘性 [J]. 中国会计评论, 2012 (3): 325-346.

[6] 蔡地, 万迪防. 政府干预、管理层权力与国企高管薪酬: 业绩敏感性[J]. 软科学, 2011 (9): 98-102.

[7] 蔡贵龙, 郑国坚, 马新啸, 等. 国有企业的政府放权意愿与混合所有制改革 [J]. 经济研究, 2018, (9): 99-115.

[8] 蔡颖. 金融业多头并进备战混合所有制改革 [N]. 经济参考报, 2014-09-17.

[9] 曹郑玉, 叶金福, 柴华奇, 等. "全新型国有企业" 股权结构与公司绩效关系的实证研究 [J]. 生产力研究, 2008 (20): 123-126.

[10] 常晓筱. 政策性负担、预算软约束对 EVA 治理过度投资效应的影响研究 [D]. 大连: 东北财经大学, 2014 (2).

[11] 陈冬华, 陈信元, 万华林. 国有企业中的薪酬管制与在职消费 [J]. 经济研究, 2005 (2): 92-101.

[12] 陈冬华, 范从来, 沈永建, 周亚虹. 职工激励、工资刚性与企业绩效: 基于国有非上市公司的经验证据 [J]. 经济研究, 2010 (4): 116-129.

[13] 陈恒钧, 张国伟. 治理互赖理论与实务 [M]. 台湾: 五南图书出版

股份有限公司，2012.

[14] 陈林. 自然垄断与混合所有制改革：基于自然实验与成本函数的分析 [J]. 经济研究，2018，(1)：81-96.

[15] 陈林，唐杨柳. 混合所有制改革与国有企业政策性负担：基于早期国企产权改革大数据的实证研究 [J]. 经济学家，2014 (11)：13-23.

[16] 陈杰. 我国国有企业改革发展研究 [D]. 北京：中国科学技术大学，2010.

[17] 陈晓，江东. 股权多元化、公司业绩与行业竞争性 [J]. 经济研究，2000 (8)：28-35.

[18] 陈晓，王琨. 关联交易、公司治理与国有股改革 [J]. 经济研究，2005 (4)：77-86.

[19] 陈小悦，徐晓东. 股权结构、企业绩效与投资者利益保护 [J]. 经济研究，2001 (11)：3-11.

[20] 陈信元，陈冬华，万华林，等. 地区差异、薪酬管制与管理层腐败 [J]. 管理世界，2009 (11)：130-143.

[21] 丑建忠，黄志忠，谢军. 股权激励能够抑制大股东掏空吗？[J]. 经济管理，2008 (17)：48-53.

[22] 大成企业研究院课题组. 西方主要国家国有经济和混合经济的制度结构、功能、地位极其作用范围 [J]. 经济研究参考，2015 (25)：7-11.

[23] 中共中央，国务院. 关于深化国有企业改革的指导意见 [EB/OL]. 2015-08-24.

[24] 董麓，肖红叶. 上市公司股权结构与公司业绩关系的实证分析 [J]. 统计研究，2001 (11)：28-30.

[25] 董伟，贾东琴. 数字资源集团采购合作管理内容研究 [J]. 情报科学，2014 (4)：131-135.

[26] 杜晓燕，李景平，尚虎平. 国有企业改革核心：是明晰产权还是剥离国企政策性负担 [J]. 经济特区，2006 (2)：167-169.

[27] 杜莹，刘立国. 中国上市公司债权治理效率的实证分析 [J]. 证券市场导报，2002 (12)：66-69.

[28] 方宏，王益民. "欲速则不达"：中国企业国际化速度与绩效关系研究 [J]. 科学学与科学技术管理，2017，38 (2)：158-170.

[29] 方明月，孙鲲鹏. 国有混合所有制能治疗僵尸企业吗？：一个混合所有制类啄序逻辑 [J]. 金融研究，2019，(1)：91-110.

[30] 方军雄. 我国上市公司高管的薪酬存在黏性吗？[J]. 经济研究, 2009 (3)：110-124.

[31] 方军雄. 高管权力与企业薪酬变动的非对称性 [J]. 经济研究, 2011 (4)：107-120.

[32] 方军雄. 高管超额薪酬与公司治理决策 [J]. 管理世界, 2012, (11)：144-155.

[33] 傅颀, 汪祥耀, 路军. 管理层权力、高管薪酬变动与公司并购行为分析 [J]. 会计研究, 2014 (11)：30-37.

[34] 高琪. 股权结构、公司业绩与高管薪酬 [J]. 会计之友, 2015, (7)：41-45.

[35] 戈丹. 何谓治理 [M]. 北京：社会科学文献出版社, 2010.

[36] 顾保国. 企业集团协同经济研究 [D]. 上海：复旦大学, 2003.

[37] 顾佳峰, 张翘. 企业与政府的动态博弈分析：以行业组织为例 [J]. 现代管理科学, 2012 (10)：30-32.

[38] 顾乃康, 邓剑兰, 陈辉. 控制大股东侵占与企业投融资决策研究 [J]. 管理科学, 2015 (5)：54-66.

[39] 关鑫, 齐晓飞. 上市公司股东间合作机制构建研究 [J]. 中国工业经济, 2015 (2)：117-129.

[40] 郭放, 潘中华. 对我国混合所有制企业发展的若干思考 [J]. 经济纵横, 2015 (4)：65-68.

[41] 国文清. 将试点混合所有制 [J]. 施工企业管理, 2014 (7)：35-36.

[42] 哈肯. 协同学—自然成功的奥秘 [M]. 戴鸣钟, 译. 上海：上海科学普及出版社, 1988.

[43] 哈肯. 高等协同学 [M]. 郭治安, 译. 北京：科学出版社, 1989.

[44] 郝大明. 国有企业公司制改革效率的实证分析[J]. 经济研究, 2006 (7)：61-72.

[45] 郝阳, 龚六堂. 国有、民营混合参股与公司绩效改进 [J]. 经济研究, 2017, (3)：124-137.

[46] 郝云宏, 汪茜. 混合所有制企业股权制衡机制研究：基于"鄂武商控制权之争"的案例解析 [J]. 中国工业经济, 2015 (3)：148-160.

[47] 何浚. 上市公司治理结构的实证分析 [J]. 经济研究, 1998 (5)：50-57.

[48] 侯婧. 审计师声誉对审计质量影响的实证研究 [D]. 长春：东北师

范大学，2015.

[49] 何水. 协同治理及其在中国的实现：基于社会资本理论的分析 [J]. 西南大学报（社会科学版），2008（3）：102-106.

[50] 何亚群，曾维和，郑昌兴. 多元主体协同治理下的我国城市社区研究 [J]. 阅江学刊，2013（6）：94-97.

[51] 胡锋. 现阶段发展混合所有制企业应重点解决好的几个问题 [J]. 湖湘论坛，2016（1）：103-107.

[52] 胡一帆，宋敏，张俊喜. 竞争、产权、公司治理三大理论的相对重要性及交互关系 [J]. 经济研究，2005（9）：44-57.

[53] 黄桂田，张悦. 企业改革 30 年：管理层激励效应：基于上市公司的样本分析 [J]. 金融研究，2008（12）：101-112.

[54] 黄群慧，余菁，王欣. 新时期中国员工持股制度研究 [J]. 中国工业经济，2014（7）：5-16.

[55] 黄速建. 中国国有企业混合所有制改革研究 [J]. 经济管理，2014（7）：12-21.

[56] 黄缘缘，谢恩，庄贵军. 企业国际化扩张的驱动力：国有股权和市场竞争的双重角色 [J]. 管理工程学报，2017，31（2）：20-28.

[57] 黄竹林. 主成分与支持向量机组合的上市公司财务预警模型研究 [D]. 长沙：中南大学，2010.

[58] 黄再胜，王玉. 公平偏好、薪酬管制与国企管理层激励：一种基于行为合约理论的分析 [J]. 财经研究，2009（1）：16-27.

[59] 黄志忠，朱琳，张文甲. 高管薪酬激励对企业价值创造的影响研究 [J]. 证券市场导报，2015（2）：32-37.

[60] 贾思. 可再生能源上市公司经营绩效研究 [D]. 内蒙古：内蒙古财经大学，2015.

[61] 姜付秀，朱冰，王运通. 国有企业的经理激励契约更不看重绩效吗? [J]. 管理世界，2014（9）：143-159.

[62] 蒋明宣. 财务综合分析及计算机实现研究 [D]. 重庆：重庆大学，2003.

[63] 剧锦文. 国有企业推进混合所有制改革的缔约分析 [J]. 天津社会科学，2016（1）：93-98.

[64] 基西，汤普森，莱特. 公司治理：受托责任、企业和国际比较 [M]. 刘霄仑，朱晓辉，译. 北京：人民邮电出版社，2013.

[65] 孔令富. 温州民营企业内部治理机制构建策略探析 [J]. 河南财政税务高等专科学校学报, 2009 (2): 45-47.

[66] 孔令富. 基于外生视角的温州民营企业可持续发展问题研究 [J]. 管理观察, 2009 (14): 75-76.

[67] 李东升, 杜恒波, 唐文龙. 国有企业混合所有制改革中的利益机制重构 [J]. 经济学家, 2015 (9): 33-39.

[68] 李东升, 姚娜娜, 余振红. 国有企业混合所有制改造中股东间利益博弈分析 [J]. 经济与管理研究, 2017 (2): 44-50.

[69] 李汉卿. 协同治理理论探析 [J]. 学术月刊, 2014 (1): 138-142.

[70] 李红梅. 混合所有制经济的理论渊源、历史发展与现实意义 [J]. 管理学刊, 2015 (5): 25-30.

[71] 李辉, 任晓春. 善治视野下的协同治理研究[J]. 科学与管理, 2010 (6): 55-58.

[72] 李楠, 乔榛. 国有企业改制政策效果的实证分析: 基于双重差分模型的估计 [J]. 数量经济技术经济研究, 2010 (2): 43-67.

[73] 李维安. 现代公司治理研究 [M]. 北京: 中国人民大学出版社, 2002.

[74] 李维安. 深化国企改革与发展混合所有制[J]. 南开管理评论, 2014 (3): 1-1.

[75] 李紫薇. 中国国有上市公司薪酬激励与企业价值相关性研究 [J]. 金融经济, 2015, (8): 156-157.

[76] 黎文靖, 胡玉明. 国企内部薪酬差距激励了谁? [J]. 经济研究, 2012 (12): 125-136.

[77] 黎文靖, 岑永嗣, 胡玉明. 外部薪酬差距激励了高管吗: 基于中国上市公司经理人市场与产权性质的经验研究 [J]. 南开管理评论, 2014 (4): 24-35.

[78] 李艳, 吴国蔚. 中国企业与政府的创新博弈分析 [J]. 中国物价, 2010 (5): 58-61.

[79] 李彦霖. 企业国际化经营、股份信息含量与股权激励有效性 [J]. 会计研究, 2014 (11): 100-105.

[80] 厉以宁. 中国道路与混合所有制经济 [M]. 北京: 商务印书馆, 2014.

[81] 林毅夫, 刘培林. 自生能力和国企改革 [J]. 经济研究, 2001 (9):

60-70.

[82] 林钟高，郑军，汤谢莹. 政策性负担、产权配置与上市公司高管薪酬：基于薪酬业绩敏感性视角的分析［J］. 税务与经济，2014（5）：1-9.

[83] 刘传志，杨根宁，余兴发. 海外背景董事对企业国际化程度的影响研究：来自中国上市公司的证据［J］. 国际商务（对外经济贸易大学学报），2017（1）：140-150.

[84] 刘春，孙亮. 薪酬差距与企业绩效：来自国企上市公司的经验证据［J］. 南开管理评论，2010（2）：30-39.

[85] 刘春，孙亮. 政策性负担、市场化改革与国企部分民营化后的业绩滑坡［J］. 财经研究，2013（1）：71-81.

[86] 刘峰，贺建刚，魏明海. 控制权、业绩与利益输送：基于五粮液的案例研究［J］. 管理世界，2004（8）：102-110.

[87] 刘国新. 中国特色社会主义道路的成功实践：改革开放历史进程的科学解读［J］. 北京党史，2008（1）：8-11.

[88] 刘汉民，齐宇，解晓晴. 股权和控制权配置：从对等到非对等的逻辑：基于央属混合所有制企业上市公司的实证研究［J］. 经济研究，2018，（5）：177-191.

[89] 柳建华，魏明海，郑国坚. 大股东控制下的关联投资："效率促进"抑或"转移资源"［J］. 管理世界，2008（3）：133-141.

[90] 刘伟忠. 我国协同治理理论研究的现状与趋向［J］. 城市问题，2012（5）：81-85.

[91] 刘雯. 基于博弈论的政府企业关系探讨［J］. 山西高等学校社会科学学报，2010（9）：56-59.

[92] 刘晓. 协同治理：市场经济条件下我国政府治理范式的有效选择［J］. 中共杭州市委党校学报，2007（5）：19-27.

[93] 刘小玄. 中国工业企业的所有制结构对效率差异的影响：1995年全国工业企业普查数据的实证分析［J］. 经济研究，2000（2）：17-25.

[94] 刘小玄. 民营化改制对中国产业效率的效果分析：2001年全国工业普查数据的分析［J］. 经济研究，2004（8）：16-26.

[95] 刘小玄，李利英. 企业产权变革的效率分析［J］. 中国社会科学，2005（2）：4-16.

[96] 刘小玄，李利英. 改制对企业绩效影响的实证分析［J］. 中国工业经济，2005（3）：5-12.

[97] 刘星，付强，郝颖.终极控制人代理、两权分离模式与控制权私利[J].系统工程理论与实践，2015（1）：75-85.

[98] 刘星，徐光伟.政府管制、管理层权力与国企管理层薪酬刚性[J].经济科学，2012（1）：86-102.

[99] 刘迎军.包容性增长视角下混合所有制企业利益相关者博弈分析[J].商业经济研究，2016（6）：101-103.

[100] 刘媛媛，黄卓谢，德逊，等.中国上市公司股权结构与公司绩效实证研究[J].经济与管理研究，2011（2）：24-32.

[101] 刘祖云.政府与企业：利益博弈与道德博弈[J].江苏社会科学，2006（5）：121-128.

[102] 卢蓓蓓.我国慈善组织的政府监管问题研究[D].南昌：江西财经大学，2012.

[103] 鲁金林.产权性质、竞争地位与公司业绩[D].合肥：安徽财经大学，2014.

[104] 陆玉明.论企业兼并中的协同效应[J].中国软科学，1999（2）：43-45.

[105] 陆正飞，王雄元，张鹏.国有企业支付了更高的职工工资吗？[J].经济研究，2012（3）：28-39.

[106] 罗宏.我国垄断企业管理层薪酬机制研究：薪酬管制的视角[M].上海：立信会计出版社，2014.

[107] 罗宏，秦际栋.国有股权参股对家族企业创新投入的影响[J].中国工业经济，2019（7）：174-192.

[108] 马连福，王丽丽，张琦.混合所有制的优序选择：市场的逻辑[J].中国工业经济，2015（7）：5-20.

[109] 马连福，王元芳，沈小秀.国有企业党组织治理、冗余雇员与高管薪酬契约[J].管理世界，2013（5）：100-115.

[110] 马胜，龚晋均.相机治理视角下企业破产制度优化研究[J].求索，2013（8）：250-252.

[111] 马胜，肖月强.企业相机治理理论探讨：模型与诠释[J].山西财经大学学报，2010（1）：131-132.

[112] 梅洁.国有企业混合所有制改革的理论逻辑之辩：兼评张维迎（1995）与林毅夫等（1997）主要观点[J].现代经济探讨，2016（1）：36-39.

[113] 缪毅，胡奕明.产权性质、薪酬差距与晋升激励[J].南开管理评

论，2014（4）：4-12.

[114] 聂辉华，李金波. 政企合谋与经济发展[J]. 经济学(季刊)，2007（1）：75-90.

[115] 聂辉华，张雨潇. 分权、集权与政企合谋 [J]. 世界经济，2015（6）：3-21.

[116] 欧瑞秋，李捷瑜，李广众. 部分民营化与国有企业定位 [J]. 世界经济，2014（5）：112-134.

[117] 潘悦. 推进中国国际投资的新思考 [J]. 国际贸易，2013（7）：4-10.

[118] 祁怀锦，刘艳霞，王文涛. 国有企业混合所有制改革效应评估及其实现 [J]. 改革，2018（9）：66-80.

[119] 祁怀锦，邹燕. 高管薪酬外部公平性对代理人行为激励效应的实证研究 [J]. 会计研究，2014（3）：26-32.

[120] 钱世茹. 经理人外部继任、高管持股与企业未来绩效：基于倾向得分匹配法的实证研究 [J]. 商业研究，2017，59（7）：109-116.

[121] 邱锡平. 企业国际化与经营绩效的关系研究 [M]. 上海：上海社会科学，2016.

[122] 权小锋，吴世农，文芳. 管理层权力、私有收益与薪酬操纵 [J]. 经济研究，2010（11）：75-89.

[123] 沈昊，杨梅英. 国有企业混合所有制改革模式和公司治理：基于招商局集团的案例分析 [J]. 管理世界，2019（4）：171-182.

[124] 沈红波，张广婷，阎竣. 银行贷款监督、政府干预与自由现金流约束：基于中国上市公司的经验证据 [J]. 中国工业经济，2013（5）：96-108.

[125] 沈艺峰，李培功. 政府限薪令与国有企业管理层薪酬、业绩和运气关系的研究 [J]. 中国工业经济，2010（11）：130-139.

[126] 沈艺峰，肖珉，林涛. 投资者保护与上市公司资本结构 [J]. 经济研究，2009（7）：131-142.

[127] 沈艺峰，许年行，杨熠. 我国中小投资者法律保护历史实践的实证检验 [J]. 经济研究，2004（9）：90-100.

[128] 沈永建，倪婷婷. 政府干预、政策性负担与高管薪酬激励：基于中国国有上市公司的实证研究 [J]. 上海财经大学学报，2014，16（6）：67-70.

[129] 盛丹. 国有企业改制、竞争程度与社会福利：基于企业成本加成率的考察 [J]. 经济学（季刊），2013（4）：1465-1490.

[130] 石水平. 控制权转移、超控制权与大股东利益侵占：来自上市公司

高管变更的经验证据［J］.金融研究，2010（6）：160-176.

[131] 宋晶.国企高管薪酬制度改革路径与模式研究［M］.北京：经济科学出版社，2013.

[132] 宋立刚，姚洋.改制对企业绩效的影响[J].中国社会科学，2005（2）：17-31.

[133] 苏冬蔚，林大庞.股权激励、盈余管理与公司治理［J］.经济研究，2010（11）：88-100.

[134] 苏冬蔚，熊家财.大股东掏空与CEO薪酬契约［J］.金融研究，2013（12）：167-180.

[135] 苏京春.驳与立：六问六思"混合所有制"［J］.经济研究参考，2015（56）：78-91.

[136] 苏武康.中国上市公司股权集中度与公司绩效实证研究［J］.经济体制改革，2003（3）：111-114.

[137] 孙萍，闫亭豫.我国协同治理理论研究述评[J].理论月刊，2013（3）：107-112.

[138] 孙永祥，黄祖辉.上市公司的股权结构与绩效［J］.经济研究，1999（12）：23-30.

[139] 谭劲松，郑国坚.产权安排、治理机制、政企关系与企业效率：以"科龙"和"美的"为例［J］.管理世界，2004（2）：104-116.

[140] 坦尼夫，张春霖，白瑞福特.中国的公司治理与企业改革：建立现代市场机制［M］.张军阔，等译.北京：中国财政经济出版社，2002.

[141] 汤吉军.不完全契约视角下国有企业发展混合所有制分析［J］.中国工业经济，2014（12）：31-43.

[142] 唐松，孙铮.政治关联、高管薪酬与企业未来经营绩效［J］.管理世界，2014（5）：93-105.

[143] 王昌林，蒲勇健.企业技术创新中的控制权激励机制研究［J］.管理工程学报，2005（3）：55-59.

[144] 王化成，曹丰，叶康涛.监督还是掏空：大股东持股比例与股价崩盘风险［J］.管理世界，2015（2）：45-57.

[145] 王鹏，周黎安.控股股东的控制权、所有权与公司绩效：基于中国上市公司的证据［J］.金融研究，2006（2）：88-98.

[146] 王晓文，魏建.中国国企高管薪酬管制的原因及其对绩效的影响：基于委托人"不平等厌恶"模型［J］.北京工商大学学报（社会科学版），

2014（1）：69-75.

[147] 王新. 国有企业管理层薪酬管制与会计信息透明度的关系研究 [D].
四川：西南财经大学，2009.

[148] 王新，毛慧贞，李彦霖. 经理人权力、薪酬结构与企业业绩 [J].
南开管理评论，2015（1）：130-140.

[149] 王新华. 家电行业上市公司绩效评价实证研究 [M]. 西安：陕西师
范大学，2011.

[150] 王雄元，何捷. 行政垄断、公司规模与 CEO 权力薪酬 [J]. 会计
研究，2012（11）：33-38.

[151] 王雄元，何捷，彭旋，等. 权力型国有企业高管支付了更高的职工
薪酬吗？[J]. 会计研究，2014（1）：49-56.

[152] 王勇. 国务院关于国有企业改革与发展工作情况的报告：2012 年
10 月 24 日在第十一届全国人民代表大会常务委员会第二十九次会议上 [J].
中华人民共和国全国人民代表大会常务委员会公报，2012（6）：748-753.

[153] 王曾，符国群，黄丹阳，等. 国有企业 CEO "政治晋升"与"在
职消费"关系研究 [J]. 管理世界，2014（5）：157-171.

[154] 魏澄荣. 西方国家的"混合经济"与我国"混合所有制经济"辨
析 [J]. 三明师专学报（社会科学专辑），1998（1）：12-15.

[155] 魏杰，谭伟. 企业影响政府的轨道选择 [J]. 经济理论与经济管理
2004（12）：5-10.

[156] 温国林，卿松. 国有企业混合所有制改革存在的问题与对策分析[J].
中国集体经济，2015（34）：60-62.

[157] 武常岐，李稻葵. 混合市场中的企业行为 [J]. 东岳论丛，2005（1）：
38-47.

[158] 吴敬琏. 大中型企业：建立现代企业制度 [M]. 天津：天津人民
出版社，1993.

[159] 吴淑琨. 股权结构与公司绩效的 U 型关系研究 [J]. 中国工业经济，
2002（1）：80-87.

[160] 武晓玲，翟明磊. 上市公司股权结构对现金股利政策的影响：基于股
权分置改革的股权变化数据 [J]. 山西财经大学学报，2013（1）：84-94.

[161] 吴育辉，吴世农. 股权集中、大股东掏空与管理层自利行为 [J].
管理科学学报，2011（8）：34-44.

[162] 晓亮. 混合所有制与混合经济不能混同 [N]. 北京日报，2004-05-17.

[163] 晓亮. 论大力发展混合所有制 [J]. 经济学家，2004（2）：36-40.

[164] 肖婷婷. 国外国有企业高管薪酬 [M]. 北京：社会科学文献出版社，2015.

[165] 谢军，黄建华. 试析中国混合所有制企业公司治理的特殊性 [J]. 经济师，2012（10）：24-24.

[166] 辛清泉，谭伟强. 市场化改革、企业业绩与国有企业经理薪酬 [J]. 经济研究，2009（11）：68-81.

[167] 綦好东，郭骏超，朱炜. 国有企业混合所有制改革：动力、阻力与实现路径 [J]. 管理世界，2017（10）：60-61.

[168] 徐莉萍，辛宇，陈工孟. 股权集中度和股权制衡及其对公司经营绩效的影响 [J]. 经济研究，2006（1）：90-100.

[169] 徐倩. 不确定性、股权激励与非效率投资 [J]. 会计研究，2014（3）：41-48.

[170] 徐炜，胡道勇. 股权结构与公司绩效：相对托宾Q视角下的实证研究 [J]. 南京师大学报（社会科学版），2006（1）：59-64.

[171] 徐细雄，刘星. 放权改革、薪酬管制与企业高管腐败 [J]. 管理世界，2013（3）：119-132.

[172] 徐霞. 股权结构、企业业绩与高管薪酬粘性关系研究 [J]. 财会通讯，2016（30）：74-79.

[173] 许小年. 以法人机构为主体建立公司治理机制和资本市场 [J]. 改革，1997（5）：28-30.

[174] 晏艳阳，刘振坤. 股权结构对公司业绩的影响：假定与实证 [J]. 财经理论与实践，2004（2）：42-45.

[175] 杨德明，赵璨. 媒体监督、媒体治理与高管薪酬 [J]. 经济研究，2012（6）：116-126.

[176] 杨红英，童露. 国有企业混合所有制改革中的公司内部治理 [J]. 技术经济与管理研究，2015（5）：50-54.

[177] 杨丽艳. 一部研究中国现阶段所有制结构理论与实践的力作-评《中国现阶段所有制结构及其演变的理论与实证研究》[J]. 武汉大学学报（哲学社会科学版），2011（3）：125-126.

[178] 杨建军. 大型国企混合所有制改革的关键环节 [J]. 改革，2014（5）：43-45.

[179] 杨蓉. 垄断行业企业高管薪酬问题研究：基于盈余管理的视角 [J].

华东师范大学学报（哲学社会科学版），2012，（3）：59-67.

[180] 杨蓉."八项规定"、高管控制权和在职消费 [J].华东师范大学学报（哲学社会科学版），2016（1）：138-148.

[181] 杨瑞龙.以混合经济为突破口推进国有企业改革[J].改革，2014（5）：19-22.

[182] 杨瑞龙，王元，聂辉华."准官员"的晋升机制：来自中国央企的证据 [J].管理世界，2013（3）：23-33.

[183] 杨治，路江涌.陶志刚.政治庇护与改革：中国集体企业改制研究 [J].经济研究，2007（5）：104-114.

[184] 杨兴全，尹兴强.国企混改如何影响公司现金持有 [J].经济研究，2018（11）：93-107.

[185] 姚圣娟，马健.混合所有制企业的股权结构与公司治理研究 [J].华东经济管理，2009（4）：52-57.

[186] 姚洋.非国有经济成分对我国工业企业技术效率的影响 [J].经济研究，1998（12）：29-35.

[187] 姚颐，刘志远，冯程.央企负责人、货币性薪酬与公司业绩 [J].南开管理评论，2013（6）：123-135.

[188] 姬兆亮，戴永祥，胡伟.政府协同治理：中国区域协调发展协同治理的实践路径 [J].西北大学学报（哲学社会科学版），2013（2）：122-126.

[189] 叶康涛，臧文佼.外部监督与企业费用归类操纵 [J].管理世界，2016（1）：121-128.

[190] 殷实.混合所有制经济体系发展策略 [J].上海经济研究，2015（9）：89-98.

[191] 俞红海，徐龙炳，陈百助.终极控股股东控制权与自由现金流过度投资 [J].经济研究，2010（8）：103-114.

[192] 余静文，王春超.城市圈驱动区域经济增长的内在机制分析：以京津冀、长三角和珠三角城市圈为例 [J].经济评论，2011（1）：69-78.

[193] 俞可平.治理与善治 [M].北京：社会科学文献出版社，2000.

[194] 臧跃茹，刘泉红，曾铮.促进混合所有制经济发展研究 [J].宏观经济研究，2016（7）：21-28.

[195] 翟进步.并购协同效应及机理分析 [J].企业改革与管理，2006（8）：7-8.

[196] 张康之.论合作 [J].南京大学学报（哲学、人文科学、社会科

学），2007（5）：114-125.

[197] 张纯，方平. 论我国民营上市公司股权结构与绩效 [J]. 上海大学学报（社会科学版），2009（2）：90-105.

[198] 张红军. 中国上市公司股权结构与公司绩效的理论及实证分析 [J]. 经济学，2000（4）：34-44.

[199] 张继德，刘素含. 从中国联通混合所有制改革看战略投资者的选择[J]. 会计研究，2018（7）：28-34.

[200] 张莉，高元骅，徐现祥. 政企合谋下的土地出让 [J]. 管理世界，2013（12）：43-51.

[201] 张敏，王成方，刘慧龙. 冗员负担与国有企业的高管激励 [J]. 金融研究，2013（5）：144-155.

[202] 张铁铸，沙曼. 管理层能力、权力与在职消费研究 [J]. 南开管理评论，2014（5）：63-72.

[203] 张卫东. 管理层持股与企业绩效关系的实证研究 [D]. 成都：西南财经大学，2013：30-37.

[204] 张维迎. 企业理论与中国企业改革 [M]. 北京：北京大学出版社，1999.

[205] 张雯. 国企控制权转移中政策性负担与企业业绩的实证研究 [D]. 北京：华北电力大学，2010.

[206] 张文魁. 国企改革再上路：重启有时间表的国企民营化改革 [J]. 中国改革，2010（10）：28-33.

[207] 章喜为，廖婕. 企业社会责任践行与政府监管的博弈分析 [J]. 管理观察，2009（14）：71-73.

[208] 张贤明，田玉麒. 论协同治理的内涵、价值及发展趋向 [J]. 湖北社会科学，2016（1）：30-37.

[209] 张煜. 现金流量比率分析 [J]. 农村财务会计，1999（12）：30-32.

[210] 赵琼，任薇. 上市公司股权结构与综合经营绩效的相关性分析：基于我国上市公司 2001—2005 年数据 [J]. 经济问题，2008（1）：78-81.

[211] 赵贞，张建平，高佳. 国际化经营、股权结构与企业绩效：基于 A 股数据的经验分析 [J]. 对外经济贸易大学学报，2014（3）：102-111.

[212] 郑国坚，林东杰，张飞达. 大股东财务困境、掏空与公司治理的有效性—来自大股东财务数据的证据 [J]. 管理世界，2013（5）：163-174.

[213] 郑慧君. A 股上市房地产企业国有持股与公司绩效研究 [M]. 上

海：东华大学，2017.

[214] 郑志刚. 国企公司治理与混合所有制改革的逻辑和路劲 [J]. 证券市场导报，2015（6）：6-14.

[215] 支晓强，胡聪慧，童盼，等. 股权分置改革与上市公司股利政策：基于迎合理论的证据 [J]. 管理世界，2014（3）：139-147.

[216] 中共中央关于完善社会主义市场经济体制若干问题的决定 [N]. 人民日报，2003.

[217] 周黎安. 中国地方官员的晋升锦标赛模式研究 [J]. 经济研究，2007（7）：36-50.

[218] 周娜，王亚茹. 基于和谐管理理论的混合所有制企业利益分配策略[J]. 财会月刊，2016（2）：59-61.

[219] 周绍妮，郗敏，曾柳芳，等. 股权激励文献综述 [J]. 现代商业，2014（8）：164-166.

[220] 周其仁. "控制权回报"和"企业家控制的企业"："公有制经济"中企业家人力资本产权的个案研究 [J]. 经济研究，1997（5）：31-42.

[221] 周仁俊，杨战兵，李勇. 管理层薪酬结构的激励效果研究 [J]. 中国管理科学，2011（1）：185-192.

[222] 朱纪华. 协同治理：新时期我国公共管理范式的创新与路径 [J]. 上海市经济管理干部学院学报，2010，8（1）：5-10.

[223] 朱静. 公司股权结构与经营绩效关系研究综述 [J]. 贵州大学学报（社会科学版），2011（1）：94-98.

[224] 朱静. 公司股权结构与经营绩效关系的实证研究：来自中国上市公司的经验证据 [J]. 贵州财经学院学报，2011（4）：63-67.

[225] 朱武祥，宋勇. 股权结构与企业价值：对家电行业上市公司实证分析 [J]. 经济研究，2001（12）：66-72.

[226] 朱芸阳. 论股东派生诉讼的实现：以"理性经济人"为假设的法经济学解释 [J]. 清华法学，2012（6）：107-118.

[227] ADITHIPYANGKUL P, ILANALON, T Y ZHANG. Executive perks: Compensation and corporate performance in China [J]. Asia Pacific Journal of Management, 2011, 28（2）：401-425.

[228] ANDREI SHLEIFER. State versus private ownership [J]. The Journal of Economic Perspectives, 1998（5）：133-150.

[229] BAI C, LU J, TAO Z. Divergent interests between central and local

government: Testing theories of public ownership [R]. Tsinghua University, 2005.

[230] BALSAM S, W JIANG, B LU. Equity incentives and internal control weaknesses [J]. Contemporary Accounting Research, 2014, 31 (1): 178-201.

[231] BAOXIAO LIU, JOHN J. McConnell. The role of the media in corporate governance: Do the media influence managers' capital allocation decisions?" [J]. Journal of Financial Economics, 2013, 110 (1): 1-17.

[232] BEBCHUK L, J FRIED. Executive compensation as an agency problem[J]. Journal of Economic Perspectives, 2003, 17 (3): 71-92.

[233] BEBCHUK L, J FRIED, D WALKER. Managerial power and rent extraction in the design of executive compensation [J]. The University of Chicago Law Review, 2002, 69 (3): 751-846.

[234] BERGSTRESSER D, T PHILIPPON. CEO Incentives and earnings management [J]. Journal of Financial Economics, 2006, 80 (3): 511-529.

[235] BRICK I E, O PALMON, K WALD. CEO Compensation, director compensation, and firm performance: Evidence of cronyism? [J]. Journal of Corporate Finance, 2006, 12 (3): 403-423.

[236] BROOKS, STEPHEN. The mixed ownership corporation as an instrument of public policy [J]. Comparative politics, 1987, 9 (12): 173-191.

[237] BURKART M, GROMB D, PANUNZI F. Large shareholders, monitoring, and the value of the firm [J]. The QuarterlyJournal of Economics, 1997(12): 693-728.

[238] BURTON K D, LYDON J E, D' ALESSANDRO D, KOESTNER R. The differential effects of intrinsic and identified motivation on well-being and performance: Prospective, experimental, and implicit approaches to self-determination theory [J]. Journal of Personality and Social Psychology, 2006 (4): 750-762.

[239] CAPUANO C, DE FEO G. Privatization in oligopoly: The Impact of the shadow cost of public funds [J]. Rivista Italiana Degli Economisti, 2010, 15 (2): 1-36.

[240] CHEUNG Y L, RAU P R, STOURAITIS A. Tunneling, propping, and expropriation: Evidence from connected party transactions in HongKong [J]. Journal of Financial Economics, 2006, 82 (2): 343-386.

[241] CLAESSENS S, DJANKOV S, LANG L. The separation of ownership and control in East Asian corporations [J]. Journal of Financial Economics, 2000, 58 (1-2): 81-112.

[242] CLAESSENS S, DJANKOV S, FAN J P H. Disentangling the incentive and entrenchment effects of large shareholdings [J]. Journal of Finance, 2002, 57 (6): 2741–2771.

[243] CONYON M J, L HE. Executive compensation and corporate governance in China [J]. Journal of Corporate Finance, 2011, 17 (4): 1158–1175.

[244] CUETO D C. Substitutability and complementarity of corporate governance mechanisms in latin america [J]. International Review of Economics & Finance, 2012, 25 (1): 310–325.

[245] DEMSETS, H VILLALOMGA. Ownership structure and performance [J]. Journal of Corporate Finance, 2001, 7 (3): 231–245.

[246] DONALDSON J F, KOZOLL C E. Collaborative program planning. Principles, practices, and strategies. Professional practices in adult education and human resource development series [J]. Canadian Journal of University Continuing Education, 2003, 25 (2): 155–181.

[247] FIRTH M, P M Y FUNG, O M RUI. Corporate performance and CEO compensation in China [J]. Journal of Corporate Finance, 2006, 12 (4): 693–714.

[248] FREEMAN, ANTHONY, VINING AIDAM. Ownership and performance in comparative environment: A comparison of the performance of private, mixed, and state-owned Enterprises [J]. Journal of Law and Economics, 1989 (32): 1–32.

[249] GE W X, KIM J B, SONG B Y. Internal Governance, Legal Institutions and Bank Loan Contracting Around the World [J]. Journal of Corporate Finance, 2012, 18 (3): 413–432.

[250] GHEMAWAT P, K HANNA T. The nature of diversified business groups: A research design and two case studies [J]. Journal of Industrial Economics, 1998 (2): 35–61.

[251] HALL A N, HOLLINGSHEAD S, RYDON H N. The influence of structure on the hydrolysis of substituted phenyl alpha-d-glucosides by Alpha-glucosidase [J]. Biochemical Journal, 1962, 84 (2): 390–394.

[252] HOLMSTROM B. Moral hazard in teams [J]. Bell Journal of Economics, 1982 (3): 324–340.

[253] HUXHAM C, VANGEN S. Managing to collaborate: the theory and practice of collaborative advantage [M]. UK: Routledge, 2005.

[254] JENSEN M C, Meckling W H. Theory of the firm: Managerial behavior, a-

gency costs, and ownership structure [J]. Journal of Financial Economics, 1976 (4): 305-360.

[255] JENSEN M C, K MURPHY. CEO Incentives: It's not how much you pay, but how [J]. Journal of Applied Corporate Finance, 1990, 3 (3): 64-76.

[256] JOHNSON S, LA P R, LOPEZ-DE-SILANES F, et al. Tunneling [J]. American Economic Review, 2000, 90 (2): 22-27.

[257] KAPLAN. An examination of the structure of executive compensation and corporate social: A canadian investigation [J]. Journal of Business Ethics, 1994, 3 (2): 149-162.

[258] KAPLAN R S, NORTON D P. Interview with Kaplan and Norton [J]. Strategic Direction, 2002, 22 (10): 13-18.

[259] KIM J, LI Y, ZHANG L. Corporate tax avoidance and stock price crash risk: Firm-level analysis [J]. Journal of Financial Economics, 2011, 100 (3): 639-662.

[260] KOTHARI S P, SHU S, WYSOCKI P D. Do Managers withhold bad news? [J]. Journal of Accounting Research, 2009, 47 (1): 241-276.

[261] LA P R, LOPEZ-DE-SILANES F, SHLEIFER A. Legal determinants of external finance [J]. Journal of Finance, 1997, 52 (3): 1131-1150.

[262] LA P R, LOPEZ-DE-SILANES F, SHLEIFER A. Law and Finance [J]. Journal of Political Economy, 1998, 106 (6): 22-68.

[263] LEMMON M, LINS K. Ownership structure, corporate governance, and firm value: Evidence from the East Asian financial crisis [J]. Journal of Finance, 2003, 58 (4): 1445-1468.

[264] LIAO G, CHEN X, JING X, et al. Pollicy burdens. firms performance and management turnover [J]. China Economic Review, 2009, 20 (1): 15-28.

[265] LIN, JUSTIN YIFLI, FANG CAI, et al. Competition, policy burdens and state-owned enterprise reform [J]. American Economic Review, 1998, 88 (2): 422-427.

[266] MARCO PAGANO, PAOLO F VOLPIN. The political economy of corporate governance [J]. The American Economic Review, 2005 (12): 1005-1030.

[267] MATSUMURA H. Formation of silicon-based thin films prepared by catalytic chemical vapor deposition (Cat-CVD) Method [J]. Japanese Journal of Applied Physics, 1998, 37 (6A): 3175-3187.

[268] MATTESSICH. Money collaboration: What makes it work a review of research literature on factors influencing [J]. St. Paul, MN: Amherst H. Wilder Foundation., 1992 (2): 25-48.

[269] MCCONNELL J J, Servaes H. Additional evidence on equity ownership and corporate value [J]. Journal of FinancialEconomics, 1990 (27): 595-612.

[270] MERRILL W C, SCHNEIDER N. Government firms in oligopoly industries: A short-run analysis [J]. Quarterly Journal of Economics, 1966, 80 (3): 400-412.

[271] MICHAEL F, JUN Y. Inside the black box: the role and composition of compensation peer groups [J]. Journal of Financial Economics, 2010, 96 (2): 257-270.

[272] MORELLEC E, NIKOLOV B, SCHURHOFF N. Corporate governance and capital structure dynamics [J]. The Journal of Finance, 2012 (3): 803-848.

[273] OXFORD UNIVERSITY PRESS. Our global neighborhood: The report of the commission on global governance [J]. George Washington Journal of International Law & Economics, 1995 (3): 754-756.

[274] RAFAEL LA PORTA, FLORENCIO LOPEZ-DE-SILANES, ANDREI SHLEIFER, et al. Investor protection and corporate valuation [J]. The Journal of Finance, 2002, 57 (3): 1147-1170.

[275] RHODES R. The concept of governance [J]. Effects of It on Enterprise Architecture Governance & Growth, 2006: 151-168.

[276] ROMAN FRYDMAN, CHERYL GRAY, MAREK HESSEL, et al. When does privatization work? The impact of private ownership on corporate performance in the transition economies [J]. The Quarterly Journal of Economics, 1999 (8), 1153-1191.

[277] ROSENAU J N, CZEMPIEL E O. Governance without government: Order and change in world politics [J]. Canadian Journal of Political Science/revue Canadienne De Science Politique, 1993, 87 (2): 733-734.

[278] SIMEON DJANKOV, PETER MURRELL. Enterprise restructuring in transition: A quantitative survey [J]. Journal of Economic Literature, 2002 (5): 739-792.

[279] SHLEIFER A, VISHNY R W. Large shareholders and corporate control[J]. The Journal of Political Economy, 1986 (94): 461-488.

[280] SHLEIFER A, VISHNY R W. A survey of corporate governance [J], The Journal of Finance, 1997 (2): 737-783.

[281] STOKER G. Governance as theory: Five propositions [J]. International Social Science Journal, 1998, 50 (155): 17-28.

[282] THEODORE GROVES, YONG MIAO HONG, JOHN MC MILLAN, et al. Autonomy and incentives in Chinese state enterprises [J]. The Quarterly Journal of Economics, 1994 (18): 183-209.

[283] THOMSEN S, PEDERSEN T. Ownership structure and economic performance in the largest european companies [J]. Strategic Management Journal, 2015, 21 (6): 689-705.

[284] THOMSON A M, PERRY J L. Collaboration processes: inside the black box [J]. Public Administration Review, 2006, 66 (s1): 20-32.

[285] VERRET J W. Unintended consequences of executive compensation regulation threatens to worsen the financial crisis [J]. George Mason Law & Economies Research paper, 2009 (20): 15-24.

[286] WANG K, XIAO X. Controlling shareholders' tunneling and executive compensation: Evidence from China [J]. Journal of Accounting and Public Policy, 2011, 30 (1): 89-100.

[287] WILLIAM L MEGGINSON, ROBERT C NASH, JEFFRY M, et al. The choice of private versus public capital markets: Evidence from privatizations [J]. The Journal of Finance, 2004 (18): 2835-2870.

[288] YOUNG M N, PENG M W, AHLSTROM D, et al. Corporate governance in emerging economies: A review of the principal-principal perspective [J]. Journal of Management Studies, 2008, 45 (1): 196-220.

[289] YUNFENG WANG, JING SUN. Studies on enlightenment of China: Haier group's transnational operations to Chinese enterprise [J]. Studies in Sociology of Science, 2012 (2): 341-362.

后　记

　　在党的十八届三中全会、党的十九大、党的十九届四中全会后，中国确定了经济体制改革的市场化方向与重点，其中，国企改革为重中之重。而在国有企业改革的系统工程中，如何推动国有企业完善现代企业制度、提高企业效率，如何鼓励国有资本和非国有资本交叉持股、发展混合所有制经济、促进股权多元化发展，如何改革国有企业干部管理体制、建立职业经理人制度等内容，将成为今后相当长一段时期内国企改革的重点内容。

　　作为一名长期致力于公司治理领域和管理科学与工程领域研究的学者，笔者一直努力探索如何用管理科学与工程领域的相关理论和方法对企业治理的相关问题进行研究并形成学科交叉理论体系，且在前期已尝试过用管理科学与工程领域中的系统工程理论、综合集成理论等相关理论和方法对企业治理问题进行一些探讨。本书运用管理科学与工程领域中的协同理论对混合所有制企业的治理问题进行了系统研究，在此基础上通过进一步修订提炼和定稿付梓形成本书。本书的理论价值和实践价值先不敢言，但它的确实实在在地记录了笔者及整个项目团队查阅文献、实地调研、思考讨论、撰写修改之艰辛历程！

　　本书的主要贡献在于将管理科学与工程学科领域中的协同理论和工商管理学科领域中的企业治理理论有机结合，研究了当前国企改革中的热点问题——混合所有制企业的改革问题，尝试对混合所有制企业的协同治理问题进行了系统探讨。

　　研究成果的意义与价值自然要由岁月去检验和评价，研究过程中更令我由衷感动的是亲情与友情。它们来自我的同事、学生、朋友和家人，并陪伴我度过了一个个艰难的时刻，这些无法尽述的支持让我感觉学术之路并不孤单。感谢四川师范大学商学院的汪瑞副教授，感谢成都大学商学院的许欣欣副研究员、李文洁副教授、孙平副教授、聂玲博士，感谢他们在本书数据分析、重要章节撰写工作中付出的辛苦努力和卓越贡献。另外，也感谢成都大学商学院的沈飞、左爱玲、李婷翌、闫思成等同学，感谢他们在本书资料整理和数据收集过程中投入的大量时间和精力。

在本书的调研过程中，四川省国有资产监督管理委员会、四川省发展和改革委员会、四川省经济和信息化委员会、四川省统计局、四川省社会科学界联合会、四川省教育厅、成都市国有资产监督管理委员会、成都市发展和改革委员会、成都市经济和信息化委员会、成都市科技局、成都市政府研究室、中国电信四川分公司、中国移动四川分公司、中国石油四川分公司、莎蔓莉莎化妆品（集团）有限公司等相关部门和企业集团提供了大量的支持和帮助，为本项目的研究提出了宝贵的意见和建议，在此一并向他们表示衷心的感谢。

在本书的撰写过程中，作者学习、参考、引用了混合所有制企业改革领域、公司治理领域、管理科学与工程领域等相关学科领域有关中外专家学者的大量文献、观点、数据以及资料，这些专家学者的前期研究成果蕴含着大量的璀璨智慧和绚丽瑰宝，为本书的如期完成提供了巨大支持，在此一并向他们表示诚挚的谢意。

囿于水平，本书存在的不足和局限在所难免，恳请各位专家、同仁和读者批评指正。

马胜

2020 年 3 月于成都大学